PIENSA COMO AMAZON

JOHN ROSSMAN

PIENSA COMO AMAZON

50 ½ FORMAS DE CONVERTIRTE EN UN LÍDER DIGITAL

Título original: *Think Like Amazon: 50½ Ideas to Become a Digital Leader*

Traducción: Adriana De la Torre Fernández

Diseño de portada: Planeta Arte & Diseño / Christophe Prehu
Fotografía de portada: © iStock
Diseño de interiores: Nuria Saburit y Solbes

Bajo el sello editorial PAIDÓS M.R.
Avenida Presidente Masarik núm. 111,
Piso 2, Polanco V Sección, Miguel Hidalgo
C.P. 11560, Ciudad de México
www.planetadelibros.com.mx
www.paidos.com.mx

Primera edición en formato epub: julio de 2020
ISBN: 978-607-747-916-1

Primera edición impresa en México: julio de 2020
ISBN: 978-607-747-914-7

Impreso en los talleres de Litográfica Ingramex, S.A. de C.V.
Centeno núm. 162-1, colonia Granjas Esmeralda, Ciudad de México
Impreso y hecho en México – *Printed and made in Mexico*

CONTENIDO

PARTE II

ESTRATEGIA

INTRODUCCIÓN

¿QUÉ HARÍA JEFF?

En la década de 1990, el acrónimo *WWJD*? (*What would Jesus do?*, ¿Qué haría Jesús?) empezó a aparecer por todo Estados Unidos en calcomanías para las defensas de los autos y en camisetas. Las variantes no se hicieron esperar. Los científicos preguntaban "¿Qué haría Darwin?". Los seguidores del grupo de rock Greatful Dead preguntaban "¿Qué haría Jerry?" —Jerry García era el jefe de la banda—. Esta idea fue tan lejos que un día vi una calcomanía que decía: "¿Qué haría Attichus Finch?" —el personaje de la novela de Harper Lee de 1960, *Matar a un ruiseñor*—. ¡Fue una epidemia!

Durante los últimos cinco años, mis clientes y los lectores de mis dos libros anteriores han hecho su propia versión de la pregunta: "¿Qué haría Jeff?". Por supuesto, cuando la gente me pregunta "¿Qué haría Jeff?", en realidad están haciendo preguntas como "¿Qué significa *ser digital*? ¿Cómo evito la disrupción? ¿Entrará Amazon en este negocio o en esta área geográfica? ¿Cómo obtiene Amazon esta clase de resultados? ¿Estaría Amazon interesado en asociarse conmigo? ¿Estaría Amazon interesado en comprar mi empresa? ¿Cómo hago para que nuestra operación sea tan fácil como comprar en Amazon?". Existen cientos de preguntas en este sentido, pero todas se pueden resumir en "¿Qué haría Jeff?".

¿Qué me hace pensar que puedo responder a cualquiera de esas preguntas? Y ya que estamos en esto, ¿qué me hace pensar que yo pueda escribir un libro que describa 50½ ideas para ayudarte a competir en la era digital? Desde que me fui de Amazon a finales de 2005, he dedicado mucho de mi tiempo a responder ese tipo de preguntas para clientes de muchas industrias, con diferentes objetivos, en distintas circunstancias. Pero el verdadero secreto para responder "¿Qué haría Jeff?" es reconocer que Jeff Bezos y Amazon tienen un modo notablemente constante de enfrentarse y aproximarse a los retos, operar su negocio y su tecnología, y pensar en nuevas ideas, mercados y crecimiento.

En otras palabras, existe un manual o sistema de creencias y enfoques sobre la forma en que obtienen resultados y piensan en su negocio. Si has puesto atención, tú también puedes descubrir cómo pensar como Amazon. El amplio conjunto de situaciones y ejemplos en *Piensa como Amazon* puede que no responda directamente tu pregunta específica, pero al comprender la visión general del mundo de Jeff Bezos, puedes aplicar mejor sus ideas y principios a tus circunstancias.

LA MEJOR OFENSIVA ES MÁS OFENSIVA

¿Por qué el 80% de las empresas *Fortune 1000* serán remplazadas en los siguientes diez años? ¿Por qué la *disrupción* es una verdadera amenaza? A riesgo de contestar una pregunta compleja de forma demasiado simplista, esta es mi respuesta. Primero, las compañías se enamoran de sus pensamientos, modelos y enfoques anteriores, y segundo, cambiar es realmente difícil. El concepto de *transformación* suena genial, pero en realidad es increíblemente esquivo. Con frecuencia, esta grandiosa idea de revitalización organizacional y del negocio tiende a materializarse en proyectos de corto plazo y energía, no en la generación de un cambio duradero o en la creación de valor a largo plazo.

"La vida de las compañías es corta, y un día Amazon desaparecerá", dijo Bezos en una entrevista en 2013. "No me preocupo por eso porque sé que es inevitable. Las compañías vienen y van. Las compañías más brillantes e importantes de una época, luego de un par de décadas, dejan de existir. Me encantaría que la desaparición de Amazon ocurriera después de mi muerte".[1]

Las compañías que no permiten que los viejos modelos y los éxitos del pasado definan quiénes son conservan el potencial de permanecer como líderes y definir la siguiente época, y son capaces de hacer la transición y crecer en medio de estos tiempos turbulentos. Fomentar y mantener el potencial requiere una agilidad mental de clase mundial. Así que en vez de seguir en la inercia de sus negocios existentes, que aún continúan creciendo, y tratar de alcanzar una mayor rentabilidad, Amazon está invirtiendo actualmente en iniciativas que quizá no sean rentables en años, si es que lo llegan a ser.

La adquisición de PillPack por parte de Amazon, en junio de 2018, es un ejemplo de una práctica *más ofensiva*. PillPack clasifica los medicamentos prescritos para un cliente por dosis, y los entrega en su puerta, un enfoque centrado en el cliente tanto en cuanto al empaque como a la entrega. Si tienes muchos medicamentos, y no quieres o no puedes ir a una farmacia, PillPack es una mejora importante respecto a la forma en que operan otras farmacias. Amazon no necesita entrar ahora al mercado de la atención médica, pero la compañía ha dado este paso relativamente pequeño e irá descifrando el negocio y cómo aprovechar las capacidades de PillPack y los permisos estatales para entregar artículos farmacéuticos (¿potencialmente a través de farmacias en Whole Foods?*) como parte de una estrategia integral, con muchos ángulos y modelos de negocios.

¿POR QUÉ DEBO PENSAR COMO AMAZON?

Servicios Amazon en la Red (AWS, *Amazon Web Services*) es la más grande de las compañías de cómputo en la nube *bajo demanda*. También es la primera. Sin embargo, este negocio no se originó a partir de una estrategia disruptiva cuando el modelo tradicional de adquisición, licencia y gestión de la industria de hardware y software se puso patas arriba. La estrategia llegó después. Más bien, el negocio surgió de la necesidad de los detallistas de Amazon de ampliar su infraestructura de informática.

Esto es lo que sucedió. Durante la temporada navideña de finales de 2003, teníamos retos respecto a la confiabilidad del sitio web durante la época más crucial y comercial del año. *No pintaba bien.*

Tras pasar tambaleando las festividades, se formó de inmediato un equipo de fuerza de tarea para abordar la escalabilidad y confiabilidad del sitio web. Este equipo decidió centralizar la gestión de la infraestructura de cómputo. Íbamos a servir a clientes internos. Estos clientes, como descubrimos, no son clientes exigentes, solo los clientes externos son realmente exigentes. De ahí el edicto de invertir en la infraestructura y ofrecerla a desarrolladores externos. Aprendimos a toda prisa que los desarrolladores amaban las capacidades a la carta. Y así como así, se desarrolló la estrategia de AWS.

---

* Whole Foods es una cadena de supermercados que vende productos orgánicos, naturales, exclusivos, locales, y que está interesada por la salud de las personas y por el medio ambiente. [*N. de la T.*].

Piensa en todos los negocios en los que actualmente está Amazon: ventas al menudeo en casi cualquier categoría concebible; mercado; cómputo en la nube; producción de televisión y cine; edición de libros; bocinas inteligentes; dispositivos tales como Echo, Kindle y campanillas para puertas; cadenas de logística y suministro; abarrotes; más de ochenta marcas privadas, y cuidado de la salud. Amazon es un negocio conglomerado que se enorgullece de ser emprendedor, centrado en el cliente y con poca burocracia. Cada uno de estos negocios tiene clientes externos y puede, conceptualmente, ser una compañía independiente que atienda a otras unidades de Amazon, así como a otras compañías y clientes. Amazon lo logra sin ahogarse en incontables capas de burocracia, en gran parte debido a sus principios de liderazgo... y muchas de las ideas que exploraremos en este libro.

Por supuesto, pensar como Amazon no se trata nada más de innovación. Todo esto está soportado por operaciones fanáticas de clase mundial. Relentless.com (Implacable.com) fue el nombre que Bezos registró para su *startup*, y esa dirección en la web sigue llegando a Amazon.com. Implacable es la actitud de Amazon sobre la excelencia operativa. Amazon es una de las cinco compañías que Gartner incluye como *maestra* en operaciones de cadena de suministros. Gartner ha descrito a Amazon como una organización de cadena de suministros *bimodal*, única en su capacidad de operar a escala tanto como en innovar. En 2016, Amazon tenía ochenta patentes ¡tan solo en la tecnología de cadenas de suministro![2]

¿Acaso no todo CEO quiere tener la capacidad de operar a un nivel de clase mundial y ser un innovador sistemático apasionado por sus clientes? Por eso es que *pensar como Amazon* es vital.

CÓMO LEER *PIENSA COMO AMAZON*

He cargado este libro con 50½ ideas. No soy de los que creen en grandes programas de transformación. El viaje digital se trata del cambio en la compañía y el cambio en el individuo. Debes desarrollar tu propio viaje, tener intención de cambiar y de construir nuevos hábitos. Al mismo tiempo, debes tener paciencia y un sentido de urgencia. Debes estar preparado para dar lo mejor de ti y de tu organización.

Hay varias formas de abordar *Piensa como Amazon*. Leerlo de principio a fin. Brincar de un lado a otro. Leerlo como un líder, y a partir de sus ideas, sembrar semillas en tu equipo, según se necesite. Mejor aún, construir la cohesión del grupo leyendo este libro por unidades y discutir alguna de sus ideas durante una semana o un año. O leerlo todo completo de una sola vez y discutir las ideas que puedan aplicarse.

A fin de cuentas, quiero escuchar que hay ejemplares de *Piensa como Amazon* con las orillas desgastadas, fomentado conversaciones profundas e ideas clave para ayudarlos a ti y a tu equipo a competir, de una forma nueva, y que se están divirtiendo al hacerlo. Ten en cuenta que este es un libro de ideas, no un plan maestro de estrategia o de cambio. Depende de *ti* desarrollarlo, usar los ingredientes únicos de tu situación, tus restricciones y oportunidades, y tus propios talentos e ideas.

NOTAS

1. Charlie Rose, "Amazon's Jeff Bezos Looks to the Future", *60 Minutes*, diciembre 1, 2013.
2. Servicios de Información CB, "Amazon's 'Beehive,' Drone-Carrying Trains Reinforce Focus on Logistics Tech", *CB Insights*, agosto 3, 2017, https://www.cbinsights.com/research/amazon-warehouse- patent/.

PARTE I
CULTURA

REINICIA TU RELOJ:

TU VIAJE NO SERÁ CORTO NI EN LÍNEA RECTA

No todos los que deambulan
están perdidos.

—J.R.R. TOLKIEN

Además de ser una oportunidad publicitaria muy popular que dominó los titulares de todo el mundo, ¿en qué consistió el "concurso" de Amazon para elegir su segunda ciudad sede? Esta iniciativa, llamada *HQ2*,[1*] fue una de las propuestas más singulares en la historia de los negocios.

Yo formé parte de una entrevista en el panel de transmisión en la CNBC que debatía los atributos de diferentes ciudades en la carrera por ser la HQ2. Mientras que los otros dos panelistas argumentaron cuál ubicación sería más atractiva para la generación de *selfies*, mi punto era que se trataba del riesgo a largo plazo para que Amazon pudiera contratar y retener talento tecnológico de clase mundial.

Existen precedentes de empresas que trasladan sus sedes. Boeing trasladó su sede de Seattle a Chicago en 2001. Más recientemente, GE trasladó su sede de Fairfield, Connecticut, a Boston, Massachusetts. Y, sí, las empresas han solicitado ofertas de ciudades y estados para obtener incentivos fiscales relacionados con la construcción de nuevas instalaciones y la creación de empleos, pero nunca la combinación de puestos potenciales

---

* HQ2: *Head Quarters*: las oficinas principales de una empresa, en este caso, las segundas oficinas centrales. [*N de la T.*].

de trabajo y el proceso de licitación transparente hicieron tanto ruido, impulsados por los medios de comunicación.

Piénsalo de esta manera. La ciudad que ganara el concurso de Amazon obtendría un premio mucho más valioso que el que recibió Chicago cuando Boeing se mudó de Seattle. HQ2 promete una inversión de US $5 mil millones, hasta 50 000 empleos con altos salarios, la expectativa de generar más crecimiento, y el prestigio inmediato del liderazgo en tecnología digital.

IDEA 1

Si puedes convertir tus planes en estrategia y evaluarlos durante un largo período, podrás hacer inversiones y apuestas que otras empresas no pueden. Identifica los riesgos y restricciones a largo plazo de tu negocio. Puede que logres encontrar un apalancamiento estratégico si los abordas desde el inicio.

¿Y qué problema trataba de resolver Amazon? ¿Se trataba del creciente resentimiento de algunas facciones en Seattle respecto al impacto local de Amazon? ¿Se trataba de la tensión con la ciudad de Seattle y el estado de Washington? ¿Se estaba cansando Amazon de la penumbra constante en Puget Sound? ¿Por qué pasar por este ejercicio?

Responder a la pregunta "¿Cuál fue la motivación real de Amazon para HQ2?" primero requiere hacer una pregunta más profunda: "¿Cuál es el acelerador o el freno a largo plazo para el crecimiento de Amazon?". Creo que Amazon se hizo esta pregunta, y la respuesta principal se centró en ser capaz de reclutar y retener talento, especialmente talento tecnológico de clase mundial, en el área de Seattle. Seattle es un lugar hermoso, pero no es para todos. Está muy lejos de muchos lugares del mundo, hay una diferencia horaria de diez horas entre Seattle y la mayor parte de Europa, y no es fundamental para el resto de los Estados Unidos. El costo de la vida en Seattle se ha disparado. A partir de un informe de marzo de 2017 del *NW REporter*, el precio promedio de una casa en Seattle había aumentado a US $777 000.[1] En resumen, la casa típica en Seattle costaba alrededor de US $100 000 más que el año anterior.

Entre 2015 y 2017, el número de empleados de Amazon creció de poco más de 200 000 a 541 000.[2] En el estado de Washington, Amazon estima que el número es de 40 000, y 25 000 de esos empleados están ubicados en su sede en Seattle.[3] Y Amazon espera continuar con este tórrido crecimiento o incluso (¡ups!) acelerarlo.[4] ¿Cómo reclutará y retendrá la compañía a los empleados mientras mantienen su alto nivel de vida?

¿Qué harían la mayoría de los líderes y las empresas en estas circunstancias? Algunos ni siquiera reconocerían el riesgo a largo plazo al que se enfrentan, acercándose como un iceberg en la noche, a muchos kilómetros de su *Titanic* personal. Muchos lo reconocerían, pero se callarían, refrenarían sus acciones y utilizarían el pensamiento a corto plazo. ¿Por qué no dejar el problema en el camino para la siguiente generación de líderes de la empresa? ¿Para qué asumir el gasto, la mala publicidad y la atención de los directores ahora si solo van a estar al mando durante cinco a diez años? Es una pregunta común entre los presidentes y directores y el Consejo de Administración.

El segundo principio de liderazgo de Amazon es "Responsabilidad y compromiso", mediante el cual los líderes de Amazon se esfuerzan por nunca sacrificar el valor a largo plazo por resultados inmediatos. HQ2 se trataba de pensar a largo plazo y abordar un tema utilizando un enfoque del que derivaban muchos otros beneficios, en lugar de esperar hasta que el potencial de apalancamiento disminuyera a cero. Los líderes de Amazon no estaban dejando esta restricción de negocios a largo plazo como un problema en el camino.

PRINCIPIOS DE LIDERAZGO DE AMAZON

Amazon tiene 14 principios de liderazgo. Cuando estuve en Amazon, no estaban formalizados, pero hablábamos de ellos todos los días y los usábamos para tomar decisiones. En algún momento después de que me fui, a finales de 2005, los principios de liderazgo fueron codificados. Los PL, como se los llama en Amazon, desempeñan un papel clave en la escala de Amazon, ya que mantienen un equilibrio entre velocidad, responsabilidad, toma de riesgos y obtención de los resultados correctos. Debes tener cuidado de no apoyarte demasiado en un PL en relación con los demás, y se deben usar con sabiduría.

1. Pasión por el cliente
2. Responsables y comprometidos
3. Inventan y simplifican
4. Tienen razón, casi siempre
5. Aprenden y son curiosos
6. Contratan y hacen crecer a los mejores
7. Insisten en los estándares más altos
8. Piensan en grande
9. Tienen iniciativa
10. Frugalidad
11. Se ganan la confianza de los demás
12. Profundizan
13. Tienen determinación; discrepan y se comprometen
14. Obtienen resultados

Fuente: Amazon Jobs, https://www.amazon.jobs/en/principles

Jeff Bezos evalúa las cosas en un marco de tiempo que le permite invertir a largo plazo. A muy largo plazo en algunos casos. Es sabido que Bezos está estrechamente asociado con la Fundación Long Now, a cuyos miembros les preocupa el enfoque cada vez más corto de la sociedad. En una propiedad de Bezos, en el oeste de Texas, la organización ha construido un reloj que funciona una vez al año. La manecilla del siglo avanza una vez cada cien años, y el cucú saldrá una vez cada milenio durante los próximos 10 000 años.

No hace falta decir que Jeff es muy bueno con los símbolos. El Reloj de 10 000 años es un símbolo de su deseo de estar siempre pensando en grande y con una visión a largo plazo, como compañía, como cultura y como mundo:

> Si todo lo que haces necesita funcionar en un horizonte de tiempo de tres años, entonces compites contra mucha gente. Pero si estás dispuesto a invertir en un horizonte de siete años, ahora compites contra una fracción de esas personas, porque muy pocas empresas están dispuestas a hacerlo. Solo al alargar el horizonte de tiempo puedes comprometerte con metas que de otra manera nunca se podrían realizar. En Amazon nos gusta que las cosas funcionen en cinco o siete años. Estamos dispuestos a plantar semillas, dejarlas crecer... y somos muy tercos.[5]

HACERSE DIGITAL

Entonces, ¿cómo se aplica esto a tu estrategia digital y a competir en la era digital? Bueno, primero preguntémonos: "¿Qué es *digital*?".

La mayoría de las organizaciones están bajo presión para innovar y ser digitales. Como resultado, es una pregunta que dispara muchas de mis presentaciones como orador principal. Pero ¿qué significa *ser digital*? Muchas compañías creen que significa invertir en la experiencia móvil, en dispositivos portátiles y comercio electrónico. Otros piensan que se trata de la computación en la nube, realizar acciones específicas* bajo demanda y las interfaces de programación de aplicaciones (API). Si bien todos estos son habilitadores importantes, *no* son lo que es ser digital.

Yendo a fondo, lo digital abarca dos cosas: velocidad y agilidad; externamente hacia tus clientes y hacia el mercado, e internamente dentro de tu organización. De manera más específica, se trata de velocidad y agilidad envueltas en nuevos modelos de negocios, innovación y la recopilación y el uso de una inmensa cantidad de datos. La *velocidad* es un movimiento repetitivo muy preciso. Se trata de moverse en una dirección de manera muy eficiente, muy precisa. La excelencia operativa a escala es el equivalente comercial de la velocidad. La *agilidad*, por otro lado, es el atributo o la habilidad para detectar hechos clave, indicadores y movimientos en el mercado, y para hacer cambios y ajustes rápidamente. La innovación en tu negocio está impulsada por la agilidad, es decir, la habilidad de hacer que ocurran cambios tanto grandes como pequeños.

El ADN de Amazon se define por estos dos rasgos: velocidad y agilidad. Pero ¿cómo hace Amazon para simultáneamente operar y escalar operaciones de clase mundial rápidamente e innovar de forma sistemática, año tras año? No sucede solo una vez, o por accidente. Para la mayoría de las organizaciones, esto es como hacer malabares con motosierras en patines de hielo. Sin embargo, Amazon ha creado su sistema mundial de velocidad y agilidad utilizando muchas de las ideas presentadas en este libro y expresadas en sus principios de liderazgo. Convertirse

---

* Un término que encontraremos constantemente en este libro y en toda la nueva literatura tecnológica; se refiere a las acciones que un servicio o producto puede ofrecer; a estas acciones se llama *capacity* en inglés y aquí usaremos la traducción directa de la palabra. [*N. de la T.*].

en digital se trata de que tu negocio desarrolle estos rasgos y compita de manera diferente.

LA VISIÓN A LARGO PLAZO

Desarrollar estos rasgos en tu organización no es un solo proyecto. Será difícil desarrollar un caso de negocio y pronosticar resultados. La previsibilidad será difícil de encontrar. Pero debes creer en los poderes de transformación de los datos, la tecnología, la innovación y la búsqueda de la perfección, aplicados a todas las disciplinas.

Para tener éxito, es vital tener una visión a largo plazo. Las constantes reacciones instintivas de una mentalidad de trimestre-a-trimestre que impulsan a la mayoría de las empresas estadounidenses no solo son ineficientes, también son tóxicas para tu cultura. Libera tu pensamiento. Si consideras que lo digital es una iniciativa a corto plazo o si crees que vas a ver los beneficios y los resultados en un tiempo realmente breve, no comprendes el viaje que estás iniciando y no tendrás la paciencia ni el apoyo para llevarlo hasta que dé frutos.

Comencemos el desarrollo de la velocidad y la agilidad hablando de la pasión por el cliente. Después de todo, ahí es donde comenzó Amazon.

PREGUNTAS A CONSIDERAR

1. ¿Cuáles son los riesgos a largo plazo que enfrentan tu industria y tu compañía?
2. ¿Qué significa para ti *ser digital*?
3. ¿La directiva comparte y usa esta definición para guiar la estrategia?

NOTAS

1. Beth Billington, "Housing Inventory Reaches Record Low, but Brokers Expect Spring Bounce", *NW REporter*, marzo 7, 2017, https://www.beth-billington.com/housing-inventory-reaches-record-low-brokers-expect-spring-bounce/.
2. Seth Fiegerman, "Amazon Now Has More Than 500,000 Employees", *CNN Business*, octubre 26, 2017, https://money.cnn.com/ 2017/10/26/technology/business/amazon-earnings/index.html.
3. Todd Bishop, "Amazon Soars to More Than 341K Employees—Adding More Than 110K People in a Single Year", *GeekWire*, febrero 2, 2017, https://www.geekwire.com/2017/amazon-soars-340k-employees-adding-110k-people-single-year/.
4. Amazon, "Amazon's Urban Campus", *Amazon dayone blog*, https://www.amazon.com/p/feature/4kc8ovgnyf996yn.
5. Steven Levy, "Jeff Bezos Owns the Web in More Ways Than You Think", *WIRED*, noviembre 13, 2011, https://www.wired.com/2011/ 11/ff_bezos/.

IDEA 2

¿MERCENARIO O GUIADO POR UNA MISIÓN?

SÉ ESTRATÉGICO Y HONESTO EN TU OBSESIÓN Y LUEGO OBSESIÓNATE POR GANAR

> El hombre está hecho de tal manera
> que cuando algo enciende su alma,
> lo imposible se desvanece.
>
> —JEAN DE LA FONTAINE

En el primer grado tenía un amigo que sabía que quería ser cirujano. No solo médico. No, cirujano, y se convirtió en uno. Siempre estuve celoso de su certeza y de la claridad de su misión.

¿Cómo creas pasión y desarrollas una misión si el camino no está claro de manera innata? Es una pregunta que me planteé, y es una pregunta que formulo a los líderes. Tal vez, les digo, el arte del liderazgo es la capacidad de descubrir las pasiones de cada individuo y encontrar formas de alinear y crear valor a partir de las fortalezas de cada persona para cumplir la misión de la organización.

IDEA 2

Si te apasionan la causa y el cliente, lograrás sobrellevar los tiempos difíciles. En la mayoría de las organizaciones, los mensajes consistentes respecto a la misión, llevarán a la levemente interesada mayoría de los empleados a hacerlos fanáticos de tu negocio, de ganar y de la misión.

No hay nada malo con estar motivado por otras prioridades, como seguir tus pasiones personales, volverte influyente o lograr estabilidad financiera. De hecho, para muchos modelos de negocios, carreras y vidas personales, estos son probablemente un requisito para el éxito. Mirando hacia atrás mi propia carrera, está claro que mi interés intrínseco ha sido mejorar el rendimiento de las empresas a través de tres enfoques: *1)* eficiencia, o creación de procesos que produzcan una mejor calidad con menores costos; *2)* integración a través de procesos, datos, sistemas y ecosistemas dispares para crear capacidades transparentes, y *3)* el desarrollo de nuevos modelos de negocios y capacidades que permitan que una empresa compita de manera diferente.

Una vez tuve un colega que definía como *mercenario* a aquel que "funcionaba con monedas". Con eso quería decir que lo único que les importa a los mercenarios es ganar dinero. El término conlleva algunas connotaciones negativas. Si quieres construir una cultura fuerte, probablemente no llamarás a un grupo de mercenarios.

En última instancia, los rendimientos financieros y las ventas son métricas de producción. Como líder, no tienes control directo sobre ellos. Son el resultado de muchas otras cosas que haces. Lo que puedes controlar son las entradas. Para ganar en lo digital, debes estar profundamente conectado con tus clientes y usuarios porque ahí es donde se encuentran las ideas.

Para ser justos, el éxito se mide principalmente por los resultados financieros. A los accionistas a menudo les gustan los mercenarios porque un equipo de mercenarios puede generar una explosión de ingresos a corto plazo. Por lo tanto, tener empleados con una vena de mercenarios no necesariamente es lo peor del mundo. Se puede crear un híbrido. La clave es asegurarse de que tu mercenario sea un patriota. ¿Qué es un patriota?

CÓMO CONSTRUIR UN PATRIOTA

Jeff habla mucho sobre cómo los equipos impulsados por una misión construyen mejores productos. Eso está muy bien, pero ¿qué significa ser impulsado por la misión?

Se dice que las guerras las ganan los patriotas, no los mercenarios. Luchamos y cuidamos de manera diferente si tenemos un interés en el resultado de la guerra, si el compromiso está cimentado en algo personal. Y si bien es genial si el cemento se mezcla con una profunda pasión por el cliente, un cemento mezclado con otros ingredientes puede ser igual de fuerte y beneficioso para la causa.

Esta es la cuestión. La mayoría de los empleados no comienzan como patriotas. Por lo general, están agradecidos por el trabajo, pero solo ligeramente interesados en la misión y casi nunca les queda claro ni de qué se trata. Si no pueden ser inspirados, suelen encogerse de hombros y empiezan a concentrarse en hacer un trabajo lo suficientemente bueno como para seguir cobrando un cheque cada dos semanas.

Como líder, es tu responsabilidad transformar a estas personas de mercenarios centrados en sí mismos a patriotas de hueso colorado. Entonces, ¿cómo conviertes a estos empleados poco interesados en los embajadores apasionados que necesitas para que tu empresa pueda competir con éxito en la era digital? Debes encontrar una manera de definir claramente la misión, inyectarla con un sentido de legado e importancia, y luego descubrir cómo conectar esa misión a todos y cada uno de ellos.

Me uní a Amazon a principios de 2002 para liderar el lanzamiento del negocio de Amazon Marketplace.* Hoy, ese negocio representa más del 50% de todas las unidades vendidas

---

* Amazon inició vendiendo libros y una vez que dominó el esquema de que un proveedor tercero le enviara su libro al cliente mediante la plataforma de Amazon, pudo crear este negocio, Marketplace. *Mercado Amazon* ahora es donde cualquier cliente puede encontrar un producto de varios vendedores diferentes, con precios y condiciones distintas y elegir el que le convenga. Para ser uno de los socios comerciales en este mercado, se exigen muchos requisitos. [*N. de la T.*].

en Amazon, y hay más de tres millones de vendedores en la plataforma. Sin embargo, cuando llegué a bordo, dos intentos anteriores para hacer un negocio de *terceros* habían fracasado, e eBay tenía una posición que parecía incuestionable. Se necesitaba una estrategia diferente, y todo el equipo de liderazgo de Amazon esperaba que la tercera fuera la vencida. Por supuesto, cuando llegué, me encontré con escépticos. Sí, la pasión por el cliente estaba vivita y coleando, pero descubrí una profunda apatía interna hacia los vendedores. Sentí que la organización veía a los vendedores como ciudadanos de tercera clase. Por supuesto, estas eran las personas con las que contábamos para poblar los negocios que estábamos construyendo. Ellos tenían que ser la sangre vital.

Amazon necesitaba convencer a los socios comerciales de que invirtieran en el desarrollo de sus negocios para atender a los clientes de Amazon. Tuvimos que venderles las excelentes herramientas y capacidades que habíamos creado para que tuvieran éxito. Teníamos que habilitarlos con todo lo que pudiéramos para ayudarlos a cumplir con estándares exigentes. En resumen, necesitábamos construir, casi desde cero, una pasión por los comerciantes.

Comencé escribiendo esta visión y comprensión, celebrando varias reuniones en el ayuntamiento y haciendo la conexión de que la pasión por los comerciantes era clave para ganar en este negocio. ¡Y vaya que si necesitamos que este negocio trabajara para nosotros! La presión era inmensa.

A medida que construía la organización de los comerciantes, necesitaba una amplia variedad de habilidades técnicas, de gestión de proyectos y de negocios. Sí, podría (quizás *debería*) haber insistido en que todos tuvieran una pasión increíble por los clientes y los vendedores, pero no iba a dejar que "lo perfecto fuera el enemigo de lo suficientemente bueno". Si contrataba gente motivada, emocionada y talentosa, sentía que podría engancharlos a la misión. Era vital desarrollar una relación personal con los empleados como individuos. Tuve que conocer sus pasiones, fortalezas y motivaciones personales. Encontrar sus conexiones individuales únicas con la misión y guiar su pasión por su legado fueron las claves del éxito. Y el proceso nunca terminó. Necesitaba agitar continuamente el estandarte de la misión *pasión por el vendedor* ante ellos como un recordatorio e inspiración constantes de que estábamos haciendo algo revolucionario, algo que cambiaría el mundo.

EL PUNTO DE VISTA DE BEZOS

Jeff habla sobre la necesidad de un equipo comprometido y apasionado por el cliente. Francamente, es uno de sus grandes éxitos, y lo repite a menudo:

> Creo firmemente que los misioneros hacen mejores productos, les importa más. Para un misionero, no se trata solo del negocio. Tiene que haber un negocio, y el negocio tiene que tener sentido, pero no es por eso que lo hace. Lo hace porque hay algo significativo que lo motiva.[1]

El punto de Jeff es claro y difícil de debatir. Pero también está incompleto. Está incompleto porque no explica que la misión del negocio o del equipo debe estar alineada con la misión de cada individuo. Además, si la opinión es que las personas no pueden desarrollar esta misión si no la tienen al momento de ingresar a una empresa, entonces contratar o hacer la transición a un equipo se complica. Define la misión, descubre cómo se conecta con las pasiones, los intereses y las misiones personales, e integra constantemente la misión en las comunicaciones y las reuniones. Podrás obtener mucho más del equipo.

Si puedes continuar generando entusiasmo y propósito para ti y tu equipo, construirás un mejor producto, una mejor experiencia y una mejor empresa para atender a los clientes. Y estarás preparando el escenario para ser un negocio Día 1.

PREGUNTAS A CONSIDERAR

1. ¿Cuál es la pasión de tu negocio?
2. Esta pasión ¿está definida y es comunicada consistentemente?
3. ¿Existen suficientes patriotas en la organización?

NOTAS

1. JP Mangalindan, "Jeff Bezos's Mission: Compelling Small Publishers to Think Big", *Fortune*, junio 29, 2010.

IDEA 3

AVANZA PARA REGRESAR AL DÍA 1:

CAMBIA LA CULTURA DEL *STATU QUO*

El dolor es temporal.
Renunciar es para siempre.

—LANCE ARMSTRONG

Soy un fanático del ciclismo. Durante años, disfruté subiendo y bajando colinas y montañas en una bicicleta de montaña en el noroeste del Pacífico. Mi esposa y yo nos hicimos fanáticos de Lance Armstrong cuando se puso la camiseta del arcoíris después de ganar el Campeonato Mundial de ciclismo en Oslo, Noruega, en 1993. Esto fue mucho antes de que ganara su primer *Tour de France* en 1999. Nuestro hijo mayor nació en 1998, y casi lo llamamos Lance. Gracias a Dios, no lo hicimos. Me estremezco al pensar en el pobre de "Lance Rossman". Qué legado oscuro y complejo de llevar solo porque a tus padres les gustaba ver gente correr en bicicleta.

Lance Armstrong ganó el *Tour de France* siete veces consecutivas de 1999 a 2005. Sin embargo, en 2012 se le prohibió la práctica de los deportes olímpicos de por vida y se le quitaron las victorias del *Tour de France* debido a delitos de dopaje durante mucho tiempo. Como resultado, todas sus victorias, que se remontaban a 1998, fueron anuladas.

IDEA 3

Si tu negocio se ha estancado o está en riesgo de ser mercantilizado o quedarse quieto, admite la situación, cambia las preguntas que estás haciendo y sé resuelto en tu comunicación.

Ahora vivo en el sur de California y paso mucho tiempo manejando un auto. Me gusta escuchar *podcasts*, y siempre estoy en busca de buen contenido y aprendizaje. Cuando un amigo me recomendó el *podcast The Forward* de Lance Armstrong, lo escuché a regañadientes, y adivinen qué: me encantó. *The Forward* (Avanzar) se trata de hacerte cargo de tu pasado y decidir, pues, seguir adelante. No importa tu pasado, tú decides cómo convivir con él y cómo quieres escribir tu historia. Si corres el riesgo de que tus mejores días sean los que quedaron atrás, debes decidir si te resignas a una aceptación lenta y dolorosa y a la erosión, o si descubres una manera de reinventarte y seguir adelante. A fin de cuentas, esa es la cuestión. Obviamente, es un tema con el que Armstrong está familiarizado.

Armstrong hace un excelente trabajo entrevistando a sus invitados al *podcast*. Profundiza en sus pasados y examina sus historias y cómo avanzan. Mientras tanto, él es honesto y modesto sobre su complejo pasado. El *podcast* es claramente una terapia para él.

Al evaluar los errores personales, el primer paso hacia una corrección es una honesta autoevaluación. Las empresas grandes y exitosas no son diferentes. Sin importar el pasado, sin importar el nivel de logro, tú tomas decisiones que definen cómo avanzas. Estas decisiones pueden ser conscientes o inconscientes, pero, aun así, se toman.

Bezos ha esbozado su perspectiva de que existen básicamente dos tipos de compañías: las compañías del Día 1 y las del Día 2. En la carta de Amazon a los accionistas de 2016, escribió:

> "Jeff, ¿qué aspecto tiene el Día 2?". Esa es una pregunta que acabo de recibir en nuestra reunión más reciente con todos los miembros. Durante un par de décadas le he estado recordando a la gente que hoy es el Día 1. Trabajo en un edificio de Amazon llamado Día 1, y cuando me cambiaba de edificio, me llevaba el nombre. Paso tiempo pensando en este tema.

> El Día 2 es la inmovilidad. Seguido de la irrelevancia. Seguido de una insoportable, dolorosa decadencia. Seguido de la muerte. Y por eso es que siempre es el Día 1. Con toda seguridad, este tipo de decadencia se producirá en cámara lenta extrema. Una compañía establecida podría cosechar el Día 2 durante décadas, pero el resultado final aún vendrá.
>
> Me interesan las preguntas "¿Cómo esquivas el Día 2? ¿Cuáles son las técnicas y tácticas? ¿Cómo mantienes la vitalidad del Día 1, incluso dentro de una gran organización?". Tales preguntas no pueden tener una respuesta simple. Habrá muchos elementos, múltiples caminos y muchas trampas. No conozco la respuesta completa, pero puede que sepa algunas partes de ella. Este es un paquete inicial de elementos esenciales para la defensa del Día 1: pasión por el cliente, una visión escéptica de los sustitutos, la impaciente adopción de tendencias externas y la toma de decisiones a alta velocidad.[1]

Esto es lo que me interesa del paquete de elementos esenciales de Jeff: todos son elementos de cultura. Definen nuestras prioridades y cómo trabajamos juntos. No son ni metas financieras ni metas de mercado. Están *completamente* bajo el control de los líderes, no del mercado ni de los competidores.

Mientras que Jeff se enfoca en defenderse del Día 2, me interesan las preguntas: "¿Qué haces si ya eres una empresa del Día 2? ¿Cómo cambias de rumbo? ¿Acabas por aceptar tu destino? De ser así, ¿no es esto una forma de renunciar? ¿O aceptas el riesgo y el dolor, y descubres cómo avanzar?".

AVANZAR

Si eres una empresa del Día 2, ¡este libro está escrito para ti! Aplica estas ideas con propósito y paciencia. Thomas Wolfe* estaba equivocado, sí puedes ir a casa de nuevo. He aquí cómo volver al Día 1.

Comprométete con un camino

Si bien la innovación y la renovación pueden y deben venir desde cualquier lugar dentro o fuera de tu organización, solo el equipo de liderazgo y el consejo pueden ser específicos y determinantes. Es probable que ya conozcas algunos de los movimientos dolorosos que necesitas hacer para ponerte en marcha; solo has sido reacio a hacerlos.

Comprométete con un camino, toma pronto la medicina que necesitas y luego comienza a innovar. Quizá signifique vender un negocio, separarse de un líder o admitir la realidad de que un canal de negocios está en proceso de erosión.

Reconocer y presentar las malas noticias

Las malas noticias no mejoran con la edad. ¿Cuáles son los signos de estar en el Día 2? A menudo, el crecimiento se está desacelerando, los servicios y productos se están convirtiendo en ordinarios, los porcentajes de pérdida en nuevas oportunidades aumentan, o tus clientes dicen algo.

No solo debes admitir la situación, sino también asumir la responsabilidad. Debes comprender en qué crees y qué estás dispuesto a hacer. En gran parte, cuán dispuesto estés a comprometer personalmente definirá las opciones disponibles para ti. Al presentar las malas noticias, las declaras como el pasado. Tú dices: “La situación actual ya no es aceptable. Tenemos una nueva misión y tenemos que hacerlo mejor”.

---

* Una de las obras más importantes de T. Wolfe se llama: *No puedes regresar a casa*. [*N. de la T.*].

El principio de liderazgo 11 de Amazon es "Ganar la confianza de los demás", que significa que "son abiertamente autocríticos, si incluso esto los pone en una situación difícil e incómoda". Los líderes son conscientes de que ni ellos ni su equipo meten rosas. Los líderes se comparan a ellos mismos y a su equipo con los mejores".[2] Comienza las revisiones de negocios u operaciones con perspectivas como: "Así es como mi equipo/negocio/operación se equivocó", y luego enumera las métricas y las causas de raíz. Discute cómo las vas a arreglar y qué necesitas de los demás. Si comienzas a "presentar las malas noticias", el estigma desaparece, pero se requiere un liderazgo audaz.

Cambia las preguntas que estás haciendo

Haz preguntas que impongan restricciones ("¿Cómo haríamos que nuestro producto/servicio/capacidad sea completamente de 'autoservicio'?").* Haz preguntas que creen más empatía con el cliente ("¿Cuál es el peor día para nuestros clientes?"). Haz preguntas que planteen una realidad diferente ("¿Cómo sería nuestro producto o servicio completamente 'definido por software'?").

Sé resuelto y deliberado al dar cuerpo a las situaciones y posibles respuestas a estas preguntas. Utiliza narraciones (Idea 44) o comunicados de prensa futuros (Idea 45).

---

* Otra de las características distintivas de Amazon es el *autoservicio*. Bezos desea que un cliente pueda llevar a cabo toda su transacción sin que nadie lo tenga que ayudar. Encontrar un producto, elegir una opción, elegir una forma de pago, una fecha y lugar de envío, y que si lo que recibió no es lo que deseaba o ya no lo quiere, que también lo pueda regresar sin complicaciones. Sin embargo, a lo largo de este proceso, los vendedores deben estar totalmente disponibles por si el cliente desea hacer una pregunta. La recompensa para el vendedor es que al final del ciclo, si el cliente quedó satisfecho, le regale una calificación de excelente para poder seguir operando en esta plataforma. [*N. de la T.*].

Que la comunicación* siempre *dé en el blanco

Para tu equipo, tus inversionistas, tu consejo directivo y tus clientes, todos los que tengan un papel de liderazgo deben comprometerse y ser específicos en sus comunicaciones. El cambio no ocurre con una nota o una reunión y una declaración. Tus prioridades, tus acciones y tus comunicaciones deben estar siempre alineadas con tu plan. Las comunicaciones deben ser tanto programadas y planificadas como espontáneas.

Equípate a ti y a tus líderes con puntos de mensaje para incorporar en todo lo que tú y ellos hagan. Una vez hecho, repítelo.

Dicho lo anterior, la historia de las compañías que cambian la marea y se reinventan a sí mismas está dominada por el fracaso. Dos ejemplos de compañías que han sido sumamente exitosas al cambiar la fortuna de sus negocios son Apple y, más recientemente, Microsoft. Estas no han realizado solo transiciones de productos, sino transiciones culturales. El cambio es difícil y es arriesgado. Tal vez sea más fácil dejar simplemente que la próxima generación de directivos se ocupe de ello. Tú podrías ser capaz de llevártela así durante años. Pero ¿puedes vivir sabiendo que presidiste una compañía del Día 2?

Incluso Amazon se está enfrentando a esto. De las compañías en la lista de *Fortune 1000*, solo Walmart tiene más de US $400 mil millones en ingresos anuales. Walmart está creciendo en un promedio de cinco años a menos del 2%. Mientras tanto, los ingresos previstos para Amazon en 2018 son de US $240 mil millones, con una tasa de crecimiento anual del 38%. En unos pocos años, probablemente menos de tres, Amazon tendrá más de US $400 mil millones en ingresos anuales. Los líderes de Amazon hacen preguntas sobre cómo administrar un negocio como este, porque no muchos equipos de liderazgo lo han hecho, especialmente con estas dinámicas de crecimiento. En cualquier caso, siguen comprometidos con el largo plazo y siguen siendo una empresa del Día 1.

Fuera de Amazon, en sus nuevos esfuerzos filantrópicos, Bezos está aplicando muchas de las mismas creencias y valores para beneficio del cliente, para generar y reinventar una gran visión. Anunciado en septiembre de 2018, el Fondo Bezos Day One se centrará en la epidemia de personas sin hogar y la educación preescolar.

"Usaremos el mismo conjunto de principios que han impulsado a Amazon. El más importante de ellos será la pasión genuina e intensa por el cliente", escribió en un tuit. "El niño será el cliente".[3]

Mantener a una empresa en el Día 1 va a ser difícil. Vas a tener días buenos y días malos. Vas a perder algunas personas en el camino. Vas a tener que estar obsesionado. Afortunadamente, hablaremos de eso en el próximo capítulo.

PREGUNTAS A CONSIDERAR

1. ¿Con cuáles malas noticias no estás siendo honesto?
2. ¿Con cuál situación personal no estás actuando directa y honestamente?
3. ¿Eres una empresa del Día 2 y te interesa más mantener el *statu quo*?

NOTAS

1. Jeff Bezos, "2016 Letter to Shareholders", *Amazon dayone blog*, abril 17, 2017, https://blog.aboutamazon.com/company-news/2016-letter-to-shareholders.
2. Amazon Leadership Principles, https://www.amazon.jobs/en/principles.
3. Jeff Bezos, "Day One Fund", Twitter, septiembre 13, 2018, https://twitter.com/JeffBezos/status/1040253796293795842/photo/1?ref_src=twsrc%5Etfw%7Ctwcamp%5Etweetembed%7Ctwterm%5E1040253796293795842&ref_url=https%3A%2F%2Fwww.businessinsider.com%2Fjeff-bezos-launches-2-billion-bezos-day-one-fund-for-homeless-2018-9.

IDEA 4

APASIONARSE ES DIFERENTE:

PASIÓN POR EL CLIENTE EN TU NEGOCIO

La obsesión es la fuente
del genio y la locura.

—MICHEL DE MONTAIGNE

El capitán Ahab, el personaje monomaníaco en el corazón de la obra de Herman Melville, *Moby Dick*, estaba obsesionado con la ballena blanca. No solo interesado. No fascinado. Estaba totalmente obsesionado por la bestia que se había llevado su pierna. Cuando Ahab se disponía a arponear su obsesión, ¿delegó el trabajo de encontrar a la ballena blanca? Absolutamente no. La tripulación del *Pequod* pensó que estaban cazando cachalotes, no viajando a los confines de la Tierra para destruir la obsesión de su capitán.

Ahab probablemente no sea el mejor ejemplo de un líder. La obsesión del loco capitán fue mortal y concluyó con un viaje al fondo del océano, atado a la ballena. Sin embargo, cuando se trata de obsesión, la verdadera obsesión, a veces puede ser difícil discernir entre el genio y la locura.

Seguramente, has tratado con personas que están obsesionadas con algo. Tal vez con alguna afición como el deporte. ¿Cuál fue tu reacción a su obsesión? ¿Te resultaron raros, distraídos, extraños, emocionados o difíciles de entender? ¿Existía algo más que les importara? Tal vez su obsesión incluso creó algún conflicto entre ustedes dos.

Aunque hay 14 principios de liderazgo en Amazon, el principio de liderazgo 1 es “Pasión por el cliente”, y es el primero entre iguales en los principios de liderazgo de Amazon. ¿No es suficiente “concentrarse en el cliente” o “escuchar al cliente”? Para pasar de bueno a excelente, para ver lo que está por venir para tu cliente[1] o para cambiar una cultura interna, la pasión te proporcionará diferentes perspectivas.

IDEA 4

Es trabajo de todos conocer, tener empatía y pasión por el cliente. Asegúrate de que todos sepan que ese es su trabajo. Encuentra muchas maneras de practicar y construir deliberadamente esta expectativa. Sumérgete en los problemas que tienen los clientes (u otras partes clave interesadas), y no delegues el averiguar las causas de raíz. Conoce los detalles de la experiencia del cliente y lo que causa fricción para ellos.

DIRECTOR DE ATENCIÓN AL CLIENTE, ¡BLECCH!

“Solicitamos: Ejecutivo experimentado para convertirse en un paladín del cliente. Debe ser experto en romper los silos organizacionales para crear una mentalidad persistente de ‘el cliente primero’ a través de canales físicos y digitales. Los requisitos incluyen habilidades de diplomacia, espíritu innovador, excelencia en el servicio al cliente y una mentalidad basada en los datos”.[2]

Siguiendo el eterno espíritu de la *Revista Mad*, digo “blecch” cada vez que escucho el título de la última tendencia en *management*: director de atención al cliente (CCO, *Chief Costumer Officer*). No me malinterpretes. La descripción y las habilidades necesarias son excelentes. Pero ¿no sería mejor si *todos* los miembros de la organización actuaran como directores de atención al cliente?

Aprecio que tener un CCO podría ser una manera de ayudar a iniciar y acelerar la pasión por el cliente en tu organización, pero mi preocupación es que tener ese puesto envía el mensaje exactamente contrario al resto de la organización. Si todos piensan que es el trabajo de otra persona apasionarse por el cliente, la mayoría de tu equipo no lo está haciendo. Si vas a tener un CCO, asegúrate de que la primera prioridad de esta posición sea crear una cultura de pasión por el cliente, de modo que ser un abogado del cliente sea el trabajo de todos. Si tiene éxito, el papel de CCO se volverá inútil. ¿Por qué? Porque todos lo estarán haciendo.

HAZ QUE SUCEDA

¿Cuáles son los diferentes métodos para crear y practicar sistemáticamente la pasión por el cliente? Aquí hay unos cuantos enfoques:

1. **Usa métricas que midan la experiencia del cliente.** Hablaremos más sobre las métricas en la Idea 31, pero crea métricas que midan *todas* las fases de la experiencia del cliente. Encuentra una manera de medirla en lugar de solo sondearla. Esto conducirá a la innovación. Sé creativo al medir la mayor cantidad posible de la experiencia del cliente, incluso las experiencias no personales. Tú *puedes* medir el tiempo de espera de los clientes en tiempo real. No uses el "No somos un negocio o producto digital" como excusa.

2. **Crea un programa de la voz del cliente.** Crea un programa de la voz del cliente que no solo resalte un problema del cliente, sino que también asigne puntos de acción priorizados y trabajo para todos los equipos necesarios con el fin de corregir la causa raíz.

3. **Todo comienza con describir el deleite del cliente.** En tus narraciones, tus resultados, las cartas a tus accionistas, tus planes, tus estrategias, tu documentación, comienza con la descripción de lo que deleita a tu cliente en este tema. Si no puedes identificar el impacto en el cliente, ¿deberías dedicarle tiempo?

4. **Caminata administrativa (MBWA).** Pasa un tiempo considerable como si fueras un cliente, con tu equipo de ventas y servicio, y entrevista a la primera línea de tus socios. No confíes demasiado en las encuestas, porque no brindan muchos conocimientos profundos. Además, no confíes únicamente en sustitutos comunes, como informes de mercado u otro material resumido, ya que normalmente solo funcionan para confirmar nuestra opinión. En cambio, desestima tus creencias y opiniones, y comprende los momentos específicos en los que decepcionas a un cliente, reuniendo todos los detalles de la situación que puedas. *Mangement by Walking Around* (MBWA) o Caminata administrativa es la práctica de los gerentes que salen de sus torres de marfil y pasan tiempo con los clientes y en el campo, para poder obtener una mejor comprensión y empatía de lo que realmente está sucediendo.

LOS RESULTADOS NO SOLO SON LA SATISFACCIÓN DEL CLIENTE

Al hacer que el trabajo de todos sea la pasión por el cliente, esperas que la satisfacción del cliente mejore. Eso sería genial, pero en el lenguaje del béisbol, considero que esto es un *single*. La pasión por el cliente lleva a la excelencia operativa, que analizaremos más en la Idea 22. Sin embargo, el *home run*, no el *grand slam* de la pasión por el cliente, es construir sobre la satisfacción del cliente y la excelencia operativa. El *grand slam* es la innovación y la evolución del modelo de negocios, inspirándote para desarrollar y expandirse más allá de tus productos, servicios y modelo de negocios actuales.

La sofisticada competencia de Amazon en logística no provino de querer ser una compañía de cadena de suministro. Se debió a la comprensión de que la experiencia del cliente se veía muy afectada por la flexibilidad, la velocidad y la calidad de la entrega. Amazon Web Services (AWS) no surgió de querer ser una empresa de tecnología en la nube, sino de la necesidad de proporcionar una infraestructura escalable para brindar una excelente experiencia en línea para el cliente.

¿A dónde podría llevarte la pasión por el cliente? Aquí hay una pista: no está en el fondo del océano, atado a una ballena. Sin embargo, como descubriremos en el siguiente capítulo, no es malo tener a bordo a personas con un poco de Ahab. Como lo discutiremos, ser agradable todo el tiempo puede ser un lastre para tu equipo.

PREGUNTAS A CONSIDERAR

1. Si la pasión por el cliente fuera un valor compartido en tu organización, ¿qué sería diferente?
2. ¿Tienes métricas profundas que midan todos los aspectos de la experiencia del cliente, incluso las partes no digitales de tu negocio?
3. ¿Dependes demasiado de encuestas, inteligencia competitiva y otros sustitutos de la experiencia del cliente?

NOTAS

1. Anna Mazarakis y Alyson Shontell, "Former Apple CEO John Sculley Is Working on a Startup That He Thinks Could Be Bigger Than Apple", *Business Insider*, https://www.businessinsider.com/john- sculley-interview-healthcare-pepsi-apple-steve-jobs-2017-8.
2. Chris Davis, Alex Kazaks y Alfonso Pulido, "Why Your Company Needs a Chief Customer Officer", *Forbes*, octubre 12, 2016.

IDEA 5

NO ACEPTES PARA QUE TE ACEPTEN:

EL RIESGO QUE LA COHESIÓN SOCIAL IMPLICA PARA EL LOGRO DE RESULTADOS CONCRETOS

Administrar es hacer las cosas bien.
Liderar es hacer las cosas buenas.

—PETER DRUCKER

Amazon es conocido como un lugar exigente para trabajar. No es para todos. Se podría decir que la compañía es agresiva. Agresiva en los resultados, es decir, el tipo correcto de resultados. Agresiva para que las personas produzcan y que dominen su ámbito. Agresiva para que equipos y líderes logren lo imposible: la perfección.

Piensa en cómo operan las empresas más grandes. La política tiende a regir el día en las grandes compañías. Las discusiones no son directas. Las reuniones están envueltas en tantas posturas y engaños sutiles que son francamente maquiavélicos. La antigüedad y los títulos son más importantes que tener los datos o la información correctos. La gente dice cosas contradictorias a diferentes personas. Sonríen y asienten con la cabeza, sin estar de acuerdo. En este mundo, la civilidad es más importante que estar en lo correcto. Se sacrifican los resultados en aras de conservar la armonía.

Pero, ay, así es como es. Sin embargo, Jeff reconoció esta condición desafortunada desde el principio y decidió que preferiría formar una compañía que no solo luciera bien, sino que también innovara, operara extremadamente bien y evolucionara con el tiempo.

IDEA 5

Haz que lo correcto sea lo más importante. Establece desde la cima de la organización el tono de que ganaremos al hacer lo correcto, teniendo conversaciones honestas que guíen la pasión por el cliente y los datos, buscando la perfección a través de la información e ignorando los títulos de los puestos, mientras nos tratamos con respeto. Muchas de las ideas en este libro ayudarán a reforzar este principio.

De todas las nociones sobre administración de Jeff, quizás la más distintiva es su creencia de que la armonía a menudo está sobrevaluada en el lugar de trabajo, que puede sofocar una crítica honesta y alentar elogios educados a ideas y ejecuciones defectuosas. En cambio, los amazónicos reciben instrucciones de "Discrepar y comprometerse" (principio de liderazgo 13): debatir enérgicamente las ideas de los colegas con comentarios que pueden ser dolorosos y secos antes de alinearse detrás de una decisión.

"Siempre queremos llegar a la respuesta correcta", dijo Tony Galbato, vicepresidente de Recursos Humanos de Amazon, en un comunicado de correo electrónico. "Sin duda, sería mucho más fácil y socialmente cohesivo comprometerse y no debatir, pero eso puede llevar a una decisión equivocada".[1]

Amazon tiene un nombre para el enfoque de alcanzar la honestidad intelectual y ser autocrítico. Se llama *búsqueda de la verdad*, cuyo objetivo es evitar la cohesión social basada en el consenso, donde nadie tiene que estar equivocado y llegar a la respuesta o visión correcta. La creencia de Bezos es que si eres una empresa que busca la verdad y compites contra una empresa que cede, ganarás. No caigas en ser una empresa que cede cuando sea posible medir y definir la verdad. Esto es "presentar las malas noticias".

Sin embargo, es importante no torcer esta noción para decir que ser un gran colega o ser respetuoso con los demás no es importante. Es solo que no es suficiente, y no es la máxima prioridad. Ser amable y llevarse bien es necesario y valorado. No puedes lograr los resultados correctos si no dejas nada más que puentes quemados detrás de ti. Pero llevarse bien no es *lo más importante*. Piensa en las prioridades y normas sociales de tu organización. Si llevarse bien es más valioso que estar en lo correcto, el negocio tendrá más que ver con llevarse bien que con hacer lo correcto a lo largo del tiempo. Este valor se va filtrando lenta pero definitivamente.

El autor Brad Stone ha reunido algunas de las frases más ocurrentes que ha dicho en algunas reuniones, según las recuerdan veteranos de Amazon:

"¿Eres flojo o solo incompetente?"

"Lo siento, ¿tomé mis pastillas para la estupidez esta mañana?"

"¿Necesito bajar a buscar el certificado que dice que yo soy el CEO de esta compañía para que dejes de desafiarme en este punto?"

"Si vuelvo a escuchar esa idea otra vez, me voy a tener que suicidar"

Después de la presentación de un ingeniero: "¿Por qué estás desperdiciando mi vida?"

Fuente: Brad Stone, *The Everything Store: Jeff Bezos and the Age of Amazon*, Nueva York, Little, Brown, 2013.

Bezos aborrece lo que él llama *cohesión social*, es decir, el impulso natural de buscar el consenso.[2] Prefiere que sus empleados luchen con las espadas numéricas y la pasión por los clientes. Él ha codificado este enfoque en uno de los 14 principios de liderazgo de Amazon, los valores altamente estimados de la compañía que se inculcan en las nuevas contrataciones y se discuten a lo largo del ciclo de vida de cada empleado en la organización.

El consenso plantea dos peligros para las empresas que intentan ser innovadoras. El primer peligro es que no se tengan conversaciones ásperas, honestas y francas. El segundo peligro es que las ideas que son realmente innovadoras tienden a ir contra el sentido común y, a menudo, parecen estúpidas, imposibles, contraproducentes, o las tres.

¿QUÉ HACER?

1. **Pruébalo a través de la práctica.** Intenta captar momentos en los que no se realicen conversaciones honestas. Sé determinante al comunicar que ambas partes exijan un pensamiento y una ejecución rigurosos. Y si bien ambas partes deben ser respetuosas con los demás, el negocio necesita *tanto* conversaciones exigentes *como* respeto.
2. **Baja el ritmo de ciertas conversaciones y reuniones.** Debate el tema y revisa el tipo de conversación que tienen y los principios o el enfoque que asumen para decidir. Esto ayuda al equipo a comprender mejor por qué tomamos una decisión de cierta manera.
3. **Utiliza métricas y acuerdos de nivel de servicio (SLA).** Háganse responsables mutuamente con métricas, acuerdos de nivel de servicio (SLA, *Service Level Agreements*) y conversaciones profundas sobre las causas de raíz. Estas conversaciones con frecuencia requieren un esfuerzo

considerable, y debes ser disciplinado para comprender las múltiples mejoras que podrían ser necesarias. Ejercicios como preguntar "los cinco porqués" donde preguntas "por qué sucedió esto" o "por qué permití que esto afectara mi negocio", cinco veces, ayudan a superar las respuestas superficiales y llegar a la verdadera causa de raíz.

Muchas de las ideas en este libro obligan a tener mejores conversaciones y, con suerte, mejores decisiones y mejores operaciones. Propuestas como la escritura de narraciones (Idea 44) y la construcción continua de métricas (Idea 31) son clave para luchar contra la cohesión social. Son funciones de forzamiento para que tengan un conflicto sano.

Como líder, puedes ser reacio a crear un conflicto interno. Eso es comprensible. Sin embargo, cualquier *coach* te dirá que ganar resuelve todos los problemas cuando se trata de la cultura en los vestidores. Todos se llevan bien cuando el equipo está ganando, y llevarse bien es un subproducto de hacerlo bien, lo que requiere un conflicto saludable. Si puedes inclinar la tendencia a hacer lo correcto a través de conversaciones más honestas, incorporarás rápidamente la noción de obtener los resultados correctos en la forma en que trabajan. Vamos a explorar eso a continuación.

PREGUNTAS A CONSIDERAR

1. ¿Cuál es la prioridad que la cultura de tu empresa da a estar en lo correcto y comunicarse con claridad?
2. ¿La cultura de tu compañía permite que diariamente se den discusiones fuertes y con franqueza?
3. ¿Es más importante llevarse bien que tener la razón?

NOTAS

1. Jodi Kantor y David Streitfeld, “Inside Amazon: Wrestling Big Ideas in a Bruising Workplace”, *New York Times*, agosto 15, 2015, https://www.nytimes.com/2015/08/16/technology/inside-amazon-wrestling-big-ideas-in-a-bruising-workplace.html.

2. Drake Baer, “Jeff Bezos to Social Cohesion: Drop Dead”, *Fast Company*, octubre 17, 2013, https://www.fastcompany.com/3020101/jeff-bezos-to-social-cohesion-drop-dead.

IDEA 6

DA RESULTADOS:

SÉ EL DUEÑO DE TUS DEPENDENCIAS PARA SUPERARLAS Y TENER ÉXITO

> Cuando un equipo se hace dueño de su problema, el problema se resuelve. Esto es verdad en el campo de batalla, es verdad en los negocios, y es verdad en la vida.
>
> —JOCKO WILLINK

Amazon es tanto un operador de clase mundial como un innovador sistemático. Siendo una empresa tan gigantesca, permite que las personas tomen decisiones en un entorno sorprendentemente libre de burocracia. Para que esto funcione, su cultura permite y habilita a los líderes a ser responsables de obtener los resultados correctos.

Pero una cosa es decir "Tú eres responsable", y otra es crear un método sistemático que permita a los líderes administrar mejor e influir en los riesgos clave para que puedan brindar resultados difíciles y ser responsables. ¿Cuál es el método de Amazon?

EL DÓLAR SE DETIENE AQUÍ

Jocko Willink era el comandante de la Unidad de Tareas Bruiser, la unidad de operaciones especiales más condecorada de la Guerra de Irak. También es coautor del *bestseller Extreme Ownership* [*Propiedad extrema*] de *The New York Times*.

Como puedes esperar de un Navy SEAL, los mensajes del libro son pesados en cuanto a disciplina personal y responsabilidad. "La guerra es el infierno", dice Willink. "Es un maestro brutal".[1] Si bien los negocios nunca serán una guerra, y Willink lo deja muy, muy claro, no hay ninguna razón por la que no puedas trasladar esa intensidad, ese tipo de dependencia de pared de ladrillos, a tu organización. El libro de Willink me recuerda una historia de Adam Lashinsky sobre Steve Jobs y los vicepresidentes y conserjes de Apple, que voy a resumir aquí.

IDEA 6

Establece la expectativa de que los líderes no podrán señalar con el dedo a otros si no alcanzan los resultados correctos. Demuestra cómo manejar mejor las dependencias, para que puedan entregar resultados extraordinarios en organizaciones distribuidas.

Según Lashinksy, Steve Jobs contó una breve historia a los empleados que fueron promovidos a vicepresidentes en Apple. Jobs decía que si la basura en la oficina de un vicepresidente no se vaciaba, él naturalmente exigiría una explicación al conserje. "Bueno, cambiaron la cerradura de la puerta", podría responder el conserje razonablemente, "y no pude obtener una llave". Sería una irritación para Jobs, pero la respuesta del conserje sería razonable. Es una excusa comprensible. El conserje no puede hacer su trabajo sin la llave. Como conserje, se le permite tener excusas. "Cuando eres el conserje, las razones son importantes", dijo Jobs a sus nuevos vicepresidentes. "En algún lugar entre ser conserje y ser director general, las razones dejan de importar". En otras palabras, el Rubicón* de la responsabilidad se cruza

---

* El Rubicón es un río corto y tormentoso en el nordeste de Italia que Julio César atravesó, con lo que conquistó el poder por la fuerza, cuando el Senado y Pompeyo quisieron detenerlo. [*N. de la T.*].

cuando el empleado se convierte en vicepresidente. Él, o ella, debe dejar todas las excusas del fracaso. Un vicepresidente es responsable de cualquier error que ocurra, y no importa lo que diga".[2]

ERES DUEÑO DE TUS DEPENDENCIAS

Si has cruzado ese Rubicón de la responsabilidad y no hay excusas, estás actuando como propietario. Todos en un negocio dependen de otros para el éxito. Los que te rodean (colegas, miembros del equipo, proveedores externos y socios, los de otros departamentos que tienen que ver con tu trabajo) contribuyen con elementos esenciales que te hacen efectivo a ti. Esto significa que, cuando te decepcionan, también pueden hacer que fracases, a veces de forma miserable.

En Amazon, una de sus directivas principales es identificar y administrar tenazmente todas las dependencias potenciales de descarrilamiento de negocios que puedas tener. No está bien fallar debido a un fracaso en las dependencias. Eso es un fracaso de liderazgo.

Cuando se te pide explicar un problema causado en parte o en su totalidad por un fracaso en una dependencia, debes poder decir: "Hice estas cosas para administrar mis dependencias. Fui por encima y más allá de lo razonable en mis esfuerzos por gestionarlas". Eso significa tener contratos sólidos, acuerdos de nivel de servicio y sanciones vigentes, así como una gestión continua y activa de las comunicaciones. No puedes asumir nada.

En una reunión del Equipo S* de 2003, Jeff dividió el proceso de administración de dependencias en tres sencillos pasos:

---

* El equipo S son los *Senior Executives* de Amazon. [*N. de la T.*].

1. Siempre que sea posible, adueñate de las dependencias para no tener que depender de otra persona.

2. Si eso es imposible, negocia y gestiona compromisos claros y no ambiguos con los demás.

3. Crea una cobertura o protección siempre que sea posible. Por cada dependencia, elabora un plan de respaldo: por ejemplo, en una cadena de suministro, una redundancia.

Asumir la responsabilidad absoluta de cada posible dependencia de tu competencia no es una tarea fácil. Esta es una de las razones por las que muy pocos tienen el rigor, la determinación y la tenacidad para tener un papel de liderazgo en Amazon. Es una compañía de fanáticos del control dirigida por fanáticos del control y dominada por el rey de los fanáticos del control. Como dijo un famoso exingeniero de Amazon, Jeff Bezos es un fanático del control que "hace que los fanáticos del control ordinario se vean como *hippies* drogados".[3]

Y dado que tu propio equipo es una de las dependencias más importantes bajo tu autoridad, tu capacidad para ser mentor de los que te rodean es una medida clave en tu evaluación anual. Eso significa que tu éxito está intrínsecamente vinculado al éxito que tu gente haya logrado a lo largo de sus carreras en Amazon.

El concepto de administrar las dependencias de manera proactiva, mucho más allá de una expectativa normal, resonará con los líderes motivados. A menudo preguntan cómo se lleva a cabo. Si bien hay muchas maneras, comienza por hacer más preguntas de las que normalmente les haces a tus colegas. Estas preguntas ayudan a minimizar los supuestos y las sorpresas. En segundo lugar, no te limites a confiar. Más bien, confía y verifica.

Piensa en Jocko Willink. Él te dirá que incluso cuando los líderes no son directamente responsables de todos los resultados, es su método de comunicación y orientación, o la falta de ellos, lo que lleva a los resultados. Cuando esto se convierte en la norma en una empresa, pedir detalles ya no se ve como una duda o un reto a la competencia de alguien, se convierte en parte de la cultura.

DA RESULTADOS

Amazon es sinónimo de entregar resultados. Usando aproximadamente 11.15 millones de m^2 de centros de embarque en los Estados Unidos, Amazon envía un promedio de 608 millones de paquetes cada año.[4] Eso es aproximadamente 1 600 000 paquetes por día. Si bien sus tiempos de entrega son algunos de los mejores del mundo, están experimentando con el lanzamiento de su propio servicio de entrega para evitar a FedEx y UPS, reducir costos y mejorar los resultados de la entrega.

Mientras tanto, AWS habrá generado un estimado de US $24 mil millones en ventas netas en 2018. Eso fue US $17 500 millones por arriba de 2017. Lo ubica como uno de los servicios de plataforma e infraestructura de nube pública más populares que ejecutan aplicaciones en todo el mundo.[5] AWS incluye un acuerdo de nivel de servicio con sus usuarios para mantener un porcentaje de tiempo de actividad mensual de al menos 99.99 por ciento.[6]

No obtendrás estos resultados a menos que manejes las dependencias de manera agresiva. Y todos los demás principios de liderazgo de Amazon sencillamente apoyan y facilitan este final y crucial principio: entregar resultados.

Por supuesto, si tú eres un líder que obtiene este tipo de resultados, eventualmente la conversación debe enfocarse en las recompensas y compensaciones.

PREGUNTAS A CONSIDERAR

1. Tu equipo rutinariamente ¿entrega resultados concretos?
2. Cuando no entregan resultados, ¿tu equipo culpa a otros?
3. ¿Manejas las dependencias de manera firme para mejorar las probabilidades de éxito?

NOTAS

1. Jocko Willink, "Extreme Ownership", TedxUniversityofNevada, febrero 18, 2017, https://singjupost.com/jocko-willink-on-extreme-ownership-at-tedxuniversityofnevada-transcript/.
2. Jay Yarrow, "Steve Jobs on the Difference Between a Vice President and a Janitor", *Business Insider*, mayo 7, 2011, https://www.businessinsider.com/steve-jobs-on-the-difference-between-a-vice-president-and-a-janitor-2011-5.
3. Matt Rosoff, "Jeff Bezos 'Makes Ordinary Control Freaks Look Like Stoned Hippies', Says Former Engineer", *Business Insider*, octubre 12, 2011, https://www.businessinsider.com/jeff-bezos-makes-ordinary-control-freaks-look-like-stoned-hippies-says-former-engineer-2011-10.
4. Cantidad total de pies cuadrados de capacidad en las instalaciones logísticas de Amazon en los Estados Unidos a noviembre de 2017, por tipo de instalación (en millones de pies cuadrados). *Fuente:* Statista, "Amazon: Statistics & Facts", https://www.statista.com/topics/846/amazon/.
5. Crecimiento interanual de los ingresos por servicios web de Amazon desde el primer trimestre de 2014 hasta el cuarto trimestre de 2017. Fuente: Statista, "Amazon: Statistics & Facts", https://www.statista.com/topics/846/amazon/.
6. Amazon, "Amazon Compute Service-Level Agreement", https://aws.amazon.com/ec2/sla/.

RESPONSABILIDAD Y COMPROMISO PARA TODOS:

ESTRATEGIA DE COMPENSACIÓN PARA GUIAR LA OPTIMIZACIÓN EMPRESARIAL

> Ciertamente, todos debemos estar juntos, o con toda seguridad, todos seremos colgados por separado.
>
> —BENJAMIN FRANKLIN

Se ha escrito mucho sobre la estructura de compensación de Amazon. La creencia generalizada es que el salario más alto en la organización es de US $165 000 por año. La única compensación adicional es la concesión de acciones. Si bien eso ya no es universalmente constante, Amazon evita las estructuras de bonos individuales o basadas en equipos, y mantiene los salarios bajos en relación con el mercado. ¿Por qué?

La gente juega con el sistema. Es de naturaleza humana optimizar aquellas funciones por las cuales somos medidos y recompensados. Es solo la naturaleza humana.

Era una necesidad biológica cuando vivíamos en los clanes de recolectores y cazadores prehistóricos; hoy es especialmente cierto para la alta y media gerencia. Quizá pienses que puedes evitar esta mentalidad de "funciona con monedas" en tu propia organización. Pero, a largo plazo, consciente o inconscientemente, la naturaleza humana anula tu esperanza de ver al mundo color de rosa. Los equipos se orientan a alcanzar objetivos que optimicen las compensaciones variables. No lo pueden evitar.

IDEA 7

Elabora una estructura de compensación que incentive la creación de valor empresarial a largo plazo. Comunica la estrategia y el valor de tu estructura de compensación a menudo para construir alineación. Cuando se necesitan cambios drásticos en un negocio, se requieren cambios drásticos en la estructura de compensación.

Entonces, ¿qué impulsa la estrategia de compensación de Amazon? La Responsabilidad y el compromiso. También conocido como el principio de liderazgo 2 de Amazon, que dice: "Los líderes son dueños. Tienen visión de futuro y no sacrifican los valores a largo plazo por resultados inmediatos. Actúan en nombre de toda la compañía, sin limitarse a su propio equipo. Los líderes nunca dicen: 'Ese no es mi trabajo'":

> Pagamos una compensación en efectivo muy baja en relación con la mayoría de las empresas —dice Bezos—. Tampoco tenemos ningún incentivo de compensación de ningún tipo. Y la razón por la que no lo hacemos es porque es perjudicial para el trabajo en equipo.[1]

Si deseas crear compromiso, sobre todo uno con el cambio difícil, es probable que necesites alinear tu estructura de compensación. Deja claro que todos ganaremos, y que solo ganaremos cuando hayamos alcanzado nuestros objetivos empresariales. Si pierdes a algunas personas por esto, probablemente sea mejor que suceda pronto.

GANA LA ALINEACIÓN CON TUS TENIENTES

Amazon presenta un ejemplo interesante y radical de estructura de compensación, y les ha funcionado. Especialmente desde

2008, las acciones han visto un aumento meteórico que fue de US $41 a más de US $2 000 por acción en 2018. Puede que no sea la receta adecuada para ninguna otra empresa. Pero si un CEO o líder de equipo necesita hacer un cambio rápido y decisivo cuando "el negocio de siempre" ha dejado de funcionar, el CEO debe repensar la estructura de compensación del equipo ejecutivo y asegurarse de que *a)* ganemos solo si se hacen cambios drásticos, y *b)* ganemos solo con mejoras empresariales. Los logros de equipo o individuales no serán recompensados.

Como dijo W. Edwards Deming, "Suboptimización es cuando cada quien trabaja para sí mismo. Optimización es cuando todos trabajan para ayudar a la compañía".[2] ¿Adivina qué más puede comprarte una estrategia de compensación deficiente? Un club campestre. Averigua a qué me refiero con eso en el siguiente capítulo.

PREGUNTAS A CONSIDERAR

1. ¿Se está optimizando la compensación para los resultados empresariales?
2. ¿Ves que esté ocurriendo una suboptimización debido a los objetivos y compensaciones?
3. ¿Están todos alineados con el aumento del valor empresarial?

NOTAS

1. Adam Lashinsky, "Amazon's Jeff Bezos: The Ultimate Disrupter", *Fortune*, diciembre 3, 2012.
2. *W. Edwards Deming Institute Blog*, https://blog.deming.org/w-edwards-deming -quotes/large-list-of-quotes-by-w-edwards-deming/.

IDEA 8

EVITA LOS CLUBES CAMPESTRES:

MANTENTE HAMBRIENTO AUNQUE SEAS EXITOSO

> Irónicamente, en un mundo cambiante, jugar a la segura es una de las cosas más riesgosas que puedes hacer.
>
> —REID HOFFMAN

Tuve la suerte de ser un líder en Amazon durante un período de gran inflexión para la empresa. Tuve la misma suerte de seguir esa experiencia 12 años como director ejecutivo en Alvarez y Marsal, o A&M como se le conoce. A&M es una firma de servicios profesionales para crisis y reestructuración. La llaman cuando se necesita un cambio rápido y drástico en el negocio, a menudo como un liderazgo interino. Trabajé con clientes en reestructuración, clientes de capital privado y clientes corporativos saludables.

IDEA 8

Las empresas que han tenido éxito y que se han beneficiado de un aumento en la apreciación del capital corren el riesgo de jugar a la segura. Encuentra maneras de mantener la tensión en la cuerda por el bien del crecimiento, la innovación y las metas empresariales a largo plazo.

¿Adivina en qué organizaciones es más fácil realizar mejoras y cambios significativos e impactantes? En las que están en crisis y en reestructuración. ¿Por qué? Porque no tienen nada que perder. Las corporaciones saludables dicen que quieren cambiar, pero se resisten a la verdadera esencia de convertirse en digitales y de abandonar muchas de sus prácticas y creencias anteriores.

¿Por qué es más difícil para las empresas saludables y sus equipos de liderazgo cambiar las tradiciones que exigen las empresas digitales? Piénsalo de esta manera. ¿Por qué los músicos suelen lanzar terribles segundos álbumes? ¿Por qué los atletas luchan para realizar la firma de un contrato grande? Bueno, pasaron años creando o entrenando para tener éxito. Cuando realmente *alcanzan* el éxito, algo intrínseco sucede. Ya no están tan hambrientos. De repente, quieren proteger lo que tienen, jugar de forma segura y no lesionarse. El sentido de urgencia y desesperación que permitió la mentalidad de "ir por todo" puede cambiar a una mentalidad de "no lo pierdas" o "vamos a disfrutarlo".

Al igual que las exitosas bandas de rock o los atletas, estas organizaciones de clientes saludables tienen todas las opciones disponibles para ellos. Pueden hacer inversiones a largo plazo y pueden darse el lujo de contar con una inercia positiva. Reconocen las oportunidades y dicen que quieren cambiar. Pero, en realidad, han perdido la actitud de quien todavía tiene que demostrar que puede. Empiezan a jugar a la segura y se ponen cómodos. En resumen, han creado una cultura de club campestre. Sin siquiera ser conscientes de ello, una actitud de "no correr riesgos" influye subconscientemente en la forma en que abordan el negocio.

La tradición urbana dice que, en la década de 1990, en Microsoft, los empleados podían verse con camisetas que decían: FYIFV, lo que significaba "*F*&? You, I'm Fully Vested*".*[1] Este concepto era bien conocido en Seattle, y fue un punto de referencia temprano para Bezos. Fui citado en el artículo de *The New York Times* en 2015 sobre el tema:

---

* "Vete a la mierda, estoy totalmente investido", un juego de palabras: *vested*, por un lado, es traer una camiseta, y *to be fully vested* es estar investido con poderes especiales. Los empleados de Microsoft se sentían más que seguros en su empresa. [*N. de la T.*].

> El exejecutivo, Sr. Rossman, dijo que el Sr. Bezos daba un discurso en una reunión en 2003 cuando se marchó en dirección a Microsoft, al otro lado de Seattle, y dijo que no quería que Amazon se convirtiera en "un club campestre". Si Amazon se vuelve como Microsoft, "moriríamos", agregó el Sr. Bezos.[2]

En el mismo artículo, el autor escribe esto:

> Según los primeros ejecutivos y empleados, el Sr. Bezos estaba decidido casi desde el momento en que fundó Amazon en 1994 a resistir las fuerzas que creía que habían acabado con los negocios en el tiempo: burocracia, gastos deslumbrantes, falta de rigor. A medida que la empresa creció, quiso codificar sus ideas sobre el lugar de trabajo, algunas de ellas orgullosamente contradictorias, en instrucciones lo suficientemente simples como para que un nuevo trabajador las entendiera, lo suficientemente generales como para aplicarlas a la cantidad casi ilimitada de negocios a los que quería ingresar y lo suficientemente estrictas como para evitar la mediocridad que temía.[3]

Warren Buffett se refiere a esta enfermedad como el "ABC de la decadencia corporativa: Arrogancia, Burocracia y Complacencia".[4]

Hay muchas maneras de evitar o recuperarse de la enfermedad del club campestre. La cura comienza con el reconocimiento. ¿Cómo reconoces la aparición del club campestre? Un poco de autocomplacencia de más; demasiado mirar y gestionar el precio de las acciones en Wall Street; más atención a los asuntos internos que a los clientes. Otros síntomas incluyen bajar el ritmo de las expectativas de crecimiento, reducir los riesgos y comenzar a optimizar los resultados financieros a corto plazo en lugar de invertir agresivamente en nuevos negocios. Básicamente, jugando a la segura y jugar para no perder.

¿Qué hacer? Aquí hay un ejercicio específico. Con líderes tanto internos como asesores externos, por ejemplo el líder de una *startup* o un operador de capital de riesgo, haz que el grupo desarrolle planes específicos que respondan preguntas como "¿De qué forma le venderías a un inversionista o competidor un negocio que compitiera con nuestro negocio actual o lo alterara?". Prefiero hacer esto como parte de un retiro para ejecutivos donde las mentalidades estén lejos de las operaciones diarias.

Esencialmente, crea planes para alterar tu propio negocio. Después del desarrollo, revisa estos planes con líderes externos adicionales (el pensamiento interno será limitado y parcial). Luego, realiza un retiro con el consejo directivo y el equipo de liderazgo para analizar a fondo estas ideas. Utiliza narraciones (Idea 44) y comunicados de prensa futuros (Idea 45). ¡Toma la ofensiva!

Como aconseja el "hombre más interesante del mundo" de la marca de cerveza Dos Equis: "Quédense con hambre, mis amigos". Si puedes crear hambre dentro de grandes empresas, entonces estás listo para el siguiente paso: avanzar rápidamente para hacer cambios en innovaciones, incluso en empresas del tamaño de elefantes.

PREGUNTAS A CONSIDERAR

1. ¿El éxito pasado, especialmente la apreciación del capital, está creando aversión al riesgo en el liderazgo superior y en el consejo directivo?
2. ¿Sientes que la organización está jugando a la segura?
3. ¿Hay algún aspecto de la cultura de club campestre en tu empresa?

NOTAS

1. "FYIFV", *Wikipedia*, https://en.wikipedia.org/wiki/FYIFV.
2. Jodi Kantor y David Streitfeld, "Inside Amazon: Wrestling Big Ideas in a Bruising Workplace", *New York Times*, agosto 15, 2015, https://www.nytimes.com/2015/08/16/technology/inside-amazon-wrestling-big-ideas-in-a-bruising-workplace.html.
3. *Idem*.
4. Ian McGugan, "How Buffett Believes Berkshire Can Avoid the ABCs of Business Decay", *Globe and Mail*, marzo 6, 2015, https://www.theglobeandmail.com/globe-investor/investment-ideas/how-buffett-believes-berkshire-can-avoid-business-decay/article23342395/.

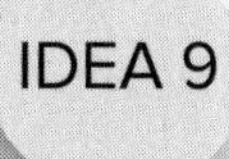

HAZ QUE BAILE EL ELEFANTE:

ESTRATEGIA DE PORTAFOLIO Y GOBERNANZA PARA LA INNOVACIÓN

> No se trata de si los elefantes pueden prevalecer sobre las hormigas. Es una cuestión de si un elefante en particular puede bailar. Si puede, las hormigas deben abandonar la pista de baile.
>
> —LOUIS V. GERSTNER, JR.

¿Cómo hace una empresa del tamaño de Amazon para innovar constantemente? ¿Cómo consigues que baile un elefante? Si estudias Amazon como lo he hecho, te darás cuenta de que hay algunos trucos y enfoques que pueden ayudar a un elefante, o cualquier otra compañía, a innovar.

Las decisiones más importantes que toma la gerencia ejecutiva es en dónde colocar sus recursos. La esencia de la estrategia es decidir a qué decir sí y a qué no. Como en cualquier portafolio de inversiones, es probable que haya inversiones de bajo riesgo y baja recompensa, e inversiones de mayor riesgo y mayor recompensa. Aquí hay algunos consejos.

IDEA 9

Innovar requiere una mentalidad de inversión y gobernanza diferente a la que tienen la mayoría de las empresas. Si defines, administras, asignas personal y evalúas las inversiones en innovación de la misma manera que lo haces con inversiones menos riesgosas, el sistema no conducirá a los resultados que esperabas. Necesitas un marco de gobierno diferente.

INVIERTE COMO UNA EMPRESA DE CAPITAL DE RIESGO Y CREA UN PORTAFOLIO DE INNOVACIÓN

Muchas empresas aplastan la innovación y la invención porque quieren resultados predecibles: un marco de tiempo predecible, inversiones predecibles, retornos financieros predecibles con riesgo moderado. Así es como invierte una empresa de capital privado. Hay momentos en que esta es la mentalidad correcta.

Por ejemplo, debes comprender los retornos y riesgos al mejorar y automatizar un proceso interno, al construir un nuevo centro de distribución o al implementar un sistema de mercadeo. Estos deben contar con un caso de negocio claro y entender lo que se necesita para que el éxito ocurra. Pero cuando estás creando características nuevas e innovadoras para el cliente o desarrollando nuevas líneas de negocio, será más difícil predecir tus inversiones, riesgos y rendimientos. En este caso, el trabajo de un innovador exitoso es actuar como una firma de capital de riesgo.

La clave es mantener una cartera de inversiones equilibrada y tener claras las diferencias entre sus segmentos (Figura 9.1). Las inversiones de alto riesgo deben ser pequeños experimentos para probar aspectos clave antes de escalarlos. Piensa en grande, pero actúa en pequeño.

CONSIDERA LA AUTONOMÍA Y LA SEPARACIÓN

Para crear un alejamiento y una disrupción significativos de las prácticas comerciales actuales, los equipos dentro de tu empresa dedicados a crear innovación deben estar separados de los equipos que representan el *statu quo*. En el caso de Amazon, la compañía tiene un equipo especial llamado Lab126 que se enfoca solo en crear innovación en sus dispositivos. Es revelador que ese equipo tenga su sede en California, lejos de la base de la compañía en Seattle.

Si bien la separación física puede ser importante, se trata más de independizarse del negocio tradicional y de tener comunicación y colaboración sin filtros con el CEO o líder principal de una empresa. A menudo se refieren a Jeff Bezos como "director de producto" en los proyectos. Su trabajo es mantener a ese equipo aislado mientras mantiene una colaboración y visibilidad detalladas con el liderazgo superior. La separación puede ser física o solo organizacional. Pero recuerda lo difícil que es pedirle a un equipo que dirija un negocio y a la vez invente formas para hacerlo de manera completamente diferente.

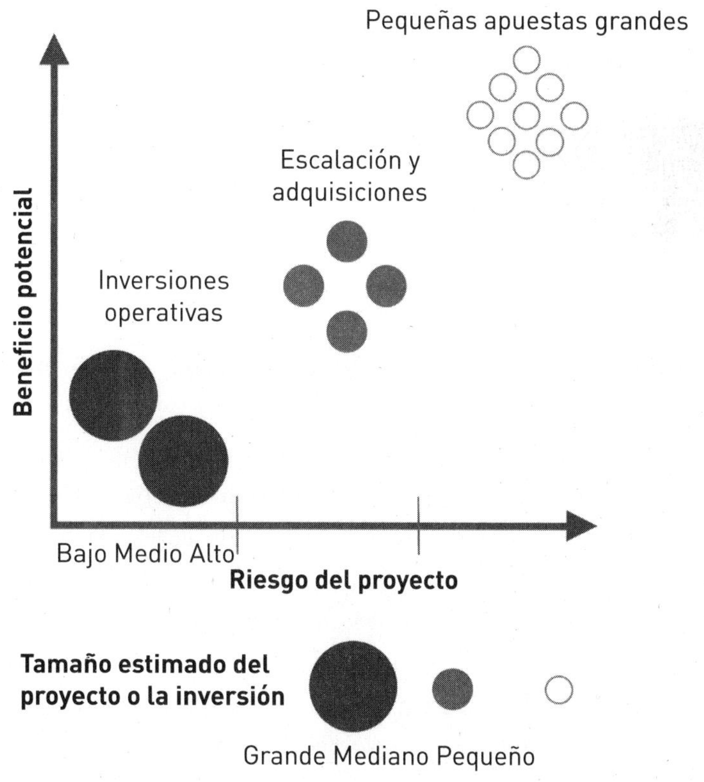

FIGURA 9.1. PORTAFOLIO DE PROYECTOS DIGITALES.

ASIGNA UN LÍDER *SENIOR*, CAPAZ, A LA INICIATIVA

En muchas empresas, puedes identificar el prestigio de un líder por la cantidad de personal y presupuesto de gastos que administra. No es así en Amazon, donde las personas *senior* a menudo se dedican a liderar nuevas apuestas grandes. Tomemos, por ejemplo, a Steve Kessel, el ejecutivo de toda la vida que lanzó el primer Kindle. El último proyecto de Kessel es la iniciativa naciente de una tienda minorista de Amazon, que se lanzó en Seattle.[1] Steve comenzó con un equipo muy pequeño, pero de misión crítica. Ahora, algunos años después, Kessel, una vez más, dirige una gran organización.

Jeff y Amazon creen que hay un poder adicional en la apertura de equipos y líderes clave para enfocarse en algo nuevo. La palabra crítica que se usa en Amazon es *obsesión*: deja que un líder superior se obsesione con sus objetivos. Si la iniciativa es solo uno de los varios equipos y objetivos que maneja el líder, posiblemente no pueda beneficiarse del nivel de obsesión que conlleva la dedicación completa.

DISEÑA LAS MÉTRICAS Y METAS CORRECTAS

Pista: No suelen ser ganancias. Mucho antes de que se lanzara un nuevo proyecto en Amazon, el equipo detrás de él delinearía sus objetivos —ya fuera crecimiento, rendimiento operativo, experiencia del cliente o costos— y crearía un conjunto de métricas para medir esos objetivos a lo largo del tiempo.

La idea era que si los objetivos y las métricas eran correctos, el equipo podría tener éxito con más independencia y menos gobierno. Esa independencia también llevaría a una mayor creatividad, conforme los miembros del equipo encontraran nuevas formas de alcanzar esos objetivos.

CONSTRUYE EQUIPOS PEQUEÑOS, INTEGRADOS, MULTIDISCIPLINARIOS

Amazon tiene dos reglas básicas para construir equipos que piensen y actúen de manera innovadora. Lo primero es crear un equipo compuesto por personas con una variedad de disciplinas y antecedentes. Las ideas únicas y la capacidad de ejecutarlas generalmente provienen de equipos que pueden pensar de manera amplia.

La segunda regla de oro es centrarse en equipos pequeños. Con frecuencia Amazon cuantifica esto como un "Equipo de dos pizzas". En otras palabras, debes poder alimentar a todo tu equipo con dos pizzas. Eso significa entre ocho y diez personas. Los equipos de dos pizzas no solo poseen una capacidad, también son responsables de todo, desde la definición del mercado y la hoja de ruta del producto hasta el edificio y las operaciones. (Véase Idea 20, "¡Pizza para todos!").

CREA UN PRODUCTO O SERVICIO LOCAMENTE MEJOR

Al final, los ingredientes anteriores no pueden producir un producto o servicio meramente bueno. Debe ser *locamente* bueno. Tan bueno que te deje boquiabierto. No se trata de una mejora marginal. Este no es un producto "completamente nuevo, pero todavía promedio". La innovación exitosa resulta en una experiencia increíble, al precio correcto. Sorprende a los usuarios y rápidamente se vuelve indispensable para tus clientes.

Esas son algunas ideas para ayudar a que el gran animal se empiece a mover. El éxito de las estrategias depende de un liderazgo fuerte; los enfoques correctos implementados por un liderazgo débil fracasarán. Los líderes deben estar profundamente involucrados, tener grandes instintos y estar dispuestos a seguir adelante cuando las cosas se pongan difíciles.

PREGUNTAS A CONSIDERAR

1. ¿Tienes un proceso definido para la innovación, incluido un portafolio de inversiones mejor caracterizado como apuestas?
2. ¿Las apuestas se administran de manera diferente a los proyectos normales y de una manera que soporte la prueba de la hipótesis y un proceso ágil?
3. ¿Están los equipos enfocados en apuestas compuestas principalmente de empleados de tiempo completo que se obsesionan con el éxito de las iniciativas?

NOTAS

1. Todd Bishop, "Amazon Go Is Finally a Go: Sensor-Infused Store Opens to the Public Monday, with No Checkout Lines", *GeekWire*, enero 21, 2018.

IDEA 10

TÚ ERES EL DIRECTOR DE PRODUCTO:

LA NUEVA CIENCIA DEL *MANAGEMENT*: SER UN CONSTRUCTOR

La creación de productos no se trata de tener un gran equipo para administrar. Se trata de tener un pequeño equipo con las personas adecuadas en él.

—FRED WILSON

Un amigo me contó una historia sobre cómo, después de obtener su licenciatura en 1994, tomó un trabajo en una pequeña empresa de ingeniería en Los Gatos, California, que desarrollaba ultracapacitores. Cuando su nuevo jefe lo llevó a su espacio de trabajo, lo encontró lleno de mapas del área de la Bahía de San Francisco.

—Lo siento por el desorden —dijo su gerente, tirando los mapas en una papelera de reciclaje.

—¿Para qué son los mapas?

—Tuvimos que despedir al último tipo porque no dejaba de trabajar en sus proyectos personales aquí en el trabajo —dijo el gerente—. Estos eran los suyos.

Cuando mi amigo se instaló en su nuevo espacio de trabajo, quitó la placa de identificación del empleado despedido y la reemplazó con la suya. Años después, por supuesto, MapQuest, Tesla y SpaceX lo convertirían en un nombre familiar. Pero en ese momento era solo un nombre memorable.

"Elon Musk", dijo mi amigo. "Nombre raro. Chico raro".

Incluso hoy, décadas después, Musk dedica el 80% de su tiempo a la ingeniería y el diseño.[1] Piensa en eso. Uno de los líderes más poderosos en negocios globales solo pasa el 20%

de su tiempo administrando personas. Así de importante es el producto para Musk.

IDEA 10

Los líderes que pueden diseñar productos, definir arquitecturas, comprender a profundidad y expresar exactamente lo que se necesita entregar, son poderosos en una empresa digital. Esto es un cambio en el enfoque tradicional de supervisar y mantenerse lejos de los detalles. Necesitas tener las habilidades, el interés y la intuición sobre dónde bucear en profundidad, y tú necesitas ser el diseñador.

El principio 4 de liderazgo de Amazon es "Los líderes tienen razón, casi siempre". Para tener razón en Amazon, los líderes deben tener experiencia y una atención especial a los detalles. El modelo de gestión tradicional (léase "desactualizado") trata sobre la gestión de presupuestos, personas y ubicaciones. Cuanto mayor es la carga empresarial, mayor es el líder. La "moneda del reino" generalmente era el número de personas o presupuesto a su cargo. Históricamente, este tipo de líderes les diría a los subordinados y consultores: "solo háganlo". Aunque inicialmente es fácil, este tipo de liderazgo de comando y control exige mucha confianza en los que están a cargo de la tarea. A veces va bien, a veces no. De cualquier manera, este tipo de líderes rara vez comprende *por qué* algo funcionó o no funcionó.

En Amazon, los líderes *senior* con frecuencia son puestos a cargo de una gran idea desde el principio, generalmente con poco personal y un presupuesto pequeño. Estos líderes de alto nivel se involucran personal e íntimamente en los detalles, evaluando e inventando cada aspecto del proyecto desde el principio. Ellos son los *jefes de producto* de la idea.

Ser los jefes de producto requiere ciertas habilidades, algunas de las cuales pueden haberse atrofiado con los años, a medida que las personas han avanzado a través de los rangos bizantinos de una organización. Las versiones más jóvenes de nosotros mismos pueden haber sido jefes de producto con gran talento. Sin embargo, a medida que nos alejamos del trabajo real y nos adentramos en el nebuloso mundo de la administración, es posible que hayamos perdido nuestra ventaja. De repente, como jefe de producto, se espera que escribas la idea (ver la Idea 44 sobre las narraciones), realices las entrevistas, diseñes la experiencia del usuario, determines los requerimientos técnicos y racionalices los requisitos para adecuarte al mercado y al costo objetivo para producir. Necesitas ser *el constructor*.

Existen muchos beneficios de convertirse en el jefe del producto y desempolvar tu vieja caja de herramientas de constructor. Primero, el proyecto se beneficiará de tus años de experiencia. Tu atención a los detalles esenciales establecerá un tono fresco para la organización. Todos deben bucear profundamente y comprender los detalles desde arriba hasta abajo. Puedes saltar libremente alrededor de la jerarquía de la organización. Desarrollarás relaciones personales e influirás en los miembros del equipo a todos los niveles, con algunos de los cuales normalmente no trabajarías de manera activa.

Por ejemplo, Musk dedica medio día a la semana a trabajar directamente en el estudio con el gurú del diseño de Tesla, Franz von Holzhausen.[2] Musk se mete hasta los codos en la resolución de problemas del producto. Es parte del proceso creativo. Está en primer plano con el equipo que crea los productos para los cuales él es la cara, altamente reconocible. Esto es intencional.

Como jefe de producto, tú también debes predicar con el ejemplo. Pero no es suficiente ofrecer experiencia y mantener un ojo atento a los detalles. También debes demostrar responsabilidad, principalmente a través de tarjetas de registro de métricas. No hay nada peor que un líder que se califica a sí mismo en una escala diferente a los otros miembros del equipo. Todos ustedes están juntos en esto, y como jefe de producto, depende de ti probarlo.

Es importante que tu equipo entienda que estás en las trincheras con ellos cuando se trate de crear un producto excelente. Sin embargo, como veremos en el próximo capítulo, si vas a crear una innovación totalmente radical, debes estar dispuesto a que los críticos no te entiendan.

PREGUNTAS A CONSIDERAR

1. ¿Los líderes se sumergen en los detalles del producto y la experiencia del cliente?
2. ¿Entienden los líderes un buen diseño y crean un entorno donde el diseño importa?
3. ¿Hay suficiente atención a los detalles en el diseño del producto para crear un producto locamente bueno?

NOTAS

1. Ayse Birsel, "Why Elon Musk Spends 80 Percent of His Time on This 1 Activity", *Inc.*, julio 21, 2017, https://www.inc.com/ayse-birsel/why-elon-musk-spends-80-percent-of-his-time-on-thi.html.
2. *Idem.*

IDEA 11

¿ESTÁS DISPUESTO A QUE TE MALINTERPRETEN?

LECCIONES DE LAS MÁS GRANDES INNOVACIONES DE AMAZON

> Y los enemigos odiarán, odiarán,
> odiarán, odiarán, odiarán.
>
> —TAYLOR SWIFT

¿Cuáles son las mayores innovaciones de Amazon? ¿Los drones? ¿Computación en la nube? ¿Echo y Alexa? Estos son impresionantes; algunos incluso son revolucionarios. Sin embargo, creo que las mayores innovaciones de Amazon son las que han cambiado los puntos básicos de la competencia al grado que ahora parecen normales.

Mi lista principal de las mejores innovaciones de Amazon incluye el *Free Everyday Shipping* (envío diario gratuito), la *Prime Loyalty* (lealtad de primera, conocida como Prime) y la *Item Authority* (la autoridad del artículo). Engañosamente simple, la autoridad del artículo firmó con múltiples vendedores del mismo artículo para aumentar la selección de artículos, la disponibilidad y la competencia de precios. Fue la *característica decisiva* que llevó a Amazon a superar a eBay a mediados de la década de 2000 como el sitio de destino para vendedores externos. Amazon recibió comentarios negativos de muchos grupos, internos y externos, cuando la estaban implementando.

IDEA 11

El aspecto más impactante y menos apreciado en la innovación es desafiar suposiciones comunes y arraigadas en el tiempo sobre cómo funcionan las cosas. Cuando generes una alternativa a estas suposiciones, espera muchas dudas.

¿Cuáles son los rasgos comunes que comparte cada una de estas innovaciones, aparte de que provienen de Amazon? Por un lado, todas son innovaciones en la experiencia del cliente y en el modelo de negocio. No son realmente tan técnicas. Lo que también tienen en común es el hecho de que los titulares y los expertos de la industria lamentablemente subestimaron su impacto en la industria y en el resultado final. Estas innovaciones se implementaron cuando Amazon era joven, pequeña y ni respetada ni temida por la industria como lo es ahora. Estos son solo algunos ejemplos:

- "Amazon está empujando a todo el mundo a jugar este juego [de envío gratis]".

  —BOB SCHWARTZ,
  expresidente de magento
  y fundador de nordstrom.com[1]

- "Hay muchos momentos en los que un asistente de voz es realmente benéfico, pero eso no significa que nunca quieras una pantalla. Entonces, la idea de que [Amazon Echo] no tenga una pantalla, creo que no se adapta a muchas situaciones".

  —PHILIP SCHILLER,
  vicepresidente senior *de*
  marketing mundial de Apple[2]

- "Si bien las historias e informes recientes de una nueva entidad que compite con las tres principales mensajerías en los Estados Unidos se apoderan de los titulares, la realidad es que sería una tarea desalentadora que requiere decenas de miles de millones de dólares en capital y años para construir la escala y densidad suficientes para replicar redes existentes como la de FedEx".

—MIKE GLENN,
vicepresidente ejecutivo de FedEx[3]

- "No creemos que nuestros proveedores que vendan productos directamente en Amazon sean una amenaza inminente. No hay indicios de que alguno de nuestros proveedores pretenda vender productos deportivos de alta calidad, como los zapatos deportivos de más de US $100 que ofrecemos, directamente a través de ese tipo de canal de distribución".

—RICHARD JOHNSON,
CEO y presidente de Foot Locker[4]

- "Cuando piensas en la experiencia en línea frente a la experiencia fuera de línea, no necesitamos IA* en nuestras tiendas. Tenemos *I*. Tenemos 4 500 asesores de estilo que viven y respiran en nuestras tiendas".

—MARC METRICK,
presidente de Saks Fifth Avenue[5]

- "¿Qué diablos es la computación en la nube? Quiero decir, en realidad son solo completas sandeces".

—LARRY ELLISON,
presidente ejecutivo y director de tecnología de Oracle[6]

---

* IA: Inteligencia Artificial. [*N. de la T.*].

- "Realmente no me preocupo tanto por AWS, para ser muy honesto. Necesitamos preocuparnos por nosotros mismos. Estamos en una gran posición".

—MARK HURD,
CEO de Oracle[7]

Todas estas declaraciones públicas de los atrincherados líderes de la industria me recuerdan la cita clásica de Thomas Watson, presidente de IBM, quien en 1943 dijo: "Creo que hay un mercado mundial para quizás unas cinco computadoras".

A lo largo de los años, a medida que Amazon ha alterado el *statu quo* y ha desmantelado, mediante la innovación, una tras otra las tradiciones empresariales cómodas, el sistema se defendió con burlas y desestimaciones. En la mente de Bezos, esto es ser *malinterpretado*. Si vas a innovar, no solo tienes que estar dispuesto a ser malentendido, sino que también debes tener una piel gruesa. Para muchos de sus competidores, Amazon no tiene sentido. "Es la empresa más desconcertante, ilógicamente desparramada en el mundo, y —para un creciente número de competidores— una empresa totalmente aterradora".[8] Si no estás molestando a alguien, es probable que no estés disrumpiendo nada:

> Una cosa que aprendí en los primeros años tras iniciar una empresa es que inventar y ser pioneros implica una disposición a ser malinterpretados por largos períodos. Uno de los primeros ejemplos de esto son las reseñas de los clientes. Alguien me escribió y me dijo: "No entiendes tu negocio. Ganas dinero cuando vendes cosas. ¿Por qué permites que los clientes te den opiniones negativas?". Y cuando leí esa carta, pensé, no ganamos dinero cuando vendemos cosas. Ganamos dinero cuando ayudamos a los clientes a tomar decisiones de compra.[9]

Considera la opción de mirar dentro del libro (*Look Inside the Book*, traducido como *Echa un vistazo*). En 2001, Amazon lanzó este programa pensando en un concepto sencillo: la idea de emular la experiencia de estar en una librería y permitir que los usuarios de Amazon miraran las páginas de un libro antes de comprarlo.

Por supuesto, esto requería que Amazon alojara el contenido del libro en línea en el sitio, lo que generó algunas preguntas sobre si esto expondría el contenido del libro a la piratería. Los editores estaban preocupados y escépticos. El programa también sería muy costoso. Cada libro tendría que ser escaneado digitalmente e indexado, un gran desafío logístico.

Jeff dio el visto bueno para un lanzamiento a gran escala, reconociendo que esta era la única forma de ver si funcionaría con las entonces 43 millones de cuentas de clientes activas de Amazon.[10] La opción debutó con más de 120 000 libros. La base de datos ocupaba 20 terabytes, que era aproximadamente veinte veces más grande que la mayor base de datos que existía en cualquier lugar cuando se fundó Amazon.

David Risher fue el primer vicepresidente de desarrollo de productos y tiendas de Amazon, responsable de aumentar los ingresos de la compañía de US $16 millones a más de US $4 mil millones. Él describió la estrategia detrás del lanzamiento de *Echa un vistazo* de esta manera: "Si lo hubiéramos probado de forma provisional en un número reducido de libros, digamos 1000 o 2000, no habría obtenido tanta difusión e impactado la percepción de los clientes. Hay un factor X: ¿Cómo se verá en escala? Es una gran inversión y un gran costo de oportunidad. Hay un salto de fe. Jeff está dispuesto a arriesgarse".[11] En última instancia, los editores aceptaron el programa *Echa un vistazo* como valioso para las ventas:

> Cada vez que haces algo grande, y es disruptivo —Kindle, AWS— habrá críticos. Al menos dos tipos de críticos. Los bienintencionados que realmente malinterpretan lo que estás haciendo o que realmente tienen una opinión diferente, y los críticos interesados en sí mismos para quienes es muy importante que no les guste lo que estás haciendo, y tienen sus razones para malinterpretarte. Y tienes que estar dispuesto a ignorar ambos tipos de críticos. Los escuchas, porque quieres ver, siempre probando, si es posible que estén en lo cierto, pero si te contienes y dices: "No, creemos en esta visión", entonces simplemente bajas la cabeza, te mantienes enfocado y construyes tu visión.[12]

Un ejemplo actual de que Amazon está dispuesto a ser malentendido es su estrategia general de atención médica. Al asociarse con Berkshire Hathaway y JP Morgan Chase para iniciar la compañía de salud, aún sin nombre, encabezada por Atul Gawande, ¿cómo se esforzará Amazon por cambiar la atención médica y los seguros para sus empleados? ¿Es su estrategia vender suministros a los hospitales? ¿Es para integrar la adquisición de PillPack en un beneficio Prime y ofrecer a los clientes entregas de recetas más baratas (junto con un libro nuevo)? ¿O es para transformar la experiencia general del cliente de la asistencia sanitaria y su seguro y cambiar la estructura de costos, lo que supone una gran carga para las empresas y los empleados? ¿O es otra cosa? Dudo que Amazon aclare esto a corto plazo, y realmente espero que agreguen más inversiones en salud a su cartera.

Hay dos lados a considerar sobre ser malentendido. La primera es que si tu objetivo es una *gran* innovación, en la que la experiencia del cliente y el modelo de negocio cambiarán drásticamente, si los interesados (*stakeholders**) establecidos no están

---

* Los *stakeholders* son todas las entidades que tienen un interés en una empresa, incluye a accionistas (*stockholders*), inversionistas, propietarios, empleados, clientes, proveedores. Para fines de este libro "involucrados".

haciendo nada, debes preocuparte. El segundo lado está en la planificación y preparación de tus involucrados, como inversionistas y socios, para las reacciones negativas. Amazon, a menudo a través de la carta anual a los accionistas, recuerda constantemente a los inversionistas que Amazon buscará resultados comerciales a largo plazo, no sacrificará el valor a largo plazo por resultados a corto plazo y, con frecuencia, será malinterpretado. ¿Estás dispuesto a ser malinterpretado?

PREGUNTAS A CONSIDERAR

1. ¿Cuándo fue la última vez que hiciste algo que benefició a tus clientes, pero alteró las tradiciones del negocio?
2. ¿Cuáles aspectos de la experiencia de tus clientes serían diferentes si fueras a comenzar de nuevo?
3. ¿Cuáles innovaciones en modelos de negocios podrían aplicarse en tu industria?

NOTAS

1. Neal Ungerleider, "Free Shipping Is a Lie", *Fast Company*, noviembre 2016.
2. Chris Matyszczyk, "Apple Exec Mocks Google Home and Amazon Echo", CNET, Mayo 6, 2017.
3. Eugene Kim, "FedEx: Amazon Would Have to Spend 'Tens of Billions' to Compete with Us", *Business Insider*, marzo 16, 2016.
4. Jonathan Garber, "Foot Locker: We Aren't Afraid of Being Amazon'd", *Business Insider*, agosto 18, 2017.

5. Berkeley Lovelace, Jr., "Saks President on Artificial Intelligence: 'We Don't Need A.I. in Our Stores. We Have I'", *CNBC*, enero 12, 2018.
6. Jim Finkle, "What on Earth Is 'Cloud Computing'?", *Reuters*, septiembre 25, 2008.
7. Staff, "Mark Hurd Says He Doesn't Worry 'So Much' About Amazon Web Services", *CNBC*, octubre 2, 2017.
8. Shira Ovide, "How Amazon's Bottomless Appetite Became Corporate America's Nightmare", *Bloomberg*, marzo 14, 2018, https://www.bloomberg.com/graphics/2018-amazon-industry-displacement/?fbclid=IwAR3TX4ASdtzh3zlcT5NT-t_vJt87QcXGkrVx01AJbMI7ex4iAvQ_NN9LIKM.
9. Max Nisen, "Jeff Bezos: 'Inventing and Pioneering Involves a Willingness to Be Misunderstood'", *Business Insider*, enero 7, 2013, https://www.businessinsider.com/bezos-pioneering-requires-being-misunderstood-2013-1.
10. Alan Deutschman, "Inside the Mind of Jeff Bezos", *Fast Company*, agosto 1, 2004 https://www.fastcompany.com/50106/inside-mind-jeff-bezos-5.
11. *Idem*.
12. John Cook, "Jeff Bezos on Innovation: Amazon 'Willing to Be Misunderstood for Long Periods of Time'", *GeekWire*, junio 7, 2011, https://www.geekwire.com/2011/amazons-bezos-innovation/.

IDEA 12

LLEGAR AL SÍ:

EQUIPOS DE FINANZAS, IMPUESTOS, LEGALES Y RR. HH. QUE IMPORTAN

> Si yo tuviera una hora para solucionar un problema, dedicaría 55 minutos a pensar en el problema y cinco minutos a pensar en las soluciones.
>
> —ALBERT EINSTEIN

Dentro de la mayoría de las organizaciones tradicionales, un tema o proyecto o función es "propiedad" de un equipo empresarial central. En este modelo, el grupo central recibe apoyo de equipos funcionales como finanzas, legal y recursos humanos.

Estos equipos de apoyo, organizacionalmente marginales y estrictamente definidos, a menudo se consideran expertos solo en su disciplina específica. Naturalmente, estas funciones se ven a sí mismas como las ven los demás, y se niegan a contribuir mucho más allá de las limitaciones de la descripción de su trabajo.

A menudo, estas son las personas que darán al equipo central de negocios razones por las que no se puede alcanzar una meta, o pedirán requisitos muy específicos para alcanzarla. En otras palabras, tienden a ser guardianes y representan solo otro obstáculo para tu equipo central de negocios.

¿Cuántas veces ha sido la negociación dentro de tu propia empresa la parte más desalentadora de un proyecto? En firmas anteriores, muchos de mis colegas se referían a nuestro equipo legal como el "equipo para evitar negocios". Si bien la gestión del riesgo legal es parte de su trabajo, el curso de acción más seguro es la no acción. Como resultado, "no" se convierte en la respuesta predeterminada del equipo legal ante cualquier problema, si los términos no son sus preferidos o predeterminados. De manera similar, también escuché a muchos líderes de tecnología o CIO enfrentados con un desafío decir: "Es una decisión de la empresa", como si la empresa fuera una entidad completamente diferente. "¿Adivina qué, Sparky?", me dan ganas de decirles. "*Ustedes* son el negocio tanto como cualquier otra persona".

IDEA 12

Es tarea de todos averiguar cómo llegar al sí. Las funciones tradicionales de soporte deben comprender que están en el negocio de ayudar a sus clientes internos a llegar al sí. Dedica más tiempo a comprender los objetivos reales y habrá más opciones disponibles.

EL "NO" NO EXISTE

Cuando Kimberly Reuter se unió a Amazon, ella era una experta en logística internacional y cumplimiento con más de 15 años de experiencia en las principales compañías de transporte de carga. Debido a esta experiencia, Amazon recurrió a Reuter para expandir drásticamente el negocio transfronterizo de Amazon para clientes y vendedores terceros. En el momento, Reuter vio las aduanas y el cumplimiento como un sistema transaccional de procedimientos y reglamentos prescritos. Sin embargo, en su nuevo papel como directora de cumplimiento y cadena de suministro global de Amazon, se esperaba que estos procesos y procedimientos se escalaran. Radicalmente. El modelo que trajo con ella a Amazon de repente resultó demasiado lento y difícil de manejar.

"Fue realmente desorientador. Pasé los primeros meses diciendo mucho: 'No, eso no es posible'. Me sentí en verdad frustrada cuando me uní por primera vez, y nadie escuchaba mis decisiones", dijo Reuter. "Mi mentor se sentó conmigo y me informó que no hay un 'No' en Amazon. Si iba a tener éxito, tenía que encontrar soluciones, sin importar lo complicadas que fueran, y necesitaba hacerlo rápido". [1]

Su mentor le dijo a Reuter que si iba a innovar, tenía que presentar opciones, alternativas, concesiones y oportunidades. La conclusión es que, en Amazon, nadie difiere la responsabilidad. Todo el mundo trabaja para llegar al sí. Amazon requiere la mentalidad de que *nosotros* debemos llegar al sí. Todos nosotros. Es un trabajo de todos llegar al sí. Era el trabajo de Reuter, así como el trabajo de recursos humanos o legal o finanzas. Todos tienen la misma cantidad de propiedad y responsabilidad para llegar al sí como el equipo central de negocios.

REPLANTEA EL PROBLEMA

¿Cómo consigues que tu equipo llegue al sí? Encontrar soluciones no siempre es el obstáculo. Con frecuencia, es realmente comprender la situación, el problema o los requisitos. ¿Cuál es el problema?: "¿Por qué falló esto?" o "¿Cómo diseñamos algo que permitiera que esto fallara?". ¿Cuál es la pregunta correcta?: "¿Cómo evitamos este riesgo?" o "¿Cómo aceptamos y mitigamos este riesgo?". Estos pequeños ajustes en la definición del problema marcan toda la diferencia en cuanto a cómo encontrar soluciones. ¿Qué pasos tomas para llegar al sí más efectivamente? Aquí hay algunas sugerencias:

1. Replantea el problema y haz más preguntas sobre la situación y los objetivos.

2. Sumérgete en los verdaderos factores de la causa raíz *versus* los síntomas. Pregunta los cinco porqués (véase Idea 5).

3. Delinea y desafía tus suposiciones de una manera muy deliberada.
4. Expresa y cuantifica los riesgos reales. A menudo, los riesgos percibidos se pueden mitigar, lo que hace que el obstáculo sea un factor mínimo.
5. Incorpora experiencia externa, imparcial y de dominios cruzados para complementar la mentalidad de los expertos presentes.
6. Crea un concurso o *hackathon* para desarrollar alternativas y soluciones

Hay muchos obstáculos para crear una cultura del sí. En primer lugar, requiere una comunicación directa y honesta dentro de la organización y verse a sí mismo como copropietario del resultado del negocio. Tienes que llegar al sí. ¿Cuál es el enemigo mortal de la comunicación directa? La burocracia.

PREGUNTAS A CONSIDERAR

1. ¿Tus organizaciones de apoyo, como RR. HH., legal y finanzas, son verdaderos socios en el negocio?
2. ¿Las organizaciones de apoyo participan a lo largo de una iniciativa, o solo en ciertos momentos?
3. ¿Tienen reuniones de solución de problemas y de lluvia de ideas en las que la mentalidad es "No existe el 'No'"?

NOTAS

1. Kimberly Reuter, entrevista privada con el autor, 2015.

DESTRUYE EL ORGANIGRAMA:

NO PERMITAS QUE TU ESTRUCTURA ORGANIZACIONAL Y LOS TÍTULOS SE INTERPONGAN

El burócrata perfecto en todas partes
es el hombre que logra no tomar decisiones
y escapa de toda responsabilidad.

—BROOKS ATKINSON

¿Cuál es la mayor preocupación de los líderes de Amazon por su negocio? ¿Un competidor? ¿La seguridad cibernética? ¿La regulación o interferencia gubernamental? Ciertamente, tienen todo esto en cuenta mientras ejecutan su marcha aparentemente imparable para cambiar todas las industrias del mundo. Sin embargo, creo que la mayor preocupación es la amenaza de crear un atolladero burocrático que ataque a la máquina de innovación que impulsa a Amazon.

La burocracia es insidiosa. Puede crecer y florecer como un cáncer. Puede arrastrarse a través de tu organigrama con una determinación sombría hasta que haya sofocado la eficiencia y la innovación de tu empresa.

No importa cuán cuidadosamente diseñes el organigrama, no importa la frecuencia con la que realices una reorganización (ojalá no anualmente), y sin importar cuánta experiencia en diseño de trabajo traigas a la mesa, tú estás, en el mejor de los casos, organizado para situaciones predecibles y el negocio actual. Cuando las cosas se salen de su cauce o cuando se está llevando a cabo una iniciativa de cambio, corres un alto riesgo de enfrentar un estrangulamiento burocrático entre las funciones.

IDEA 13

Los organigramas, los títulos y las descripciones de puestos tienen propósitos importantes. Úsalos para hacer lo correcto. No dejes que se interpongan en el camino de hacer lo correcto. Establece estrategias para contrarrestar las estructuras organizacionales.

En su carta de 2016 a los accionistas, Bezos advirtió que la forma más rápida de convertirse en una temida empresa del Día 2 era confiar en el proceso como inmutable. Un buen proceso sirve a la empresa para que esta pueda atender a los clientes, dijo Bezos, pero si no se tiene cuidado, el proceso consumirá el resultado. En este sentido, escribió:

> Esto puede suceder muy fácilmente en grandes organizaciones. El proceso se convierte en el resultado que se desea. Se dejan de ver los resultados y solo se asegura de estar haciendo el proceso correctamente. Auch. No es tan raro escuchar a un líder subalterno defender un mal resultado diciendo algo como: "Bueno, seguimos el proceso". Un líder más experimentado lo usará como una oportunidad para investigar y mejorar el proceso. El proceso no es la cuestión. Siempre vale la pena preguntar: ¿somos los dueños del proceso o el proceso es dueño de nosotros? En una empresa del Día 2, es posible que encuentres lo segundo.[1]

LA LEY DE CONWAY Y LA ORGANIZACIÓN DE CONSULTORÍA

La ley de Conway establece que "las organizaciones que diseñan sistemas... están limitadas a producir diseños que sean copias de las estructuras de comunicación de estas organizaciones". Aunque se lee como un *koan* zen, este adagio de programación de computadoras de 1967 tiene un corolario útil para las empresas. En resumen, establece que varios autores deben comunicarse frecuentemente entre sí para garantizar la función de un módulo de software. Debido a que el primer diseño que se produce casi nunca es el mejor, es posible que el concepto del sistema prevaleciente deba cambiar. Por lo tanto, la flexibilidad de la organización es importante para un diseño efectivo.[2]

Según Nigel Bevan, experto en usabilidad, la ley de Conway es evidente en el diseño de muchos sitios web corporativos. "Las organizaciones a menudo producen sitios web con un contenido y una estructura que refleja las preocupaciones internas de la organización en lugar de las necesidades de los usuarios del sitio", dice Bevan.[3]

La forma en que se organiza y despliega una práctica de consultoría ofrece conceptos útiles aquí. Una práctica de consultoría con frecuencia está alineada con un eje central, como la geografía o la industria, y luego con un segundo eje, por ejemplo, la solución. Estas alineaciones de organizaciones de larga duración se utilizan para la gestión del talento —contratación y capacitación— y para el desarrollo de la propiedad intelectual (PI). A menudo se le asigna un gerente de desempeño a un consultor, como parte de la alineación de esta organización. Pero el negocio de consultoría se basa en clientes y proyectos o en una misión. Un proyecto a menudo requiere ciertas personas que atraviesan la estructura primaria de la organización. Un proyecto tiene un principio y un final. Y un proyecto tiene un líder. Entonces, el organigrama formal ayuda a guiar los mensajes al mercado; ayuda a definir y contratar para las industrias y soluciones adecuadas; cultiva la experiencia y las comunidades en torno a esta experiencia, y ayuda a las personas a crecer. Pero esta no es la forma en que se realizan los proyectos reales con los clientes. En el mundo real, el equipo del proyecto reporta al líder del contacto con el cliente. Cuando se hace correctamente, todas las personas contribuyen en todos los temas para lograr los resultados correctos para el cliente. Servir al cliente, cumplir la misión del proyecto, es la orientación principal, no los organigramas dentro del negocio.

Las organizaciones no consultoras deben tomar prestadas cosas de este manual. Mantén tu modelo de organización y la jerarquía de reporte normal. Pero cuando haya un proyecto o una misión que cumplir o un problema que resolver, reporten al líder de la iniciativa. El éxito del proyecto se mide solo por el éxito de la iniciativa, con suerte, para deleite de los clientes. Este enfoque de "todo mundo a entrarle" es limpio, claro y sencillo. Reduce innumerables horas de reuniones y comunicación extraña. Aprovecha el talento más experimentado de tu equipo. Promueve una cultura del sí.

Incluso con la estructura organizativa de un pequeño equipo de Amazon, los líderes a veces encuentran que su organigrama y sus descripciones de trabajo no sirven para la situación inmediata. Cuando esto sucede, rápidamente forman equipos de proyectos extraídos de toda la organización. El segundo principio de liderazgo, "Responsabilidad y compromiso", afirma que un líder nunca puede decir: "Ese no es mi trabajo". La pasión y las métricas del cliente respaldan la mentalidad de no permitir que las descripciones de los puestos y el organigrama se interpongan en el camino de hacer lo correcto.

CONVIÉRTELO EN LA EXPECTATIVA

Entonces, ¿cómo instituir una cultura de antiburocracia? En Amazon, estas normas y expectativas culturales no se asumen ni se dan por sentadas. Se refuerzan y se transmiten en una organización de crecimiento dinámico a través de las comunicaciones, la tradición tribal y los ejemplos de liderazgo. No asumas que comunicar esta idea una vez va a lograr resultados. Repite, repite, repite: al igual que los mensajes de la marca, siempre debes estar dando el mensaje.

Supongo que has escuchado el viejo dicho: "Si te encanta, no es trabajo". Gran parte de este libro trata de inspirar a tu equipo a amar resolver problemas, a amar dar vueltas a los desafíos como un Cubo de Rubik, examinando todas las permutaciones posibles hasta que la solución perfecta encaje en su lugar. Esta pasión por la solución de problemas concentra la energía en el tipo correcto de resultados y colaboración, y hace explotar la mentalidad burocrática que pueden crear los gráficos y la dinámica de la organización. Así es como sucede la innovación. Así es como sucede el sí. Las apuestas son altas, pero todo sigue siendo un juego. Enseña a tu gente a que ame jugar. No siempre tienen que ganar. Solo tienen que ganar mucho. ¿Qué juegos podrían ayudar a crear innovación?

PREGUNTAS A CONSIDERAR

1. ¿Las descripciones de los puestos de trabajo y los organigramas de tu empresa reducen la eficacia para resolver problemas, impulsar la excelencia operativa o atender al cliente?
2. ¿Qué estrategias para reducir los límites organizacionales podrías perseguir para crear resultados más rápidos?
3. ¿Tu estructura organizacional alguna vez se interpone en el camino de la innovación? Si es así, ¿cómo contrarrestas esto?

NOTAS

1. Jeff Bezos, “2016 Letter to Shareholders”, Amazon.com.
2. Mel Conway, “Conway’s Law”, Melconway.com, http://www.melconway.com/Home/Conways_Law.html.
3. Nigel Bevan, “Usability Issues in Web Site Design”, abril 1998, https://www.researchgate.net/publication/2428005_Usability_Issues_in_Web_Site_Design.

IDEA 14

JUEGOS PARA LA INNOVACIÓN:

FOMENTA LA INVENCIÓN DE FORMAS DIVERTIDAS

El presente es de ellos; el futuro,
para el que realmente he trabajado, es mío.

—NICOLA TESLA

Uno de los honores más valiosos que un empleado de Amazon puede obtener es una pieza de rompecabezas hecha de resina acrílica transparente o azul. Fuera de Amazon, la cosa es básicamente inútil. Dentro de Amazon, es una medalla de honor. Estos se llaman *premios de patentes*. Los inventores de Amazon reciben una pieza de rompecabezas transparente cuando se registra uno de sus inventos. Si se produce una patente, reciben una pieza del rompecabezas azul con su nombre, el número de patente y la fecha de emisión.

IDEA 14

Patente es solo una palabra para "una gran idea que agrega valor". Para la mayoría de las organizaciones y los equipos, la búsqueda de patentes no es realista ni fundamental para la estrategia, pero crear incentivos para generar "grandes ideas que agreguen valor" lo es. Encuentra maneras divertidas pero consistentes de incentivar y reconocer la innovación.

Algunos de los inventores más exitosos de Amazon tienen grandes rompecabezas con docenas de piezas en sus escritorios. Pero nadie inventa mejor que el perro grande. Entra en la sala de conferencias de Jeff y encontrarás la palabra *patente* en piezas de rompecabezas azules enmarcadas en piezas de rompecabezas transparentes.[1] Las versiones digitales de estos premios de patentes también se muestran en la intranet de la compañía. Distinguen el perfil de un empleado de la misma forma en que los puntos de experiencia o los artículos conseguidos distinguen el perfil de un jugador de videojuegos. Esto no es accidental.

Hace mucho tiempo, los diseñadores de videojuegos comprendieron que si incorporas una interacción en tu juego, el jugador interactuará con él. Siempre que un videojuego responda a sus jugadores, estos van a seguir jugando. Dales una puerta, y pasarán a través de ella. Dales un arma, y la usarán. Dales un incentivo para inventar, y ellos inventarán. Es la naturaleza humana. En pocas palabras, así es como Amazon genera una cantidad absurdamente grande de invenciones y patentes. *Gamificaron* el proceso (figura 14.1).

FIGURA 14-1 ¡Felicitaciones por ser un inventor Amazon!

Fuente: Adaptado de "legal puzzle: amazon and former employee set for trial in *unusual Patent Dispute*", de Todd Bishop, GeekWire, 8 de julio de 2013.

EL JUEGO DEL FUTURO

En su carta a los accionistas en 2013, Bezos describió a Amazon como un "gran equipo inventivo" con "una cultura paciente, pionera y apasionada por el cliente". Describió magníficas innovaciones, grandes y pequeñas, que ocurrían todos los días en nombre de los clientes en todos los niveles, en toda la compañía.[2] "Esta distribución descentralizada de la invención en toda la compañía, no limitada a los líderes principales, es la única forma de obtener una innovación sólida y de alto rendimiento. Lo que estamos haciendo es desafiante y divertido: tenemos la suerte de trabajar en el futuro", escribió Bezos.[3]

Por supuesto, en todos los juegos hay ganadores y perdedores. Esto no molesta a Bezos. De hecho, asume el hecho de que el fracaso es parte de la invención. Entiende que el fracaso no es opcional.

> Entendemos eso, y creemos en fallar temprano e iterar hasta que lo hagamos bien. Cuando este proceso funciona, significa que nuestros fracasos son de tamaño relativamente pequeño (la mayoría de los experimentos pueden comenzar poco a poco), y cuando encontramos algo que realmente funciona para los clientes, apostamos el doble con la esperanza de convertirlo en un éxito aún mayor. Sin embargo, no siempre es tan limpio como eso. Inventar es complicado y, con el tiempo, es seguro que también fracasaremos en algunas apuestas grandes.[4]

¿QUÉ ES LO QUE YO GANO?

Cuando eres empleado de una empresa, la propiedad intelectual que desarrollas es típicamente propiedad de la empresa. Entonces, ¿qué hay para el empleado? A veces, el reconocimiento es suficiente, en especial si tu empleado ha comprado tu cultura y está jugando para el futuro (y las opciones de acciones futuras). Pero las formas en que puedes motivar a tus empleados y *gamificar* la innovación en tu organización no tienen fin.

Además de encontrar una manera de reconocer la innovación, por ejemplo, el trozo de resina acrílica, hay muchos enfoques para inspirar a las personas a colaborar y entusiasmarse con el proceso. Los juegos y los concursos pueden ser emocionantes porque dan lugar a una mentalidad diferente y una ruptura con el *statu quo* operativo.

Un *hackatón*, en el que ponen el "trabajo" a un lado durante dos o tres días para enfocarse en un desafío específico, es uno de esos enfoques. Encuadra el concurso de una manera que sea adecuada para tus objetivos: un nuevo modelo de negocio, una forma de mejorar la experiencia del cliente o una manera de eliminar un problema o riesgo de calidad operacional. La restricción es que debe hacerse dentro de un marco de tiempo específico. Esto hace que la gente hachee, busque atajos y nuevas ideas.

Nombrado por el término japonés que significa "cambio para mejorar", el programa Kaizen de Amazon permite a los empleados unirse en equipos pequeños para identificar desperdicios y optimizar procesos. En 2014, más de 2 300 asociados participaron en 725 actividades de Kaizen, según el sitio web de Amazon. "Un equipo en el centro de distribución de Amazon en Las Vegas, Nevada, agilizó el proceso de devoluciones de clientes, con lo que mejoró la productividad en 34%, eliminaron el exceso de recorridos a pie en 39 000 metros por día y redujeron el trabajo en proceso en un 46 por ciento".[5]

En una detallada encuesta y estudio de trabajadores en un laboratorio de investigación de IBM publicado por el *Journal of Socio-Economics*, los economistas del comportamiento Susanne Neckermann y Bruno Frey encontraron que nombrar a los beneficiarios de un premio y celebrar una ceremonia pública tuvo tanto efecto en motivar a las personas como aumentar el valor en efectivo de una recompensa de US $0 a US $1 000.[6]

Amazon entrega una amplia variedad de premios y reconocimientos. Muchos de estos honores son presentados en las reuniones trimestrales de manos de Jeff Bezos u otro líder *senior*. Cada uno tiene su propio subtexto. Por ejemplo, el premio *Just Do It* (Solo hazlo) se otorga a un empleado que demuestre el principio de liderazgo de Responsabilidad y compromiso. El subtexto de este premio es que hacer lo correcto nunca es "no es mi trabajo". El premio *Bar Raiser* (El que sube el nivel) se otorga a aquellos empleados que pueden identificar y contratar talento con la garantía de mejorar notablemente el coeficiente intelectual, la capacidad y la efectividad de la empresa. El subtexto de este premio es que el motor que impulsa a Amazon es la mejora constante. Es famosa la forma en que Jeff explicó la filosofía del *Bar Raiser Award*: cinco años después de que se contratara a un empleado, ese empleado debería pensar: "Me alegra que me hayan contratado cuando lo hicieron porque no me contratarían ahora".[7]

No siempre tiene que ser un premio. Cada temporada de vacaciones, mientras la organización de operaciones logísticas se prepara para otro pico de inventario y órdenes a administrar, Jeff Wilke usa camisas de franela, la misma que usa el empleado común, para reconocer el arduo trabajo y los sacrificios que hacen los cientos de miles de personas que trabajan en los centros de distribución de Amazon y envía un mensaje de "primero está la seguridad".

Luego está la *silla vacía*. Se sabe que Bezos deja un asiento vacío en una mesa de conferencias para informar a todos los asistentes que deben considerar ese asiento ocupado por su cliente, "la persona más importante en la sala".[8]

En última instancia, estos gestos simbólicos son altamente calculados y, a menudo, se crean mensajes repetidos para reforzar los principios de liderazgo de Amazon. Es una táctica que Bezos ha usado desde el principio. Él ha demostrado una y otra vez que si le das a un empleado, a cualquier empleado, una puerta, él o ella la atravesará. Y en algunos casos, estos incentivos tendrán un impacto considerable en sus resultados. Lo que nos lleva al escritorio de la puerta.

PREGUNTAS A CONSIDERAR

1. ¿Le das reconocimiento a los equipos y personas que van más allá de las expectativas?
2. ¿Podría un *hackatón* ayudar a estimular ideas para la innovación?
3. ¿Podría el tiempo no estructurado, dedicado a la solución de problemas e innovación, traer resultados diferentes a tu organización?

NOTAS

1. *Quora*, "Does Amazon Give Any Award to Employees for Sending Patents?", answered mayo 29, 2015, https://www.quora.com/Does-Amazon-give-any-award-to-employees-for-sending-patents.
2. Jeff Bezos, "2013 Letter to Shareholders", Amazon.com, abril 10, 2014.
3. *Idem*.
4. *Idem*.
5. Day One Staff, "Change for the Better: Why We Focus on Kaizen", *Amazon dayone blog*, Amazon.com, https://www.amazon.com/p/feature/7vgnru22nddw5jn.
6. Bruno Frey y Susanne Neckermann, "And the Winner Is . . .? The Motivating Power of Employee Awards", *Journal of Socio-Economics*, vol. 46, octubre 2013, pp. 66-77.
7. George Anders, "Inside Amazon's Idea Machine", *Forbes*, abril 23, 2012.
8. Laura Stevens, "Jeff Wilke: The Amazon Chief Who Obsesses Over Consumers", *Wall Street Journal*, octubre 11, 2017.

IDEA 15

EL ESCRITORIO DE LA PUERTA:

FUERZA LA INNOVACIÓN MEDIANTE LA FRUGALIDAD

La frugalidad incluye todas las otras virtudes.

—CICERÓN

Jeff Bezos ha creído durante mucho tiempo que una de las grandes *funciones de forzamiento** para la innovación es la frugalidad. Como lo ha dicho, "Una de las únicas formas de salir de una caja cerrada es inventar tu salida".[1] Cada dólar ahorrado es otra oportunidad para invertir en el negocio. La eliminación de la estructura de costos de la empresa genera precios bajos, lo que impulsa un círculo virtuoso. También cree que la atención a la frugalidad minimiza lo que más teme y detesta: la complacencia.

IDEA 15

Los ahorros son más que un asunto competitivo. Frugal no significa barato. Abraza el ahorro para construir una cultura de eficiencia e innovación. Diseñar restricciones, como el costo, ayuda a replantear la situación e impulsar la innovación.

* Una función de forzamiento es un aspecto de un diseño que evita que el usuario realice una acción sin considerar conscientemente la información relevante para esa acción. Fuerza la atención consciente sobre algo ("traer a la conciencia") y, por lo tanto, interrumpe deliberadamente el rendimiento eficiente o automatizado de una tarea. https://www.interaction-design.org/literature/book/the-glossary-of-human-computer-interaction/forcing-functions, consultado el 20 de julio de 2019.

A Bezos le encantan los símbolos. Uno de los símbolos icónicos asociados con Amazon es el *escritorio de la puerta*. Al principio de la historia de la empresa, Bezos insistió en que la organización no necesitaba oficinas con escritorios enormes y elaborados. Pensó que todo lo que cualquiera necesitaba era un lugar para trabajar, y eso incluía a los líderes de alto nivel. En algún momento, alguien clavó patas en unas puertas que sobraban para crear escritorios. Finalmente, el escritorio de la puerta se convirtió en el símbolo de Bezos para la cultura igualitaria y de bajo costo que estaba tratando de crear. De hecho, la compañía aún entrega el *Door Desk Award*, un premio otorgado a empleados seleccionados que tienen una "idea bien construida" que genera ahorros significativos para la compañía y permite ofrecer precios más bajos para los clientes.[2]

Si bien este concepto tiene orígenes humildes, el escritorio de la puerta es clave para entender cómo una compañía tan compleja y tan amplia como Amazon ha podido escalar a niveles tan absurdos. Bezos reconoció que ahorrar dinero es solo un beneficio secundario de la frugalidad. El valor real viene en forma de eficiencia.

VISIÓN A LARGO PLAZO

Debido a que la frugalidad es uno de los valores centrales de Amazon, también está directamente vinculada con la idea de la compañía del Día 1 y la visión a largo plazo. En su carta de 1997, que adjunta a cada carta a los accionistas desde entonces, Bezos explicó que Amazon tomó decisiones y sopesó las compensaciones de manera diferente a algunas compañías. Luego compartió el enfoque fundamental de gestión y toma de decisiones de Amazon con sus accionistas.

Lo primero en la lista fue: “Continuaremos enfocándonos incansablemente en nuestros clientes”. ¿Lo segundo? “Continuaremos tomando decisiones de inversión a la luz de las consideraciones de liderazgo del mercado a largo plazo en lugar de las consideraciones de rentabilidad a corto plazo o las reacciones de Wall Street a corto plazo”. Continuó: “Trabajaremos arduamente para gastar sabiamente y mantener nuestra cultura frugal. Entendemos la importancia de reforzar de forma continua una cultura consciente de los costos, en particular en un negocio que incurre en pérdidas netas”.[3]

La frugalidad implica la actitud de ser magro, escéptico, humilde e innovador, creando una cultura que presta atención a los detalles y entiende la excelencia operativa. La frugalidad y la experiencia del cliente son los ingredientes mágicos de la innovación y la escala. Hasta el día de hoy, la insistencia de Amazon en ser frugal ayuda a mantener en la mente de los empleados que, a propósito, es una empresa diferente con una misión centrada en los clientes y la innovación.

PREGUNTAS A CONSIDERAR

1. La frugalidad es solo un tipo de restricción. ¿Qué restricciones podrías establecer para respaldar la excelencia operativa y la innovación en tu organización?
2. ¿Qué símbolos, como el escritorio de la puerta de Amazon, podrías usar para apoyar las restricciones que deseas en el negocio?
3. Un ejercicio como responder a la pregunta “¿Cómo podríamos reducir los costos en un 50% y mejorar la satisfacción del cliente y los ingresos?” ¿resultaría en una innovación potencial?

NOTAS

1. "Bezos on Innovation", *Bloomberg Businessweek*, abril16, 2008, https://www.bloomberg.com/news/articles/2008-04-16/bezos-on-innovation.
2. JP Mangalindan, "Amazon's Core? Frugality", *Fortune*, marzo 26, 2012, http://fortune.com/2012/03/26/amazons-core-frugality/.
3. Jeff Bezos, "Carta a los inversionistas 1997", Amazon.com.

PARTE II

ESTRATEGIA

IDEA 16

INTRODUCCIÓN A MISIÓN IMPOSIBLE:

SER DIGITAL

> Somos una imposibilidad
> en un universo imposible.
>
> —RAY BRADBURY

Podría escribir un libro entero examinando la definición de *digital*. Podría enmarcar, definir, argumentar y crear marcos que describan los muchos aspectos, variaciones, categorías y nomenclaturas. No veo qué podría estar agregando.

Con lo que la mayoría de los gerentes, líderes y equipos están luchando, no es con definir qué es *digital* o saber que sus negocios necesitan evolucionar, sino con *cómo hacerlo*. ¿Qué deben hacer tú y tu organización de manera diferente? Si estas son tus preguntas, entonces estás en el lugar correcto. Y a pesar del título de este capítulo, no es una misión imposible. Solo puede parecerlo.

IDEA 16

Ser digital es cambiar y mejorar no solo a la organización, sino también a ti mismo. Ser digital se trata de velocidad y agilidad, no solo para tu cliente, sino en la forma en que todos realizan el trabajo y colaboran como organización. Para impulsar un cambio permanente y duradero, sé deliberado sobre los diferentes hábitos que tu equipo directo empiece a practicar como parte de esta misión.

ÁBRETE AL CAMBIO

Secreto 1: Compite de manera diferente

Se dice que a las únicas personas a quienes les gusta el cambio son los bebés. Pero un apetito por el cambio es lo que separa a los innovadores de los rezagados, los empresarios de los burócratas y los ganadores digitales de los perdedores digitales. Los profesionales, equipos y empresas que aprenden a amar el cambio, que son adictos a desafiar *todo* sobre el *statu quo*, son los ganadores digitales. Debes exprimir hasta la última gota de capacidad todos los días, hasta que tú y tu organización sean *excelentes*. Luego lava, enjuaga y repite.

¿Por qué? Porque lo digital no es ni la tecnología ni las redes sociales. Lo digital es competir de manera diferente para aprovechar las nuevas experiencias de los clientes, las prácticas empresariales eficientes y los modelos comerciales innovadores, que se basan en la convergencia de una amplia gama de capacidades de tecnología e informática, como la computación en la nube, la colaboración social y móvil, la inteligencia artificial y el análisis predictivo. Repito. Lo digital no es la tecnología. Se trata de competir de manera diferente.

Secreto 2. Esta vez es personal

Lo que la gente a menudo no entiende es que la transformación digital no se trata solo del cambio organizacional, sino del cambio *personal*. Como dijo Gandhi: tú debes ser el cambio que quieres ver en el mundo. La organización completa no se puede transformar si no cambias tus propios hábitos personales.

La transformación digital es tanto el cambio organizacional como el cambio personal necesarios para prosperar como empresa o como profesional en la era digital. La transformación digital es nuevas creencias, nuevas filosofías de gestión y nuevas técnicas, tanto a nivel organizacional como personal. Los cambios personales que normalmente se necesitan, están encapsulados en muchas de las ideas de este libro: ser un constructor, escribir narraciones, diseñar métricas, buscar causas raíz e innovar al resolver un problema. Y aunque no puedes hacerlo todo por ti mismo, necesitas ser mucho más propietario o colaborador directo en lugar de delegar todo el tiempo.

Secreto 3: La velocidad importa

En el papel, es sencillo. Digital es igual a velocidad y agilidad. La velocidad es excelencia operativa. La agilidad es la capacidad de hacer que el cambio suceda. Para ganar en lo digital, haz que todo sea más rápido y más ágil.

Esto incluye lo que ofreces a tus clientes y la forma en la que realizas tu trabajo. Tanto dentro como fuera, necesitas cumplir y hacer las cosas en plazos más cortos, y debes ser capaz de adaptarte, reaccionar de manera más ágil, acortar los tiempos de los ciclos y mejorar los datos de la experiencia del cliente y de tus procesos.

HAZLO FÁCIL

Ser digital es competir de manera diferente. ¿Cómo lo hacen las empresas innovadoras? La estrategia general que define la era digital es facilitar las cosas. Y por *facilitar* me refiero a más fácil por factores de 10 o 100. Tal vez la verdadera propuesta de valor de Amazon es devolver el tiempo a sus clientes. Los clientes ahorran tiempo al no ir a la tienda. Los socios comerciales ahorran tiempo al no tener que comercializar o desarrollar su marca para obtener la exposición al cliente. Los líderes en logística ahorran tiempo al aprovechar la distribución de Amazon para entregar pedidos. *Fácil* también significa brindar a tu cliente mucha más información, perspectivas y control con respecto a sus interacciones con tu organización.

Toma la nube, una industria de hardware y software tradicional que disrumpe la tecnología. Primero, pagas solo por lo que usas. La computación en la nube cambia la compra, de ser un gasto fijo y de capital, a ser una variable y un gasto operativo.

En segundo lugar, la computación en la nube elimina el tiempo del ciclo de la adquisición, configuración e instalación, y ofrece una escalación inmediata. La elasticidad para ampliar y reducir fácilmente permite a las organizaciones ahorrar enormes cantidades de tiempo, recursos y gastos. La escala fue una vez la gran ventaja de los encumbrados. No más. Plataformas como Mechanical Turk* de Amazon o WeWork permiten que los equipos pequeños tengan una fuerza laboral inmediata y escalable. Cuando dirigí dos negocios en Amazon, el rasgo que más admiraba era que cada función tenía un plan para mejorar y escalar. No todos esos planes fueron financiados, pero cada líder tenía un plan y la oportunidad de lanzarlo para obtener fondos y recursos.

Por último, la computación en la nube abstrae la complejidad y hace la administración de la infraestructura exponencialmente más accesible que la tuya propia. Como dije, fácil.

La competencia digital tiene que ver con la conveniencia y la elección de los clientes, permitiéndoles elegir cómo y cuándo quieren hacer negocios contigo. Se trata de borrar pasos que no agreguen valor, reducir costos, mejorar la calidad o ahorrar tiempo. Por ejemplo, las empresas de *moda rápida* (*fast fashion*), como H&M, han reducido el tiempo de entrega desde la idea hasta el producto, a seis semanas. También se trata de propor-

---

* *Mechanical Turk* es otro negocio de Amazon, adelante describe su función. [*N. de la T.*].

cionar transparencia y acceso a tus clientes. Travelocity disrumpió el mundo de los agentes de viajes y se desarrolló mediante una característica imbatible: poner todas las opciones y los precios a disposición del consumidor.

"La tecnología actual está creando modelos de negocios totalmente nuevos. Uber, la compañía de limusinas más grande, no posee vehículos. Facebook, la compañía de noticias más grande, no desarrolla contenido. Alibaba, el minorista más grande, no tiene inventario. Airbnb, el hotelero más grande, no tiene hoteles", dice Terry Jones, fundador de Travelocity y Kayak. "Aquellas empresas caen muertas fácilmente. Hay un eslogan en Silicon Valley: Paso uno, instala el software. No hay paso dos. Eso es todo. Así de fácil tienes que ser".[1]

CONTRATA Y DESPIDE LÍDERES DIGITALES

Hay una creencia común en los deportes de que no puedes entrenar para ser veloz: o naciste rápido o no lo serás nunca. El entrenamiento y la técnica pueden desarrollar, perfeccionar y refinar esa velocidad, pero nada puede hacer que un atleta lento sea rápido. Afortunadamente, ese no es el caso en los negocios. La velocidad puede ser entrenada, pero necesitas a los entrenadores adecuados.

Encontrar líderes con el ojo crítico y los instintos necesarios para innovar y ejecutar la transformación digital es difícil, es un conjunto de habilidades mágicas. ¿Por qué? Las organizaciones maduras han resuelto los problemas de sus clientes y ahora miden el éxito por sus ganancias, lo que significa un mayor enfoque en la eficiencia operativa. Como resultado, la innovación se ve castigada.

"Esas prácticas y políticas aseguran que los ejecutivos puedan entregar ganancias significativas a Wall Street y aplacar a los accionistas. Pero también minimizan los tipos y la escala de innovación que se pueden alcanzar con éxito dentro de una organización", escribió el investigador de innovación Maxwell Wessel en el *Harvard Business Review*.

"Ninguna compañía creó un producto de crecimiento transformacional preguntando: '¿Cómo podemos hacer lo que ya estamos haciendo, un poquito mejor y un poquito más barato?'".[2] En otras palabras, pedir a los mismos equipos y personas que sean tanto operadores como innovadores fracasará. Las dos cosas que un líder de la empresa (ya sea un CEO o un gerente intermedio) está mejor posicionado para hacer son comunicar la visión y asignar recursos. Para que las empresas combinen la excelencia operativa, creen innovación sistemáticamente, fomenten un rápido avance y aprendan del error, los líderes deben crear el entorno para cultivar semillas pequeñas.

"Ambas [Amazon Retail y AWS]", explicó Bezos, "se plantaron como pequeñas semillas y ambas crecieron orgánicamente... Una es famosa por las cajas marrones y la otra por las API... Debajo de la superficie, las dos no son tan diferentes. Comparten una cultura organizacional distintiva que se preocupa profundamente y actúa con convicción sobre una pequeña cantidad de principios". Esos principios, diseñados por el liderazgo de la compañía, han creado el andamiaje para una cultura de *aprender del error* que lleva el éxito a las muchas líneas de negocios de Amazon.

La clave para la innovación, dentro de Amazon o en tu propia empresa, es imaginar y construir tu propio andamiaje de prueba y error. Según Bezos,

> es necesario seleccionar a las personas que tienden a estar insatisfechas con muchas de las formas actuales de hacer las cosas. A medida que avanzan en sus experiencias diarias, notan que las cosas pequeñas en el mundo no sirven y quieren arreglarlas. Los inventores tienen un descontento divino... Quieren abrazar el alto

> juicio del fracaso: esto valió la pena intentarlo; no funcionó, entonces intentemos algo diferente. Todos nuestros más importantes éxitos en Amazon han sido a través de ese tipo de fracaso: fracasa, inténtalo de nuevo y repite el ciclo.[3]

A riesgo de simplificar en exceso, si la mejor descripción de digital es velocidad, entonces la mejor descripción de transformación digital es hacer que tú y tu organización sean más rápidos.

PREGUNTAS A CONSIDERAR

1. ¿Cómo se define *digital* en tu organización?
2. ¿Puedes medir y seguir el progreso para convertirte en digital?
3. ¿Qué es difícil de hacer hoy que debería ser fácil?

NOTAS

1. Seth Clevenger, "Travelocity Founder Terry Jones Says Companies Must Innovate or Face Disruption", *Transport Topics*, enero 24, 2018.
2. Maxwell Wessel, "Why Big Companies Can't Innovate", *Harvard Business Review*, septiembre 27, 2012, https://hbr.org/2012/09/why-big-companies-cant-innovate.
3. Taylor Soper, "Amazon's Secrets of Invention: Jeff Bezos Explains How to Build an Innovative Team", *GeekWire*, mayo 17, 2016, https://www.geekwire.com/2016/amazons-secrets-invention-jeff-bezos-explains-build-innovative-team/.

IDEA 17

EXPERIMENTA, FRACASA, ENJUAGA, REPITE:

PLANIFICA Y OPERA TUS EXPERIMENTOS PARA EL ÉXITO DIGITAL

No he fallado. Solo he encontrado
10 000 formas en las que no funcionará.

—THOMAS EDISON

Me encanta la historia de los productos que se extralimitan con nombres gloriosos. Como un complejo de departamentos llamado The Lakes, situado en una zona de tierra árida con un estanque, tibio y artificial. Productos que apuntaban a las estrellas pero implosionaron en el asfalto, como el Apple Newton, Google Glass, Microsoft Bob, New Coke y el Amazon Fire Phone.

Mi palabra de moda favorita actual es *metodología ágil*: un enfoque para el diseño y la entrega de soluciones incrementales iterativas. He trabajado y gestionado varios programas de tecnología utilizando una metodología ágil. Los participantes clave en estas iniciativas, aparentemente definen *ágil* como "la metodología de la no responsabilidad". ¿Alcance, tiempo, costo? No puedes hacernos responsables porque somos *ágiles*. (¿Qué tal, eh?). No tienen ningún compromiso cuando se trata de hacer lo que dicen que van a hacer. Sin embargo, se produce la mayor parodia semántica cuando se utiliza *ágil* como excusa para no obtener resultados *reales*, del tipo que realmente importa para los clientes y para la empresa.

"Muévete rápido y rompe cosas". El mantra interno de Facebook fomenta la acción rápida cuando se trata de nuevas ideas. Pensar demasiado en ellas puede sacrificar la ventaja competitiva en una industria que se mueve a la velocidad de la luz.

IDEA 17

El éxito digital depende de moverse rápidamente y medir el impacto de los cambios a través de las pruebas. Depende de identificar el tipo correcto de fracaso *versus* el tipo incorrecto de fracaso y decidir cuidadosamente cómo definir una prueba y una evaluación. Los líderes *senior* deben participar personalmente en la definición de la prueba y en la revisión de los resultados e implicaciones.

PENSAR EN GRANDE, NO APOSTAR EN GRANDE

Yo dirigí el lanzamiento del negocio de terceros en Amazon en 2002. Esta plataforma permitió a los minoristas vender sus productos a través del sitio web de Amazon. Hoy en día, es compatible con tres millones de vendedores externos y es responsable del 50% de todas las unidades enviadas y vendidas en Amazon. Tener y sostener una gran visión para crear una excelente experiencia del cliente y del vendedor fue fundamental para sentar las bases del éxito.

A medida que construimos el negocio de terceros, nos centramos en tres principios básicos que les permitirían crecer. Primero, la experiencia de los clientes con estos vendedores tenía que ser indistinguible de su experiencia al comprar directamente de Amazon, el minorista. En segundo lugar, la experiencia de vender en la plataforma de Amazon tenía que ser intuitiva y fácil, a pesar de que el proceso era relativamente complejo. Tercero, tuvimos que diseñar la plataforma y diseñar estrategias para apoyar a cientos de miles, no a decenas ni cientos, de vendedores. La gestión de su negocio en Amazon tenía que ser tipo autoservicio.

Debido a nuestra estrategia, la coreografía de datos y transacciones entre los vendedores y Amazon tuvo que ser más compleja. Construimos herramientas, ejemplos, entornos de prueba y muchos soportes para que la venta fuera lo más intuitiva y eficiente posible para los vendedores. También tuvimos que reflexionar sobre temas de escala. Amazon tenía acuerdos de paridad vigentes con sus vendedores terceros, lo que los obligaba a poner los artículos en Amazon al mismo precio y disponibilidad que en cualquier otro canal de venta que pudieran estar usando. ¿Cómo podríamos dar seguimiento para comprobar si los vendedores estaban cumpliendo con esta obligación?

La opción más obvia pero menos escalable y efectiva hubiera sido confiar en auditorías o revisiones manuales. Ese habría sido un proceso costoso que solo nos permitiría revisar un subconjunto de elementos. En su lugar, construimos un sistema automatizado para verificar que los vendedores cumplieran con sus obligaciones de paridad. Usando la información del artículo enviada a Amazon, podíamos rastrear su sitio web y cualquier otro canal de ventas para verificar la consistencia de sus precios y disponibilidad.

Estábamos pensando en grande, realmente en grande. Pero no confundimos “pensar en grande” con “apostar en grande”, y tú tampoco debes hacerlo. Si bien mi resumen de cómo construimos la plataforma de negocios de terceros de Amazon suena como si se tratara de una navegación suave en los párrafos engañosamente concisos de arriba, el hecho es que el viaje estuvo lleno de fallas. Sin embargo, ninguno de esos arrecifes afilados logró hundir la nave. El negocio y el arte de la innovación se encuentran en los muchos fracasos “el aprendizaje, la adaptación y el avance” que se presentan en el camino. El principio que encontrarás debajo de la línea de flotación es sobre cómo remontar el fracaso.

EMPIEZA EN PEQUEÑO

Cuanto mejor te vuelvas creando métodos replicables en pequeña escala de forma repetida, será más probable que alcances grandes éxitos. En otras palabras, piensa en grande, pero actúa en pequeño.

Pasaron años antes de que el negocio de terceros se convirtiera en la fuerza que es hoy. Antes de unirme al equipo de Marketplace, Amazon ya había intentado construir otras dos plataformas de terceros —y había fracasado—. Antes de Amazon Marketplace, hubo Amazon Auctions y luego el zSHOP. Los dos primeros fueron fracasos; el tercero ahora es un gran éxito.

Y aunque Amazon ciertamente invirtió en el negocio Marketplace, no fue una inversión de alto riesgo. En lugar de ello, el liderazgo invirtió en experimentos individuales relativamente pequeños que mejoraban la comprensión a largo plazo de Amazon sobre la fórmula ganadora.

¿Cómo se ven esos experimentos más pequeños? En Marketplace pensamos desde el principio que los clientes querrían comprar en las tiendas específicas de los vendedores, por lo que construimos la infraestructura para que los vendedores pudieran crear tiendas de marca en línea. Sin embargo, una vez que lanzamos las tiendas, descubrimos que había más probabilidades de que los clientes compraran por categoría en todo el sitio de Amazon. Así que terminamos eliminando el énfasis en las tiendas específicas de los socios comerciales y, en su lugar, nos centramos en mejorar las capacidades centrales de navegación y búsqueda en Amazon.

No fue hasta que Marketplace finalmente encontró la fórmula correcta a largo plazo, a través de este y muchos otros experimentos, cuando la compañía cambió su enfoque para crecer.

Los innovadores exitosos realizan una gran cantidad de pequeños experimentos y tienen una forma paciente y a largo plazo de ver el éxito de un producto y un negocio. Es raro, aunque no imposible, que la innovación y las ganancias a corto plazo vayan juntas. Bien ejecutados, este tipo de pequeños experimentos te ayudan a comprender las necesidades de tus clientes y cómo podría tu producto adaptarse al mercado. Ejecutados pobremente, pueden ser peores que no experimentar en absoluto.

TÁCTICAS PARA ACTUAR EN PEQUEÑO

Un experimento fallido fácilmente podría ser tanto el resultado de una mala ejecución como una prueba válida de tu hipótesis sobre un producto. Afortunadamente, Amazon y otros han desarrollado tácticas para actuar en pequeño y moverse de manera iterativa y ayudar a evitar esta trampa.

Prototipos de baja fidelidad

Si alguna vez has creado algo que funciona parcialmente solo para probar algunos componentes críticos, has creado un *prototipo de baja fidelidad*. El Google Cardboard es un ejemplo de prototipo de realidad virtual (RV) de baja fidelidad: el usuario inserta su teléfono dentro de un visor de realidad virtual hecho de cartoncillo, y puede probar y experimentar con la realidad virtual.

Probablemente, la primera versión de esto fue hackeada, junto con algunas piezas disponibles y una caja de cartón. Hoy en día, Google está utilizando Cardboard para construir su comunidad de desarrolladores y probar la popularidad de la realidad virtual (RV) sin gastar tiempo ni dinero, valiosos en la creación de un producto de RV más complejo. Considera las formas en que puedes probar la efectividad o la viabilidad de tu experimento sin producirlo realmente. La creación de prototipos de baja fidelidad puede ser útil como demostración visual del modo en que podría funcionar un producto y una forma de obtener un *buy-in** para un desarrollo completo de prototipos.

Producto mínimo viable

La idea de un producto mínimo viable (MVP, por sus siglas en inglés) se popularizó en el libro de Eric Ries de 2011, *The Lean Startup* (*El método lean startup*, Deusto, 2013). En él, Ries alentó a los dueños de negocios a identificar y probar los supuestos críticos detrás de sus negocios y soluciones. Inspirado por el trabajo de su mentor, Steve Blank, Ries popularizó la idea de usar una versión mínima viable de su producto para ayudarlo a probar o refutar las suposiciones sobre su negocio y sus clientes, a través de pruebas cuidadosamente elaboradas.

La clave del MVP es articular, de la manera más sucinta posible, qué parte o característica de tu visión más amplia debe validarse o probarse primero (o después) y hacer que el alcance sea lo más limitado posible a esa característica. Este es el proceso de definir y medir hipótesis y obtener rápidamente retroalimentación del cliente o del mundo real en esa prueba, para luego proceder de la manera más gradual o ágil posible a la siguiente prueba.

En términos conceptuales, suena fácil de hacer. Pero en la práctica, hay muchas fuerzas y realidades que entran en juego y que trabajan en contra del MVP más pequeño posible. Entre estos desafíos se encuentran comprender y definir con precisión cuáles son las hipótesis correctas y en qué orden deberían estar; encontrar formas de desarrollar solo las capacidades necesarias frente a las muchas capacidades circundantes requeridas

---

* *Buy-in*, forma alterna de financiamiento para conseguir fondos. [*N. de la T.*].

en un producto terminado para el mercado; encontrar formas de permitir que los clientes reales utilicen un producto mínimo sin socavar tu marca; y, finalmente, evitar el posible impacto en otras aplicaciones y procesos empresariales (incluso potencialmente evitar al grupo central de tecnología de la información) hasta el momento adecuado.

La sugerencia clave es evitar lo más posible los comités y la toma de decisiones grupales. Confiar en una voz fuerte ayuda a atravesar las capas, reduce el tiempo al mercado y minimiza el alcance. Pero esa única voz tiene que ser, en su mayoría, correcta.

Fracasar rápido y aprender del error

Crea un equipo que pueda aprovechar al máximo sus fracasos y que sepa cómo crear un nuevo aprendizaje por sí mismo. Esto se reduce a una cosa: fomentar los fracasos inteligentes y rápidos.

Tu trabajo es asegurarte de que tu equipo entienda la diferencia entre un fracaso que impulse el aprendizaje y una falla de ejecución. El primero te da datos valiosos. El segundo desperdicia tu tiempo.

EL FIRE PHONE Y EL ECHO

> Un área en la que creo que nos distinguimos especialmente —escribió Bezos en la carta de Amazon a los accionistas de 2015— es el fracaso. Creo que somos el mejor lugar del mundo para fracasar (¡tenemos mucha práctica!). Y el fracaso y la invención son gemelos inseparables. Para inventar, tienes que experimentar, y si sabes de antemano que va a funcionar, no es un experimento. La mayoría de las grandes organizaciones adoptan la idea de la in-

> vención, pero no están dispuestas a sufrir la serie de experimentos fallidos necesarios para llegar allí.[1]

El fracaso más prolífico de Amazon fue el Fire Phone,* lanzado en julio de 2014. Fue un fracaso de mercado de corta duración que resultó en una cancelación de inventarios de US $170 millones.

"¿Qué demonios pasó con el Fire Phone?", preguntó el analista de valores Henry Blodget a Bezos en una discusión en *Business Insider*.[2]

"El Fire Phone, como todos los proyectos de Amazon, fue un experimento", respondió Bezos con frialdad. En su mente, su fracaso fue una experiencia de aprendizaje, otra oportunidad para iterar o cambiar de rumbo. El teléfono, explicó Bezos, era solo una entrada más en el "portafolio de dispositivos" de Amazon. La palabra clave en esa frase era *portafolio*.

"Es temprano —le dijo a Blodget—. Y hemos tenido que iterar muchas cosas en Amazon. Uno de mis trabajos como líder en Amazon es alentar a las personas a ser audaces y crear un escudo alrededor de los equipos que innovan para que puedan centrarse en las cosas difíciles que están logrando, y minimizar el ruido y las preocupaciones de los detractores dentro de la empresa".[3]

Amazon lanzó su siguiente ronda de dispositivos inteligentes de acuerdo con el manual estándar: lanza un producto o servicio rápidamente, no hagas demasiado escándalo al respecto y no gastes casi nada en marketing. En su lugar, obtén comentarios de los clientes y realiza ajustes o quítalo rápido. Lanza más experimentos. Después de todo, Bezos ve cada proyecto como una inversión en el portafolio de Amazon.

---

* *Fire Phone* fue el intento de Amazon de crear su propio teléfono celular. Fracasó porque era demasiado caro, tenía muchas cosas llamativas e inútiles y era una muy evidente herramienta para promover las ventas en Amazon. [*N. de la T.*].

El Amazon Echo (una bocina) fue un producto disponible solo por invitación para los clientes de Amazon Prime. Se anunció como un producto beta y su producción fue limitada. Esto mantuvo bajas las expectativas y alto el aprendizaje de la empresa. Amazon siguió el mismo manual para el Dash Button.* Solo cuando la retroalimentación y los comentarios de Echo y Dash Button fueron fantásticos,** Amazon los puso a disposición de todos. Es la misma estrategia que usan los productores de teatro: llevar la producción a todo el país en mercados selectos, que funcionan como talleres. Si los comentarios son lo suficientemente buenos, abre en Broadway. Si las audiencias lo odian, pretende que nunca sucedió y pasa al siguiente proyecto.

TODAVÍA TIENES QUE TENER RAZÓN, CASI SIEMPRE

El principio 4 de liderazgo de Amazon es "Los líderes tienen razón, casi siempre". Es decir: "Los líderes tienen razón casi siempre. Tienen buen juicio y buenos instintos. Buscan perspectivas diversas y trabajan para refutar sus creencias".

Crear y adoptar una mentalidad de prueba-medida-ajuste no es algo exento de riesgos. Si la usas como muleta, ya sea para

* *Dash Button* era un botón físico colocado en una pequeña base que contenía los datos del comprador. Lo podía usar para agilizar sus compras, pero en realidad, resultaba redundante para el cliente, pues, al estar comprando en línea, para ver sus opciones, bastaba con dar clic en la misma página web, sin recurrir al aparato. [*N. de la T.*].

** Al inicio de esta sección, el autor deja claro que va a exponer algunos de los fracasos de Amazon (Fire Phone era el más prolífico). Aun cuando aquí dice que no los pusieron en el mercado hasta que su aceptación fue "fantástica", tanto Fire Phone como Dash Button dejaron de producirse totalmente. Con Echo han tratado de crear versiones nuevas. [*N. de la T.*].

juzgar mal o ejecutar mal, puede significar la muerte de tu empresa. Del mismo modo que se ha permitido que *ágil* se convierta en la metodología de desarrollo sin responsabilidad, el *fracaso rápido* puede convertirse en la excusa para más fallos de los necesarios. El hecho de que existan muchas oportunidades para convertirse en digital en el negocio, no significa que puedas permitirte intentos repetidos de algo que deberías hacer bien desde la primera vez. El *fracaso* se ha convertido en una excusa y casi en una expectativa; este es el riesgo de los modelos actuales de innovación.

La diferencia entre un *fallo de prueba* en el que se aprende y un *fallo de ejecución* a veces es obvia, y en ocasiones es realmente sutil. Cuanta más participación tengas, mejores serán tus probabilidades de saber cuál fue. Marc Andreessen señaló: "Estamos predispuestos hacia las personas que nunca se dan por vencidas. Eso es algo que no se puede encontrar en un currículum. Buscamos la valentía, y buscamos el genio. Se habla de lo importante que es el fracaso, lo que llamo el fetiche del fracaso. 'El fracaso es maravilloso. Te enseña mucho. Es genial fallar mucho', dice la gente. Pero nosotros creemos que el fracaso es horrible. El éxito es maravilloso".[4]

Para ganar en el formato digital, debes tener una sólida visión del producto o el negocio y la capacidad de escuchar a los demás, pero también debes tomar el mando y articular de forma clara y sencilla lo que se necesita. Esto crea la estrategia de "pensar en grande, pero apostar en pequeño" para impulsar la innovación.

PREGUNTAS A CONSIDERAR

1. ¿Entiendes cómo definir y probar la hipótesis crítica en tus iniciativas de innovación?
2. ¿Entiende tu organización la diferencia entre falla de prueba y falla de ejecución?
3. ¿Tienes un enfoque de proyecto de una sola velocidad? ¿O adaptas tu enfoque de proyecto con base en la situación?

NOTAS

1. Jeff Bezos, "Carta a los inversionistas 2015", Amazon.com.
2. *Interview: Amazon CEO Jeff Bezos*, YouTube video, 52:53, *Business Insider's Ignition* 2014. Publicado por Business Insider, diciembre 15, 2014.
3. *Idem.*
4. Bill Snyder, "Marc Andreessen: 'I'm Biased Toward People Who Never Give Up'", *Inc.*, junio 30, 2014, https://www.inc.com/bill-snyder/marc-andreesen-why-failure-is-overrated.html.

¿ASÍ QUE QUIERES SER UNA PLATAFORMA?

ESTRATEGIA DE PLATAFORMA PARA MORTALES

> Pienso que los santos no solo son malos modelos de conducta, sino que son incapaces de identificarse radicalmente con aquellos de nosotros que somos simples mortales.
>
> —MARTIN LUTHER KING JR.

Una *plataforma* es un modelo de negocio y una capacidad a la que pueden acceder usuarios externos y personalizarla. A menudo, estos usuarios externos aprovechan esta plataforma de una forma que nunca podrías imaginar, y mucho menos mantener y atender. Amazon se compone de más de una docena de prósperas empresas de plataforma, entre ellas AWS, Fulfillment, Payments, CreateSpace, Direct Publishing, Audible, Advertising, Flex, Instant Video, Kindle y Mechanical Turk, entre otros.

Fuera de Amazon, ¿cuáles son las compañías de plataforma digital dominantes? Además de Amazon, Facebook, Apple y Google, por lo general se consideran aquellas con un candado en el futuro previsible. Scott Galloway se refiere a ellas como los Cuatro Jinetes.[1] Cada una ofrece capacidades básicas y acceso a clientes con un fuerte efecto de red. Con cada participante adicional, la red se hace más fuerte y más inteligente. Es difícil entender cómo alguien competiría con ellas con amplias capacidades de plataforma.

¿Cuáles son algunos atributos de un modelo de negocio de plataforma? Abstrae la complejidad. Democratiza el acceso y el uso. Tiene altos costos fijos. Tiene costos marginales bajos (cero). Su inventario es propiedad de otros. Es bajo demanda. Cuenta con precios por uso. Tiene un efecto de red. Posee los medios de conexión. No es el medio de producción. Presenta contenido generado por el usuario y *el trabajo de otras personas* (TOP) (ver la Idea 23). Es un mercado habilitado. Tiene reglas niveladas y claras. Es programable.

IDEA 18

Pensar en cómo podrías ofrecer tus capacidades básicas como una plataforma, podría ayudarte a identificar una futura estrategia de negocios. No es para todos. En cualquier caso, comprender a profundidad lo que se necesita te dará grandes ideas para mejorar e innovar.

Amazon enfatiza un atributo más, tal vez la *característica definitiva* que agrega valor a los usuarios y a Amazon. Ese atributo es el autoservicio. El uso de la plataforma (o servicio) de una empresa no debe exigirte hablar con alguien de esa compañía. De hecho, las empresas de plataformas exitosas innovan evitando el contacto. Debes poder descubrir, implementar y consumir sin una interacción. Debe tener aprovisionamiento cero. Al igual que aspirar a la perfección en las experiencias u operaciones de los clientes, el aprovisionamiento cero es un objetivo idealista. Algunas capacidades pueden ser verdaderamente de autoservicio. Para otras, simplemente no es factible. "Cuando una plataforma es de autoservicio, incluso se prueban ideas improbables, porque no hay un guardián experto listo para decir: '¡Eso nunca funcionará!'. ¿Adivina qué? Muchas de esas ideas improbables funcionan", escribió Bezos en su carta de 2011 a los accionistas.[2]

¿DEBES DESARROLLAR UNA PLATAFORMA?

Tal vez sí. Tal vez no. Lo que debes hacer es evaluar cuidadosamente si debes elegir una capacidad* central, o un conjunto de capacidades, e invertir y hacer una transición para ser un negocio de plataforma:

1. **Identifica tus capacidades centrales como negocio.** ¿Puedes definir con precisión qué le da a tu empresa una ventaja competitiva? ¿Con qué facilidad puede ser imitada? ¿Cómo entregas valor a tus clientes?
   Evalúa tu negocio como un conjunto de procesos y capacidades. Sé claro en la definición y divide los grandes procesos en funciones y servicios más pequeños.

2. **Identifica los servicios.** Piensa en lo que podría ser el servicio y la API para el servicio. ¿Cómo lo conviertes en una "caja negra"? En otras palabras, ¿cómo lo protegerás de la replicación y el robo?

3. **¿Dónde está tu ventaja?** ¿Cómo ofrecerás los mejores términos comerciales de su clase? Los términos comerciales incluyen costo, velocidad, disponibilidad, calidad, flexibilidad y características.

4. **¿Puede ser rentable?** ¿Serían viables estos términos y ca-

---

* Aunque ha aparecido antes el término *capacidad*, en adelante será más frecuente. Las capacidades referidas son de dos tipos y se usan indistintamente. Primero están las capacidades de la empresa para *a*) hacer un producto, *b*) ofrecer un servicio, *c*) cumplir un meta, *d*) escalar sus dimensiones. Segundo, están las capacidades del producto o servicio para *a*) satisfacer necesidades conocidas o nuevas, *b*) escalar, *c*) ser rentable. En inglés se usa *capability*, a diferencia de *capacity* que es una medida de volumen; sin embargo, se hablará también de "capacities and capabilities". [*N. de la T.*].

pacidades comerciales en el mercado? ¿Sería un negocio rentable y viable para ti?

5. **Prueba y evalúa.** Tienes una comprensión crítica y basada en hechos de tus capacidades básicas, sus brechas y el beneficio potencial (o falta de él) de una plataforma. Construye un enfoque ágil para evaluar, aprender y construir valor sobre la marcha.

Desarrollar un servicio de plataforma requiere un esfuerzo y una inspección cuidadosa. Ya sea que decidas continuar con una estrategia de plataforma o no, hacer este ejercicio te brindará información honesta y actual sobre cómo mejorar e innovar tus capacidades.

PREGUNTAS A CONSIDERAR

1. ¿Cuáles son las verdaderas capacidades y los procesos centrales en tu organización?
2. ¿Podrías convertirlos en una plataforma de autoservicio para clientes internos y externos?
3. ¿Podrías hacer estas capacidades altamente disponibles, aprovisionadas en cero y competitivas en el mercado?

NOTAS

1. Christian Sarkar, "The Four Horsemen: An Interview with Scott Galloway", *Marketing Journal*, octubre 20, 2017.
2. Jeff Bezos, "Carta a los inversionistas 2011", Amazon.com.

SÍ, ERES UNA COMPAÑÍA TECNOLÓGICA:

DESCENTRALIZA TU CAMINO A LA GRANDEZA DIGITAL

La única forma de controlar el caos
y la complejidad es renunciar a una parte
de ese control.

—GYAN NAGPAL

En su carta a los accionistas de 1979, Warren Buffett explicó que las decisiones financieras de Berkshire estaban sumamente centralizadas en lo más alto de la organización. La autoridad operativa, proseguía, estaba ampliamente delegada en los gerentes clave a nivel de cada compañía o unidad de negocios. "Podríamos formar un equipo de basquetbol con nuestro grupo de directores corporativos", explicaba Buffett. El Oráculo de Omaha admite que este enfoque ocasionalmente produce un error importante que podría haberse eliminado o minimizado a través de controles operativos más cercanos, pero produce beneficios de gran alcance.

"También elimina grandes capas de costos y acelera drásticamente la toma de decisiones", decía Buffett. "Debido a que todos tienen mucho que hacer, se hace mucho. Lo más importante de todo es que nos permite atraer y retener a algunas personas con un talento extraordinario, personas que simplemente no pueden ser contratadas en el curso normal de los eventos, para quienes trabajar en Berkshire es casi idéntico a dirigir su propia empresa".[1]

IDEA 19

La TI centralizada sirve a un conjunto de propósitos en una empresa. A medida que se integren más experiencias conectadas a tus productos y servicios, y se necesite más innovación basada en tecnología, pon los recursos tecnológicos más cerca de los clientes e intégralos en el negocio, donde sean parte del equipo y del producto.

La mentalidad de comando y control, que incluye la creencia común de que "mi CIO va a administrar mis operaciones tecnológicas *y* hará la transformación digital", es el modelo y la mentalidad de gestión de ayer. A medida que tus productos y servicios se vuelven más digitales, necesitas desarrollar una comprensión equilibrada sobre qué funciones y decisiones deben ser propiedad del CIO (también conocido como TI *Tecnologías de la Información* centralizada) y qué debe construirse en los límites del negocio, con capacidades tecnológicas desarrolladas y operadas.

LO QUE SEGUIRÁ SIENDO CENTRAL

Antes de enviar el departamento de TI a los lugares más alejados de tu organización, veamos qué aspectos de la TI probablemente deberían permanecer centralizados: sistemas, estándares y operaciones.

Primero, ciertos grupos de sistemas y tecnología, especialmente aquellos con grandes obligaciones legales y con los inversionistas, la infraestructura operativa para todos los equipos de tecnología y los sistemas de pago contra entrega deben permanecer centralizados. Se podría argumentar que estos sistemas deberían descentralizarse a la organización de finanzas y contralores, pero es mejor dejarlos en la TI central.

Las aplicaciones y capacidades típicas a considerar para centralizar en tu organización de TI incluyen sistemas financieros; sistemas propiedad de organizaciones de apoyo clave tales como finanzas, recursos humanos y legales; sistemas con datos de clientes altamente confidenciales (información de identificación personal o PII); infraestructura clave como el centro de datos, la nube, la base de datos y los sistemas de mensajería; habilitación de empleados y proveedores; entornos de despliegue integrado; aplicaciones de productividad de oficina y soporte de escritorio o dispositivo, y tecnología de detección de amenazas cibernéticas y perimetrales. Las operaciones que la TI central puede continuar proporcionando incluyen operaciones para todos los sistemas anteriores, una oficina de administración de programas para programas grandes, y operaciones de administración de proveedores clave.

En segundo lugar, es importante señalar que el cambio a la capacidad de tecnología descentralizada no significa que todos hagan las cosas de diferentes maneras. De hecho, *las normas se vuelven aún más importantes, quizá vitales, en un modelo descentralizado.* Si podemos crear estándares y principios bajo los cuales cada equipo se implemente y opere, esto mejorará en gran medida la velocidad, la interoperabilidad y la calidad que producirán nuestros equipos. Como resultado, el cambio a la TI descentralizada significará que la misión de la TI central crecerá en su capacidad de liderar por influencia a través de estándares.

¿Qué tipos de normas son necesarias? Normas para el diseño del sistema; métricas y SLA, API e interoperabilidad; documentación técnica; herramientas y lenguajes de programación; seguridad (véase la Idea 36); gestión de programas incluido riesgo y gobierno del programa, calidad, administración de pruebas y lanzamientos; soporte y operaciones, disponibilidad, rendimiento y fallos con tolerancia (que falle parte del sistema sin que se caiga todo, *graceful failure*).

Finalmente, la TI central no solo necesita definir estos estándares, sino que también los debe promover entre sus clientes (los otros equipos de tecnología); revisar y aprobar tanto los diseños como las implementaciones que utilicen esos estándares (son un organismo de vigilancia), y mantener tarjetas de registros de adopción (lo que está en conformidad y lo que no). Responsabilizar a otros a través de un enfoque de "confiar, pero verificar" es vital. Todas las funciones y los líderes deben invitar a la TI a asociarse e impulsar estos estándares.

AL LÍMITE

A menudo escucho a la gente decir: "El equipo de tecnología de la información de Amazon debe ser enorme". Por el contrario, el equipo centralizado de la TI de Amazon es bastante pequeño, pero la capacidad tecnológica es omnipresente, enorme, y con escasos conjuntos de habilidades donde siempre se necesita más.[2] Entonces, si las habilidades tecnológicas no están en un equipo de TI centralizado, ¿qué es lo se debe descentralizar? Primero, la tecnología que forma parte de los productos o servicios centrales se puede distribuir a estos equipos. En segundo lugar, los sistemas de marketing, ventas y cadena de suministro son excelentes candidatos para integrarse a sus respectivas organizaciones empresariales. Estas organizaciones necesitan tener una mayor propiedad sobre la integración de la tecnología y los datos en sus procesos y capacidades.

Incluso si los equipos y sistemas tecnológicos siguen reportando a una organización de TI centralizada, muchos de los mismos resultados pueden lograrse si estos equipos operan como si fueran parte de los equipos funcionales, al colocarlos en el negocio y romper las barreras físicas y de comunicación. Cada función debe mejorar en la incorporación de la tecnología para servir mejor a los clientes, habilitar nuevas capacidades de negocios y adaptarse al mercado y su visión. Encuentra maneras de romper las barreras entre los dueños de negocios y las habilidades tecnológicas que ellos necesitan para servir a los clientes, hacer crecer su negocio, e innovar más rápido.

PREGUNTAS A CONSIDERAR

1. ¿Es tu organización de TI un socio de clase mundial para el negocio que apoya?
2. ¿Hay oportunidad de descentralizar la capacidad tecnológica para crear velocidad y agilidad?
3. ¿Tienen los propietarios de las empresas suficiente control sobre la tecnología para satisfacer sus necesidades?

NOTAS

1. Warren Buffett, "Carta a los inversionistas 1979", Berkshire Hathaway, http://www.berkshirehathaway.com/letters/1979.html.
2. Benedict Evans, "The Amazon Machine", diciembre 12, 2017, www.ben-evans.com/benedictevans/2017/12/12/the-amazon-machine.

IDEA 20

¡PIZZA PARA TODOS!

LA MAGIA DE LOS PEQUEÑOS EQUIPOS AUTÓNOMOS

Corta la pizza en cuatro pedazos porque no tengo suficiente hambre como para comer seis.

—YOGI BERRA

Cuando se trata de los famosos equipos de dos pizzas* (Two-Pizza) de Amazon, la mayoría de las personas no lo entienden. No se trata del tamaño del equipo. Se trata de la autonomía, la responsabilidad y la mentalidad empresarial del mismo. El equipo de dos pizzas trata de abastecer a un pequeño grupo dentro de una organización para que funcione de manera independiente y con agilidad.

En Amazon, los equipos de dos pizzas funcionan como invernaderos empresariales semiindependientes. Aislados de la burocracia de la organización mayor, los equipos de dos pizzas alientan a los líderes ambiciosos, brindan oportunidades e inculcan un sentido de pertenencia.

Según lo establecido en la Idea 13, la burocracia asesina la innovación. Además, los empleados de alto rendimiento no se sienten atraídos por compañías o divisiones en las que no pueden marcar una diferencia. Los equipos pequeños realmente poseen algo: un producto o una característica, un servicio como el carrito de

* Los *Two-Pizza Teams* se refiere a que en el tamaño ideal de los grupos de trabajo en Amazon deben poder comer con solo dos pizzas, es decir, son equipos pequeños. [*N. de la T.*].

compra o un proceso como el de recepción en el almacén. Cada equipo define su plan de negocios, métricas y hoja de ruta del producto. Esto impulsa la motivación y la mejora continua, al tiempo que proporciona transparencia y responsabilidad para futuras inversiones y resultados. Cada equipo tiene un gran sentido de servicio al cliente, aunque se trate de clientes internos, y la orientación más importante es adoptar y brindar valor a esos clientes.

IDEA 20

Organiza la digitalización de las capacidades y los servicios básicos que serán propiedad de equipos pequeños. Este equipo diseñará, construirá y operará una capacidad valorada por clientes internos y externos. La creación de equipos pequeños da como resultado más innovación, trabajo de mayor calidad y una cultura más sólida.

Los equipos de dos pizzas están organizados en torno a capacidades y servicios, en lugar de organizarse en torno a proyectos. Se espera que, como mínimo, el trabajo continúe al menos durante dos años, y que mejore a través de la repetición. Actualmente, en Amazon hay cientos de equipos de dos pizzas. Muchos son de naturaleza muy técnica, y poseen servicios de tecnología subyacente que impulsan el negocio. Algunos son más funcionales, reúnen e integran otros servicios técnicos para cumplir un objetivo comercial. Un ejemplo de este tipo de equipo puede ser el de promociones o el equipo de imagen. Estos equipos crean una capacidad configurable de clase mundial que las unidades de negocios pueden usar en sus negocios. No todos los equipos de Amazon son de dos pizzas, pero se esfuerza por dividir las organizaciones en equipos bien definidos y orientados a la misión. Mantente fijo en tu visión y flexible en el modelo para satisfacer tus necesidades.

CÓMO HACER UNA PIZZA

Por supuesto, para que cualquier equipo funcione, necesita el personal adecuado. Esto es especialmente cierto para una pequeña banda de *ninjas* operativos, como un equipo de dos pizzas, que no debe tener más de diez personas. El tamaño óptimo, por cierto, es una persona que opera independientemente.

Primero, el dueño del negocio es el líder del equipo. Para un equipo tecnológico de pizzas, los programadores se convierten en clientes y en implementadores; ambos están escribiendo la especificación e implementándola. El equipo está compuesto solo por personas A+. En Amazon, esto se aplica de manera indirecta a través del *Bar Raisers Award* (Premio al que sube el nivel) (ver Idea 43).

El equipo de dos pizzas es autónomo. La interacción con otros equipos es limitada, y cuando ocurre, está bien documentada y las interfaces claramente definidas. Posee y es responsable de cada aspecto de sus sistemas. Uno de los objetivos principales es reducir la sobrecarga de comunicaciones en las organizaciones, incluido el número de reuniones, puntos de coordinación, planificación, pruebas o liberaciones. Los equipos que son más independientes se mueven más rápido.

Comienza con una misión para el equipo. Escribir un Comunicado de Prensa Futuro (Idea 45) es una excelente manera de expresar esto. La calidad y la eficacia del trabajo se mejorarán con la repetición, y se espera que el trabajo evolucione a lo largo de los años. En otras palabras, los equipos se organizan en torno a capacidades y programas centrales a largo plazo, no a proyectos a corto plazo.

En los equipos pequeños se pueden dar sistemas de acoplamiento flexible y una capacidad de entrega más independiente. Este enfoque eficiente habilita las entregas y pruebas iterativas. Un mes de desarrollo y pruebas rápidas que se traduce en retroalimentación basada en hechos, generalmente vale los meses de análisis y las corazonadas de sus ejecutivos.

El equipo de dos pizzas posee sus propios datos. Ningún otro equipo puede acceder o cambiar los datos, excepto a través de las API. Las interfaces de programación de aplicaciones (API) son las interfaces con reglas impuestas que permiten a otros equipos integrar y usar la capacidad del equipo.

Ninguna organización es perfecta. Todas tienen debilidades inherentes. La complejidad de los equipos pequeños e independientes, como los equipos de dos pizzas, puede incluir esfuerzos de coordinación a través de múltiples equipos, pruebas de integración a lo largo de las capacidades, descubrimiento y uso apropiado de los servicios que se pueden usar, y obtener mejoras prioritarias realizadas por otros equipos de los que depende. Pero la responsabilidad, la pasión por la innovación y la agilidad ofrecida son reales, y estas complejidades también existen en la mayoría de las otras estructuras organizativas.

¿PARA COMER AQUÍ O PARA LLEVAR?

Gracias al equipo de dos pizzas, Amazon puede escalar casi indefinidamente. "Si puedes lanzar *x* en *y* sin una reunión o una nueva estructura organizacional, la velocidad de expansión a nuevas categorías está limitada principalmente por tu capacidad de contratación y de logro", señaló el destacado capitalista de riesgo Benedict Evans.[1]

Evans señaló que esto significa que la experiencia de compra para cualquier categoría de producto requiere un modelo de denominador común más bajo, porque no es una cuestión simple para los equipos de la plataforma crear experiencias personalizadas en cada nueva categoría.

"Puedes ver esto a veces como una debilidad si hurgas en muchas categorías. Amazon puede crecer casi indefinidamente a lo ancho, pero no necesariamente en profundidad; por lo tanto, hay preguntas sobre qué categorías podrían *necesitar* una experiencia más profunda", escribió Evans.[2]

Sin embargo, la ventaja es que los equipos de dos pizzas no necesitan trabajar para la organización matriz. Esta ventaja impulsa tanto a AWS como a Marketplace en Amazon, al otorgar a los equipos externos acceso a las dos plataformas primarias de pizzas de Amazon: comercio electrónico y logística.[3]

Entonces, ¿cómo funciona esto para los equipos que están fuera del paraguas de la organización matriz? Al igual que sus compatriotas del equipo de dos pizzas dentro de la organización, los equipos externos de dos pizzas están unidos por un sistema continuo de medición e informe por el cual los resultados en tiempo real de cada equipo son accesibles en toda la organización. La transparencia y la dedicación a las métricas impulsan la misma cultura interna de innovación y velocidad en los equipos externos.

La efectividad del equipo se puede medir mediante una función de aptitud (*fitness function*), que mide el impacto del trabajo de los equipos, es decir, sus aportaciones. La función de aptitud pretende ser un conjunto de métricas a largo plazo que mide el impacto y la efectividad de la tecnología o función. Conseguir un acuerdo respecto de una función de aptitud es un proceso riguroso, y ocurre mucho tiempo después de que se formó un equipo de dos pizzas. En última instancia, se mide en términos del impacto en el cliente y el valor para los accionistas.

Claramente, esta estrategia ha sido tremendamente exitosa para Amazon. Debe estar firmemente integrada en la organización para siempre, ¿cierto? Nada es para siempre en Amazon.

PREGUNAS A CONSIDERAR

1. ¿Alguna vez has sufrido el "impacto de lanzar y abandonar" un proyecto?
2. ¿Cómo podrían afectar los equipos pequeños y multifuncionales las capacidades clave?
3. ¿Cuál sería la misión y los objetivos de tu versión de los equipos de dos pizzas?

NOTAS

1. Benedict Evans, "The Amazon Machine", diciembre 12, 2017, www.ben-evans.com/benedictevans/2017/12/12/the-amazon-machine.
2. *Idem.*
3. *Idem.*

IDEA 21

NUNCA DIGAS NUNCA:

NO PERMITAS QUE LAS OPINIONES PASADAS CREEN UNA TRAMPA

Cuando los hechos cambian,
yo cambio de opinión.

—JOHN MAYNARD KEYNES

Solía decirle a la gente que no era un tipo de California. Vivía en el noroeste y, como la mayoría de los estadounidenses, disfrutaba burlándome de los californianos. "Nunca viviré en California", le decía a cualquiera que me escuchara. "Me encanta visitarla, pero nunca podría vivir allí". Luego, en 2016, nos mudamos de Seattle, al sur de California, tanto por razones profesionales como familiares, y ahora no me puedo imaginar sin vivir allí. Por supuesto, varios de mis amigos me recuerdan mi hipocresía cada vez que tienen una oportunidad. Y no hay mucho que pueda hacer, más que encogerme de hombros y admitir que cambié de opinión. ¡Puedo cambiarla otra vez!

Por supuesto, esta no es una situación particularmente rara. ¿Cuántas veces no solo has dicho algo, sino que lo has creído completamente, para luego lamentarlo? Aunque sucede todo el tiempo, cambiar de opinión en nuestra cultura está visto como un defecto o una debilidad. No en Amazon.

Amazon y Jeff Bezos han cambiado, sin pestañear, de opiniones y estrategias que habían sostenido durante mucho tiempo. "La publicidad es el precio que se paga por un producto mediocre", dijo Bezos en la reunión de accionistas de

2009.[1] Durante las primeras décadas de su existencia, Amazon no gastó prácticamente nada en televisión ni en publicidad impresa, y el presupuesto de mercadotecnia se fue a los envíos gratis. ¿Hoy? No puedes ver un juego de la NFL o la MLB o caminar por un aeropuerto sin ver un anuncio de Amazon Prime o AWS.

IDEA 21

Para la mayoría de las compañías y equipos, volverse digital requiere un cambio en todos los niveles: estrategia, modelos de negocios, equipos, socios y demás. No permitas que tus opiniones pasadas sean un factor limitante en la estrategia correcta que avanza. Las cosas cambian.

Cuando el Editor Ejecutivo de *Fortune*, Adam Lashinsky, le preguntó a Bezos si la compañía se estaba volviendo menos frugal en 2016, Bezos respondió: "Algunas cosas son tan difíciles de medir que solo hay que tomarlas como artículos de fe". Como señaló Lashinsky, esa respuesta indudablemente debía ser leída como un cambio radical o la racionalización de un político. Desde el punto de vista de Bezos, se llama *evolución*.[2]

Cuando estaba en Amazon, creíamos que no tener tiendas físicas minoristas era una ventaja natural para nuestro modelo de negocio. Durante esos años, la idea de una tienda física parecía tan innecesaria como, no sé, una productora de cine propia que hiciera películas y programas de televisión nominados al Oscar. Hoy en día, Amazon no tiene uno sino *varios tipos* de tiendas minoristas: Amazon Lockers, Amazon Bookstores, tiendas de conveniencia Amazon Go y, por supuesto, 480 Whole Foods Markets en los Estados Unidos. Ah, sí, Amazon también tiene una productora de cine propio que realiza películas y programas de televisión nominados al Oscar.

Muchas grandes compañías han caído en la cuneta por consumir su propio Kool-Aid dogmático.* Es fácil confundir la estrategia con la competencia, la capacidad central. Los tiempos cambian y las situaciones cambian, por lo que las estrategias deben cambiar y la administración también debe estar dispuesta a cambiar. Ten mucho cuidado de que tus opciones no queden limitadas por los compromisos que realices, ya que la capacidad de cambiar puede significar la diferencia entre la supervivencia y la extinción de tu organización.

Puedo enumerar muchas marcas en Amazon que alguna vez afirmaron que nunca venderían en Amazon. La mayoría se vieron obligadas a reconsiderar para no perder el control del canal. ¿Crees que nunca irás directo a los clientes? Te prometo que continuar comprometido exclusivamente con los distribuidores en los próximos años podrá ser difícil.

TU CÁMARA DE RESONANCIA

¿Alguna vez has oído hablar del *sesgo de confirmación*? El sesgo de confirmación es una tendencia humana natural a encontrar datos, historias y personas que validan la forma en que vemos el mundo y lo que creemos que es verdadero y creíble. Para un innovador, este es un conjunto de ideas y enfoques peligrosos y limitantes. No escuchas cuáles son tus verdaderos riesgos y debilidades. Estos son tus puntos ciegos.

El principio 4 de liderazgo de Amazon dice: “Los líderes, casi siempre, tienen razón”. Tienen buen criterio e intuición. Están abiertos a escuchar opiniones distintas y cuestionan sus propias

---

* Referencia cultural. La frase “Beber el Kool-Aid” ha llegado a significar en los Estados Unidos obedecer un dogma sin cuestionarlo, después de que los seguidores de un culto en Guyana se suicidaron tomando cianuro mezclado con esa bebida en polvo. [*N. de la T.*].

creencias.[3] Ser conscientes del sesgo de confirmación y de que los líderes deben buscar activamente opiniones y datos diversos para anular esa tendencia humana a confirmar lo que ya creen, quizá sea el requisito más antinatural que se les pida a los líderes en Amazon. Pero así es como identificas el riesgo y ves a través de tu sesgo.

Debido a la cantidad de empleados de Amazon, **más de 500 000,** la empresa está en la mira de las políticas laborales. En 2018, el senador Bernie Sanders criticaba las políticas de pago por hora de los empleados de Amazon,. Al principio Amazon se mostró a la defensiva sobre los beneficios, salarios y condiciones de trabajo. Pero, detrás de escena, Amazon escuchó el mensaje, y el cambio se puso en marcha rápidamente:

> En septiembre de 2018, Amazon anunció un salario mínimo de US $15 por hora, más del doble de la cantidad requerida por las autoridades, y lo hizo efectivo en todo el mundo a partir del 1° de noviembre. "Escuchamos a nuestros críticos, pensamos mucho en lo que queríamos hacer y decidimos que queremos resolver", dijo Jeff Bezos cuando la compañía anunció la nueva escala salarial. "Estamos entusiasmados con este cambio y alentamos a nuestros competidores y otros grandes empleadores a unirse a nosotros".[4]

¿Cuál es tu cámara de resonancia? Pregúntate: "¿Cuáles son los supuestos, estrategias, creencias o valores que podrían haber sido las perspectivas correctas para los negocios de ayer, pero que podrían limitarnos para seguir adelante?". Intenta ver tu modelo de negocio de manera objetiva. Contrata personas que sigan preguntando *por qué*. Los días de hacer las cosas de una manera, porque siempre se han hecho así, han seguido el camino de Kodak, el epítome de quien desperdició la oportunidad digital.

Kodak nunca capitalizó la tecnología de la cámara digital que ayudó a crear. Kodak también se equivocó profundamente cuando debió adaptarse a los consumidores que querían manipular sus fotos. Pisoteó las tecnologías acompañantes y las fuerzas del mercado que las rodearon.[5] Estoy dispuesto a apostar que Kodak desearía poder dar marcha atrás a los últimos veinte años para admitir que estaba equivocado un poco antes de lo que lo hizo.

¿Crees que no te puede pasar a ti?

PREGUNTAS A CONSIDERAR

1. ¿Trabajan tus líderes *senior* para cuestionar sus propias creencias?
2. ¿Existen supuestos básicos que limitan la forma en que defines tu negocio?
3. ¿Qué puntos ciegos podrías tener en tu estrategia?

NOTAS

1. Andrea James, "Amazon's Jeff Bezos on Kindle, Advertising, and Being Green", *Seattle-PI*, mayo 28, 2009.
2. Adam Lashinsky, "The Evolution of Jeff Bezos", *Forbes*, marzo 24, 2016.
3. Amazon, "Leadership Principles", *Amazon Jobs*, https://www.amazon.jobs/en/principles.
4. Bill Chappell y Laurel Wamsley, "Amazon Sets $15 Minimum Wage for U.S. Employees, Including Temps", *NPR*, octubre 2, 2018, https://www.npr.org/2018/10/02/653597466/amazon-sets-15-minimum-wage-for-u-s-employees-including-temps.
5. Pete Pachal, "How Kodak Squandered Every Single Digital Opportunity It Had", *Mashable*, enero 20, 2012.

INCANSABLE.COM

EXCELENCIA OPERATIVA DE ÚLTIMA GENERACIÓN

> Somos lo que hacemos repetidamente.
> La excelencia, entonces, no es un acto
> sino un hábito.
>
> —ARISTÓTELES

Los medios de comunicación a menudo usan la frase "el efecto Amazon" para describir cómo Amazon ha afectado a una industria, generalmente la minorista, o para hablar sobre cómo Amazon ha cambiado significativamente las expectativas de los clientes.

Si bien el interminable camino de disrupción de Amazon siempre es un buen *clickbait* (conseguir que la gente cliquee algún botón de forma inevitable), el veradero efecto de Amazon es la excelencia operacional. Claro, Amazon afecta profundamente a las industrias, pero la verdadera fuerza detrás de su éxito es su increíble selección, excelente precio, entrega rápida, confiabilidad, devolución sin problemas y garantía. ¿Cómo entrega Amazon esos intangibles, todos los días, al 99.9% de los clientes, en una increíble escala de categorías y geografías? Es incansable.

En Amazon, todo, cada proceso, cada experiencia del cliente y cada función tiene un plan de mejora y una hoja de ruta. La mayoría no se financia, pero todo tiene un plan.

Compara eso con la típica compañía donde, aparte de la reorganización ocasional, los procesos que no fallan permanecen prácticamente iguales año tras año. Las mejoras a menudo son impulsadas por el ciclo de actualización del sistema de planificación de recursos empresariales (ERP).

IDEA 22

Las expectativas de los clientes están aumentando en todos los sectores y experiencias. Cumplir con esas expectativas y competir en la era digital se consigue gracias a la excelencia operativa. Las experiencias digitales y el *Internet de las cosas (IdC)* ofrecen oportunidades para mejorar tus programas de excelencia operativa.

En los principios de liderazgo de Amazon y en la historia de la empresa puedes encontrar pistas de mejora continua. Originalmente, Bezos nombró a su compañía Relentless.com. *Relentless* significa incansable. De hecho, si escribes www.relentless.com en el navegador, te llevará a Amazon.com. Aunque finalmente decidió no usar un nombre tan literal para su compañía, "incansable" aún describe perfectamente la naturaleza de Amazon. La compañía está decidida a explorar y reinventarse constantemente a través de principios de liderazgo clave y una creencia inquebrantable en el poder de la tecnología. La dedicación de Amazon a la mejora continua es una parte clave de la cultura de la empresa.

Un buen amigo mío, David Wood, es el fundador de Eventene, una compañía que vende una aplicación que ayuda a coordinar eventos complejos. Él y yo estábamos discutiendo qué significaba "ser digital". David dijo que cree que ser digital en gran parte es el "esfuerzo incesante por reducir las ineficiencias". Las *ineficiencias* no son un eufemismo para los recortes de costos y los despidos. El término puede referirse a problemas de calidad, duración de ciclos, y contactos y problemas con los clientes, entre otros. Estas son oportunidades para innovar, utilizando datos para resolver problemas que afectan a los clientes, la seguridad de los trabajadores, la competitividad y la rentabilidad. Este es un buen resumen de la búsqueda eterna de Amazon.

Esta expectativa de toda la compañía se ve reforzada por el proceso de evaluación de Amazon, que califica a los empleados para conocer características tales como su compromiso con la mejora continua: "Siempre busca formas de mejorar a Amazon. Toma decisiones para el éxito a largo plazo. Investiga y toma medidas para satisfacer las necesidades actuales y futuras de los clientes. No teme sugerir ideas y metas audaces. Demuestra audacia y valentía para probar nuevos enfoques".

Por supuesto, Amazon es solo una de las muchas empresas que han encontrado valor concentrándose en la mejora continua. Es probable que estés familiarizado al menos con una de las siguientes metodologías empresariales que ha inspirado la *mejora continua*:

- **Eficiencia:** La filosofía de crear más valor para el cliente con menos recursos.
- **Sistema de producción de Toyota (TPS):** Un enfoque de gestión con la intención de eliminar desperdicios. El TPS incluye estrategias clave, como la demanda de inventario *justo a tiempo* (JIT) y las señales de administración.
- **Control estadístico de procesos (SPC):** Un sistema para alcanzar y mantener la calidad a través de herramientas estadísticas. SPC hace hincapié en la eliminación de la causa fundamental de la variación.
- **Sistemas de gestión de calidad ISO 9000:** Un conjunto de estándares de certificación de calidad basados en ocho principios de gestión, incluida la mejora continua y la toma de decisiones basada en hechos.

- **Six Sigma:** Una metodología basada en datos para eliminar defectos, bajar costos y reducir desperdicios.

Estas estrategias permiten a los empleados recopilar datos y actuar de acuerdo con la información que estos proporcionan. Se anima a los empleados a impulsar el cambio y la mejora desde dentro. La introducción de dispositivos conectados por todas partes ha cambiado las reglas del juego de datos, creando la posibilidad de que los bucles (*loops*) de retroalimentación en tiempo real impulsen los programas de mejora continua. Esta tecnología inyecta la búsqueda de excelencia operacional con combustible de cohetes. En lugar de vivir en un mundo de recopilación manual de datos, que crea conjuntos de datos limitados, lentos y obsoletos, las organizaciones pueden aprovechar un flujo exponencial de datos costeables en tiempo real. Esa avalancha de datos permite a las empresas centrarse en realizar mejoras continuas en sus sistemas internos, ahorrándoles tiempo y dinero, a la vez que aumentan la productividad y la consistencia.

CÓMO LLEVÓ AMAZON LAS OPERACIONES DE BUENAS A GRANDIOSAS

Hoy en día, las operaciones de Amazon, la forma en que distribuyen, envían, rastrean y entregan sus pedidos, son de clase mundial. Pero no comenzaron de esa manera. Amazon midió, refinó y ejecutó su camino hacia la grandeza. Abrazó la mejora continua como forma de vida.

Al incorporar esa dedicación a la cultura de su compañía y al crear una herencia de mejora operativa, Amazon ha podido construir instalaciones de alta calidad y bajo costo en todo el mundo. Ahora cuenta con trescientos centros logísticos en 14 países.[1]

Ese tipo de consistencia le da a Amazon la confianza y la competencia para garantizar un servicio increíble: Amazon Fresh, el servicio de entrega de comestibles en el hogar de Amazon, permite a los clientes calcular la entrega en un plazo de 15 minutos. Ese tipo de servicio al cliente requiere una increíble capacidad de pronóstico y ejecución, una capacidad basada en la herencia de la cadena de suministro de clase mundial de Amazon.

Ese nivel de precisión no sería posible si Amazon no hubiera hecho un esfuerzo concertado para aprovechar los dispositivos conectados y los datos que proporcionan.

A principios de la década de 2000, los líderes de las capacidades de logística y operaciones de Amazon decidieron implementar Six Sigma, un enfoque de cinco pasos basado en datos para eliminar defectos en un proceso. Definir, medir, analizar, implementar y controlar, o como se menciona en Six Sigma, DMAIC. Este es el ciclo de mejora de raíz, y establece los pasos y la mentalidad metódicos y medidos para reducir al máximo defectos, costos y tiempos de ciclo.

Six Sigma fue presentado por Bill Smith, un ingeniero de Motorola, en 1986. En 1995, Jack Welch lo usó en General Electric con mucho éxito. El término en sí se usa para describir un proceso de fabricación que está libre de defectos hasta seis desviaciones estándar*. En otras palabras, el proceso es 99.9996% exacto.

Uno de los desafíos de completar una iniciativa Six Sigma es que gran parte del esfuerzo, generalmente hasta un 25%, reside en la recopilación de datos. Dependiendo del proyecto, la recopilación manual de datos puede ser no solo difícil sino también inexacta. Los datos en sí son a menudo de calidad cuestionable, desviados por sesgos o acortados debido al tiempo y al esfuerzo.

---

* En estadística se usa la sigma minúscula para representar la desviación estándar. *Six Sigma*, o Sigma Seis e incluso Seis Sigma, se refiere a que el método aprueba artículos con una desviación máxima de seis sigmas. [*N. de la T.*].

Dados estos retos, Six Sigma certifica a los profesionales en un conjunto de métodos de gestión de calidad empíricos y estadísticos para ayudarlos a ejecutar el proceso con éxito. Estos profesionales se instalan en una organización durante un proceso Six Sigma para asegurarse de que todo se complete con éxito.

Hay varios niveles de certificación Six Sigma, pero el más completo se llama *Black Belt* (Cinta Negra). Los practicantes de *Black Belt* han recibido una capacitación significativa y están profundamente interesados en la aplicación de Six Sigma. Los cintas negra, en general, son ágiles solucionadores de problemas, buenos administradores de proyectos y facilitadores. Son astutos en la recopilación de datos y tienen una sólida formación en estadística y matemáticas.

Como puedes imaginar, las personas que tienen estas habilidades también son muy buscadas y bien compensadas. Crear un equipo de Black Belts dentro de una organización es uno de los mayores factores de costo de las iniciativas Six Sigma.

Ahí es donde entra lo digital.

El uso de dispositivos conectados para recopilar datos libera a los Black Belts en una organización para abordar más proyectos. También lleva a las iniciativas de Six Sigma más rápido y a un conjunto de datos mucho más rico y confiable.

Los dispositivos conectados pueden brindar visibilidad a las condiciones operativas de la empresa, brindando información en tiempo real sobre el flujo, el estatus y el estado de los elementos clave del proceso. Esto no solo mejora la comprensión de las mejoras necesarias, sino que también crea una forma de escalar las operaciones con calidad activa y medidas integradas en el proceso.

Cuando Amazon integró Six Sigma en sus operaciones, la compañía experimentaba una desconexión en un proceso que llama SLAM. *SLAM* significa el proceso de envío (*ship*), etiquetado (*label*) y creación de orden de envío (*manifest*). Cada vez que se ordena algo en Amazon, por ejemplo, una impresora, esa impresora se coloca en una caja en una de las instalaciones de logística de Amazon; se etiqueta, se clasifica y se conduce a través del centro de logística, hasta que finalmente se coloca en un camión de salida. Ese es el proceso SLAM. En máxima operación, Amazon envía más de un millón de paquetes al día.

Cuando se introdujo Six Sigma, los paquetes se etiquetaban y se movían en cintas transportadoras antes de ser ordenados manualmente y entregados a la estación de carga correcta. Esto funcionaba bien la mayor parte del tiempo, pero no había una confirmación final de que el paquete hubiera llegado realmente al camión correcto, y no había visibilidad, para la empresa o para el cliente, sobre dónde se encontraba exactamente un paquete en el proceso de salida. Como resultado, los paquetes se extraviaban ocasionalmente.

Un error ocasional no suena como un gran problema, pero en el transcurso de un año, los errores pueden costarle a una empresa como Amazon millones de dólares. Y lo que es más importante, incluso una sola mala clasificación rompe la promesa subyacente de Amazon a sus clientes: que todos sus pedidos llegarán a tiempo.

Para Amazon, la solución fue crear una *confirmación automatizada positiva*, o visibilidad, de que un paquete se había movido correctamente a través de todos los puntos de control logísticos después de que se le hubiera aplicado la etiqueta de envío. El cambio fue simple en concepto, pero increíblemente complicado en la implementación.

Para ejecutarlo, Amazon instaló sensores y lectores en todo su sistema transportador. Los sensores escaneaban automáticamente el código de barras de un paquete, a medida que avanzaba a través del proceso de SLAM. Dado que los paquetes se escaneaban hacia áreas de almacenamiento específicas del destino, los sensores permitían a Amazon rastrear el paradero de paquetes específicos en cualquier momento del proceso SLAM. Además, cuando los empleados de Amazon cargaban esos paquetes en los camiones de salida, los escáneres en las puertas de la bahía los alertaban si un paquete estaba a punto de cargarse en el camión equivocado.

Al crear un sistema de confirmación positiva para sus paquetes, Amazon redujo sus fallas dentro de un rango de precisión del 0.0004% de Six Sigma. Eso es menos de cuatro paquetes desviados en cada millón.

La perfección es la meta, pero nunca se alcanza. Es agotador y te hace humilde. ¿Cuál es el truco para continuar? Debes ser incansable... y aprovechar el *trabajo de otras personas* (TOP).

PREGUNTAS A CONSIDERAR

1. ¿La excelencia operativa está dando resultados en tu organización?
2. ¿Estás logrando mejoras e ideas para una innovación significativa a través de la excelencia operativa?
3. ¿Están capacitados los líderes del equipo en excelencia operativa?
4. ¿Cómo podrían los sensores y el Internet de las cosas (IdC) mejorar el impacto de la excelencia operativa?

NOTAS

1. Marc Wulfraat, "Amazon Global Fulfillment Center Network", *MWPVL International*, agosto 2016, http://www.mwpvl.com/html/amazon_com.html.

TOP:
LA ESTRATEGIA DEL TRABAJO DE OTRAS PERSONAS

> Elijo a una persona perezosa para hacer un trabajo duro. Porque una persona perezosa encontrará una manera fácil de hacerlo.
>
> —BILL GATES

Las ideas originales son escasas. Sin embargo, cualquiera puede llenar una caja de herramientas con las grandes ideas existentes y aprender a aplicar las correctas en los momentos correctos. Cuando era un socio consultor en Arthur Andersen, sabía que alguien más había creado una metodología, una herramienta, una propuesta o un análisis que podrían ayudarme. Solo necesitaba saber cómo encontrarlos.

Como Jim Collins ha señalado, el mejor le gana al primero. "A lo largo de toda la historia del cambio tecnológico y económico, aparece el patrón según el cual el segundo (o tercer o cuarto) que entra al mercado prevalece sobre los pioneros", escribió Collins en 2000, enumerando a IBM, Boeing, American Express y Disneylandia como prueba de su teoría.[1]

¿Por qué? Porque el primero en el mercado no siempre lo hace bien. Los productos que siguen directamente detrás tienden a obtener todo lo que hizo el pionero, sin los costosos errores. Si alguna vez has subido una colina a través de la nieve profunda, sabes que es mucho más fácil ser el número 2 que ser el tipo que está adelante en la cuesta.

Si bien la teoría de Collins opera en una escala macroorganizacional, también se aplica de muchas maneras a las operaciones detalladas dentro de una organización. Ni siquiera Amazon puede automatizar la mayoría de la actividad comercial. Una de mis estrategias favoritas para lidiar con este hecho es la utilización del *trabajo de otras personas* (TOP). En muchos casos, la mejor manera de escalar un residuo inevitable de trabajo manual es capacitar y motivar a otras personas para que lo hagan.

IDEA 23

Para un trabajo repetible y destinado a crecer significativamente o experimentar picos drásticos, encuentra formas de que otras personas lo hagan por ti. Al encontrar a otros que contribuyan de manera clave en una capacidad central, al mismo tiempo que proteges tu marca y la experiencia del cliente, transformarás la tecnología subyacente y la filosofía operativa.

EL TRABAJO DE OTRAS PERSONAS Y EL MECHANICAL TURK

Considera solo dos de las muchas tareas que se deben realizar al crear un sitio web de comercio electrónico con una gama de productos virtualmente infinita: *1)* evaluar la calidad de las imágenes de los productos y *2)* escribir descripciones de productos claras y precisas. Ninguna de las dos las puede manejar una computadora de modo efectivo. En lugar de contratar a un vasto ejército de personas para realizar estas tareas pequeñas, pero esenciales y prácticamente infinitas, Amazon las entregó a sus clientes y socios. Creó una herramienta de gestión de imágenes de productos que recopilaba los comentarios de los clientes, les permitía comparar imágenes e informar sobre contenido ofensivo o irrelevante. Funcionó extremadamente bien.

En poco tiempo, Amazon estaba usando TOP para administrar otros procesos que no podían ser automatizados. Las revisiones de los clientes, que fueron controvertidas cuando Amazon las presentó, son probablemente el ejemplo más conocido de TOP. Permite a miles de clientes de Amazon manejar la tarea de describir, calificar y categorizar productos para el beneficio de millones de otros usuarios.

Con el enfoque correcto, casi todas las empresas pueden encontrar oportunidades para TOP. Muchos de mis clientes actuales están descubriendo que permitir que los proveedores, clientes o socios comerciales realicen actividades para las que tienen una mayor motivación y una mejor experiencia puede ser un paso poderoso hacia la transformación de sus negocios, mientras reducen drásticamente sus costos.

Con el tiempo, el concepto básico de TOP de Amazon se actualizó en una plataforma para que otros la usen, llamada Amazon Mechanical Turk. Es un mercado en línea que da acceso a las empresas a un ejército escalable, flexible y bajo demanda de trabajadores independientes, que pueden contratar para atender tareas pequeñas y manuales. Innumerables compañías utilizan esta plataforma a diario para aprovechar una base de empleo mundial, y por supuesto, Amazon gana dinero cada vez que lo hacen.

Hoy, empresas como Uber y Airbnb han llevado el concepto de TOP un paso más allá. Además de utilizar el trabajo de otras personas, también utilizan los recursos de estas personas, es decir, sus automóviles y sus hogares.

TOP Y LA PLATAFORMA DE VENTA DE TERCEROS

Cuando me uní a Amazon con el mandato de crear su plataforma de venta de terceros, este mercado estaba dominado por eBay. La mentalidad de eBay era muy *laissez-faire*; simplemente conectaban a los compradores con los vendedores, tomando poca responsabilidad por la experiencia del cliente o la confianza entre los socios comerciales y los compradores. Si buscabas un modelo específico de cámara, podías obtener páginas y páginas de listados individuales que no ofrecían ayuda para comprender cómo comparar los artículos o las ofertas. (Incidentalmente, eBay ha cambiado y mejorado significativamente en muchas de estas áreas, principalmente debido a la presión del éxito de Amazon Marketplace).

En contraste, definimos tres principios de diseño principales que fueron importantes para nosotros en la construcción de nuestro negocio de mercado de terceros:

1. Presentar al cliente un solo artículo acompañado de una lista fácil de comparar, con las opciones de los que venden ese artículo. A este principio de diseño lo denominamos *autoridad del artículo*. Creamos una sola definición del artículo, que permite que varios vendedores, incluido Amazon, realice ofertas para vender el artículo. Queríamos crear un mercado donde los vendedores compitieran por el pedido de una manera que beneficiara al cliente.

2. Hacer posible que los clientes confiaran en nuestros vendedores terceros tanto como confiaban en Amazon. Hicimos operativo el concepto de *confianza del vendedor* de varias maneras.

3. Ofrecimos excelentes herramientas para el vendedor, incluidos múltiples métodos de venta y abundante información para ayudar a los socios comerciales a operar sus negocios en Amazon. Para los pequeños vendedores, se necesitaban herramientas simples. Para vendedores más sofisticados de alto volumen, se deben proporcionar diferentes tipos de capacidades integradas. La documentación, las métricas operativas, los entornos de prueba y los socios de servicios profesionales deben desarrollarse

para ayudar a los vendedores a tener éxito, y al mismo tiempo mantener reducido el equipo de Amazon.

Obviamente, este era un programa ambicioso que requería una integración altamente compleja entre los vendedores y Amazon. Para mí estaba claro que Amazon simplemente no tenía los recursos humanos para gobernar manualmente una plataforma como esta, a escala. Tuvimos que hacer que el mercado de terceros fuera de autoservicio. Tuvimos que proporcionar herramientas fáciles de usar y altamente intuitivas para los vendedores, así como un sistema que de alguna manera eliminara a los vendedores que no estuvieran a la altura del mercado para mantener alta la confianza del cliente.

Rápidamente nos dimos cuenta de que la única forma de lograr todo esto era tomar una página del libro TOP. Afortunadamente, Jeff Bezos sonríe ante proyectos diseñados para escalar un negocio en una plataforma de autoservicio.

Amazon continúa utilizando TOP como un primer principio o concepto fundamental en la estrategia de construcción. Por ejemplo, Amazon Flex, que tiene controladores independientes que recogen paquetes para su entrega en los centros logísticos de Amazon, es un TOP en su núcleo. Amazon Flex es similar a Uber para la entrega de paquetes. Una persona independiente con un automóvil se registra para hacer entregas por parte de Amazon. Este conductor llega a un centro logístico de Amazon, recibe órdenes asignadas para entregar y pone las cajas en su automóvil. Los conductores utilizan la aplicación Flex para navegar y confirmar la entrega de los paquetes a la puerta del cliente. Este modelo de agente independiente le permite a Amazon tener otra opción de entrega en la recta final para su negocio minorista.

¿Cuáles de tus capacidades necesitan una estrategia TOP? Conseguir contratistas es una forma, pero por lo general no proporciona el apalancamiento, la ventaja económica o la escalabilidad que la tecnología ofrece para equipar a una fuerza laboral flexible que tenga los incentivos adecuados para hacer el trabajo. No olvides que sigues siendo responsable de la calidad y los resultados, y parte de lo que tu tecnología debe hacer es crear métricas y esquemas de seguimiento excelentes para garantizar la calidad.

Una de las técnicas favoritas de Bezos para lograr esto es la *función de forzamiento*: un conjunto de pautas, restricciones o compromisos que fuerzan un resultado deseable sin tener que administrar todos los detalles para que esto ocurra.

PREGUNTAS PARA CONSIDERAR

1. ¿Qué actividades manuales en tu negocio se podrían beneficiar de una estrategia TOP?
2. ¿Podrías construir las herramientas adecuadas para crear y administrar pequeñas piezas de trabajo bien definido? ¿Proporcionaría esto mejoras incluso si el trabajo fuera realizado externamente?
3. ¿Cómo creas flexibilidad para los picos en tu negocio? ¿Qué estrategia digital podría ayudar?

NOTAS

1. Jim Collins, "Best Beats First", *Inc.*, agosto 2000.

LA MAGIA DE LAS FUNCIONES DE FORZAMIENTO:

HAZLAS BIEN Y TUS EQUIPOS DESPEGARÁN

Si quieres que algo se haga bien,
hazlo tú mismo.

—NAPOLEÓN BONAPARTE

¿Cómo obtiene un líder los resultados correctos sin microgestionar? ¿Cómo un negocio desarrolla agilidad mientras mantiene altos estándares de éxito? ¿Cómo empoderas al equipo mientras minimizas el riesgo? Pon demasiada gobernanza en estos equipos, y los retrasarás y detendrás su crecimiento como líderes. Presta muy poca atención y supervisión, y es posible que debas rendir cuentas por malos resultados. ¿Uno de los secretos de Amazon? *Funciones de forzamiento*.

Una función de forzamiento es un conjunto de pautas, restricciones, requisitos o compromisos que fuerzan o dirigen un resultado deseable sin tener que administrar todos los detalles para que esto ocurra. Las funciones de forzamiento son una poderosa técnica utilizada en Amazon para imponer una estrategia o un cambio o para lanzar un proyecto difícil.

Muchas de las ideas descritas en este libro son funciones de forzamiento. Por ejemplo, tener conversaciones profundas sobre métricas con un equipo al frente le permite a un líder prestar menos atención al equipo porque sabe que ellos están midiendo los resultados correctos. Las funciones de forzamiento deben realizarse con anticipación y diseñarse estratégicamente, y deben ir acompañadas de una comunicación abierta y constante. Hazle saber al equipo que "esta es una de función de forzamiento".

En pocas palabras, la función de forzamiento es una restricción en la conformación del comportamiento, no muy diferente a la barrera que separa los carriles en una autopista. Existe para evitar que tu proyecto u objetivo se desvíe hacia el tráfico que se aproxima.

IDEA 24

Para equilibrar la obtención de los resultados correctos y evitar la burocracia y la administración centralizada, los líderes deben desarrollar enfoques que ayuden a obtener los resultados correctos, sin tener que prestar tanta atención al equipo o la función. Estos enfoques se denominan *funciones de forzamiento.* El diseño de estas estrategias al inicio de un programa o estrategia alinea las expectativas y permite a los líderes del programa operar con autoridad y expectativas claras.

VENDEDORES TERCEROS: INVENTAR UNA PLATAFORMA Y HACERLA SENCILLA

Uno de los mejores ejemplos del principio de inventar y simplificar es el negocio que me trajo a Amazon en primer lugar, el desarrollo de la plataforma de terceros.

A fines de 2001, trabajaba en una empresa de tecnología en Seattle y buscaba activamente el siguiente reto importante, tanto en mi propia carrera como en el mundo de los negocios en general. Jason Child, un colega de mis días en Arthur Andersen, me presentó a Jason Kilar (quien luego se convirtió en el fundador y CEO de Hulu). Ellos me invitaron a entrevistarme en Amazon. Me dijeron que el candidato exitoso lideraría un negocio responsable de diseñar y operar algo que permitiera a terceros vender en Amazon.

Durante los siguientes dos meses, tuve 23 entrevistas en Amazon. Fue, sin lugar a dudas, el proceso de contratación más exhaustivo e intenso que jamás haya experimentado. Lo que realmente estábamos haciendo en esas entrevistas era refinar la estrategia y hacer una lluvia de ideas sobre los requisitos de un negocio de venta de terceros. Ya existía un precursor. Desafortunadamente, zSHOP se definió en gran medida por su horrible experiencia del cliente y su inventario de mala calidad. Recuerdo haber pensado: "Bueno, la idea está ahí, pero lo que escucho son algunos planes y expectativas bastante vagos".

Finalmente, fui contratado para liderar el lanzamiento del negocio de terceros como el primer director de integración de socios comerciales de Amazon. Tenía la responsabilidad directa de administrar a todos los socios comerciales (también conocidos como proveedores) que íbamos a incorporar para la apertura de la categoría de ropa a finales de 2002, incluidas marcas como Nordstrom, Gap, Eddie Bauer y Macy's. Pero también fui responsable de hacer que la experiencia del vendedor de terceros de Amazon fuera tan efectiva y sin fricciones como la experiencia del cliente. Nos dimos cuenta de que, sin una cultura de experiencia del vendedor, el nuevo negocio no tendría éxito, y adoptamos el *éxito del vendedor* como nuestra misión.

Implementamos una función de forzamiento utilizando un *comunicado de prensa futuro* (Idea 45). El comunicado de prensa futuro decía que "un vendedor tercero, en mitad de la noche, sin hablar con nadie, podría registrarse, listar un artículo, completar un pedido y complacer a un cliente como si Amazon, el minorista, hubiera recibido la orden". Esta sencilla oración impuso una gran cantidad de integración y coordinación de operaciones entre Amazon Marketplace y nuestros vendedores. Y tuvimos que escalar esto a decenas de miles de vendedores sin agregar tantos empleados en Amazon. Tenía que hacerse a manera de autoservicio. Esta función de forzamiento hizo su trabajo previsto. Diseñamos herramientas, procesos, métricas y monitoreo para permitir que los vendedores iniciaran y operaran sus negocios en Amazon con sorprendentemente poco apoyo de Amazon. Sin embargo, sabíamos, y el vendedor sabía, si estaban atendiendo a los clientes de la forma que Amazon exigía.

Otro ejemplo de una función de forzamiento fue el concepto de *personal directo* frente al *indirecto*. La *contratación directa* para un proyecto normalmente incluiría ingenieros de desarrollo de sistemas (SDE, por sus siglas en inglés), gerentes de programas técnicos y personas que negociaran contratos, como gerentes de proveedores. En la mente de Bezos, estas eran las habilidades esenciales para construir una empresa escalable. Todas las demás personas, todas aquellas que no crearan una mejor experiencia para el cliente directamente, se consideraban indirectas. La función de forzamiento hacía que la adquisición de personal directo fuera relativamente fácil de aprobar. Sin embargo, la contratación indirecta estaba limitada y tenía que justificarse demostrando que disminuiría con la escala en el negocio.

Al desarrollar el negocio de terceros, mi contratación indirecta consistió en los gerentes de cuentas que contraté para ayudar a los socios comerciales a completar su integración en Amazon. Estos gerentes de cuentas inicialmente lanzaron de 15 a 20 socios comerciales a la vez, pero en poco tiempo lanzaban de 50 a 100 socios comerciales. Con el tiempo el número fue astronómico. Esto se habilitó mediante una serie de estrategias, que incluyeron la creación de una variedad de formas para que los vendedores se integraran en Amazon, creando una gran documentación y ejemplos, proporcionando un entorno de prueba y un proceso de certificación para que el vendedor pudiera evaluar cuándo estaba listo para el lanzamiento, y construir un ecosistema de socios que pudiera ayudar a los vendedores que necesitaran consultoría. La función de forzamiento hizo exactamente lo que estaba previsto: nos permitió crear capacidades y procesos que se escalaron bien y se hicieron más eficientes con el tiempo.

Nuestro equipo de integración de socios comerciales construyó herramientas, métricas, tableros, alarmas y otras capacidades para ayudar a los vendedores a cumplir con todos sus compromisos contractuales con nosotros y cumplir con los altos estándares de nuestro mercado y, en última instancia, con las expectativas de sus clientes. También construimos varias herramientas tecnológicas y operativas para monitorear su desempeño. Por ejemplo, vigilamos el precio y la disponibilidad de un artículo en el propio sitio web del vendedor para asegurarnos de que no fuera menos costoso o más fácil comprarlo en ese sitio web que en Amazon Marketplace, y marcamos a los vendedores que hicieron compromisos irrazonables o fracasaron en mantener sus promesas.

Finalmente, creamos un índice de confianza del vendedor, basado en todos los puntos de contacto entre el socio comercial y el cliente, así como todas las promesas hechas por el comerciante. Todos los vendedores podrían rastrear las respuestas a preguntas como "¿Mi contenido es bueno?", "¿Estoy cumpliendo con mis pedidos a tiempo?", "¿Estoy administrando las devoluciones correctamente?", "¿Mis comentarios de los clientes son buenos?". Todo esto se convirtió luego en un índice agregado que dio un puntaje para cada vendedor. Utilizamos muchas funciones y algoritmos para recompensar a los vendedores de alto rendimiento, por ejemplo, al hacer que estos se ubicaran en la parte superior de los resultados de búsqueda. De esta manera, el mercado de terceros se convirtió en una meritocracia altamente eficiente y en gran parte autónoma. Si el puntaje de un vendedor era realmente bajo, nuestro equipo de administración tendría varias discusiones con ellos antes de eliminarlos de la plataforma.

Igualmente importante fue la autoridad del artículo (*Item Authority*). Engañosamente simple a primera vista, fue quizás el invento por excelencia del programa comercial, simplificando la innovación y una de las principales razones de nuestro éxito. Con el fin de aumentar la selección de artículos, su disponibilidad y la competencia de precios, inscribíamos a varios vendedores de los mismos artículos. La autoridad del artículo concentraba en una página todos los diversos contenidos de los vendedores que vendían el mismo artículo. Esto obligó a los vendedores a competir en precio, selección y conveniencia, a la vez que mejoraban notablemente la experiencia del cliente. En lugar de tener que buscar la mejor oferta de un artículo en páginas y páginas, que era esencialmente el funcionamiento de eBay en ese momento, se presentaban a los clientes las ofertas más competitivas en un solo lugar.

En conjunto, todas estas innovaciones funcionaron notablemente bien. En la actualidad, hay más de dos millones de vendedores terceros en Amazon Marketplace, que representan aproximadamente el 50% de todas las unidades de Amazon enviadas y vendidas.

TUS IDEAS DE LA FUNCIÓN DE FORZAMIENTO

¿Cuáles son los tipos de funciones de forzamiento que pueden implementarse en una estrategia o programa que permitirá a los líderes de la iniciativa conducir con mayor autonomía y poder?

Un resumen rápido incluye narraciones (Idea 44) y comunicados de prensa futuros (Idea 45) que dicten requisitos claros o un estado deseado. Describir el requisito o resultado, no de qué manera se cumple. Los objetivos de rendimiento y las métricas clave pueden ser excelentes funciones de forzamiento, pero tú debes ser inteligente. Concéntrate en las métricas de entrada: métricas que están más bajo el control del equipo, que en las métricas de salida, como los ingresos. Por lo tanto, un objetivo como "disminuir los errores de calidad en un 90%" o "latencia máxima del sistema de 0.5 segundos" puede ser apropiado, pero "aumentar los ingresos a $2 millones en el Q1" podría no ser una buena función de forzamiento. Puede ser un gran objetivo, pero no restringe ni dicta cómo sucede esto; no fuerza el resultado.

¿Cómo sabrás si tus funciones de forzamiento están dando resultado? Comenzarán a acelerar tu innovación, ejecutarás y obtendrás mejores resultados, y de repente los volantes de negocios comenzarán a girar más rápido. Entonces, ¿qué es un volante?

PREGUNTAS A CONSIDERAR

1. ¿Estás utilizando funciones de forzamiento en tu organización? ¿Están haciendo su trabajo?
2. ¿Dónde podrían ayudar las funciones de forzamiento para garantizar un mejor resultado?
3. ¿Realizas un seguimiento de los compromisos adquiridos y los presentas en las revisiones?

¿CUÁL ES TU VOLANTE?

PENSAMIENTO DE SISTEMAS EN EL DESARROLLO DE LA ESTRATEGIA

El consumidor es el punto más importante
en la línea de producción.

—W. EDWARDS DEMIN

El volante* minorista de Amazon es famoso. Sin embargo, ¿qué es exactamente? En pocas palabras, se trata de un diagrama de sistemas o de bucles que se refuerza a sí mismo y está impulsado por objetivos o iniciativas clave. La metáfora del volante se refiere a un enorme y pesado dispositivo mecánico que gira lentamente, adquiere impulso (acumula y almacena energía) antes de lograr una apariencia de autoperpetuación. En una fábrica, esto parece eficiencia cinética. En los negocios, parece un crecimiento o adopción cada vez mayor. Es un ciclo virtuoso.

En Amazon, los líderes trabajan para reforzar el volante e invierten para que gire más rápido y continúan desarrollándolo. Los equipos de Amazon todavía hoy explican de qué forma sus propuestas o ideas refuerzan o están vinculadas al volante. Parafraseando a Jim Collins, algunos esfuerzos pueden haber sido más grandes que otros, pero un solo impulso, sin importar cuán

* Probablemente nos sirva recurrir a la definición que hace la mecánica: un volante de inercia o volante motor es un elemento totalmente pasivo que únicamente aporta al sistema una inercia adicional, de modo que le permite almacenar energía cinética. Este volante continúa su movimiento por inercia cuando cesa el motor que lo propulsa. [*N. de la T.*].

grande sea, refleja una pequeña fracción del efecto acumulativo total sobre el volante.[1]

Pensar en tu negocio como un volante, determinar qué factores generarán y mantendrán el mayor impulso para generar crecimiento, te ayudará a identificar tus palancas más importantes.

IDEA 25

Estudia y analiza tu industria o la situación que intentas mejorar utilizando el pensamiento sistémico. Una vez que tengas una idea o hipótesis sobre cómo lograr tu objetivo, crea una versión simple de tu sistema, a menudo llamada *volante*, para ayudarte a probar tu estrategia y luego a comunicar tu lógica y tu plan a los demás.

SINERGIAS DEL VOLANTE

El volumen y la variedad del negocio minorista de Amazon pueden ser una leyenda, pero este negocio se centra en el concepto del volante, que Jeff Bezos pudo haber tomado prestado del gurú de la estrategia Jim Collins, autor de *Good to Great*. Además de una poderosa estrategia de negocios, la idea del volante es una herramienta útil para comunicar las decisiones de la empresa, que a veces son desconcertantes para los empleados y las personas externas.

A principios de 2002, el impulso del volante de Amazon era limitado. Me encargaron que afectara drásticamente una parte importante de ese volante: agregar miles de vendedores, quienes añadirían millones de artículos a la selección de Amazon. En ese momento, esencialmente todas las selecciones (unidades de mantenimiento de existencias o SKU) se encontraban en una de tres categorías (libros, música y video) y casi todos esos productos estaban siendo comprados y revendidos por Amazon, con la participación limitada de vendedores externos.

Amazon ya había intentado lanzar un programa de vendedores externos dos veces. Ambos intentos fracasaron. Bezos lo ha descrito de esta manera: "Los primeros días de Marketplace no fueron fáciles. Primero, lanzamos Amazon Auctions (subastas). Creo que vinieron siete personas, si cuentas a mis padres y hermanos. Las subastas se transformaron en zShops, que era básicamente una versión a precio fijo de las subastas. De nuevo, no hubo clientes".[2]

La razón principal por la que estas primeras versiones fracasaron fue porque Amazon no había hecho las cosas lo suficientemente fáciles ni sencillas para ninguno de los grupos de clientes que intentaban atraer. Las herramientas para el vendedor (cliente 1) eran limitadas y difíciles de usar, al igual que las herramientas de descubrimiento y compra para el consumidor (cliente 2) que se veía obligado a registrar y pagar por separado los productos de terceros.

Una gran parte de mi nuevo trabajo como director de integración mercantil fue llevar la *pasión por el vendedor* al negocio, un nuevo giro en el principio fundamental de la *pasión por el cliente* de Amazon. Sabíamos que teníamos que hacer grandes herramientas y un gran negocio para los vendedores si queríamos crear el ciclo virtuoso que habíamos imaginado.

Para lograr esto, hicimos algo bastante radical para el momento. Tomamos nuestros bienes raíces minoristas más valiosos —nuestras páginas de detalles de productos— y permitimos que los vendedores de terceros compitieran contra nuestros propios gerentes de categorías minoristas.

"Fue más conveniente para los clientes, y en un año, representó el 5% de las unidades", explicó Bezos. "Hoy en día, más del 40% de nuestras unidades son vendidas por más de dos millones de vendedores terceros en todo el mundo. Los clientes pidieron más de dos mil millones de unidades a los vendedores en 2014."[3]

El éxito de este modelo híbrido aceleró el volante de Amazon. Inicialmente, los clientes se sintieron atraídos por nuestra creciente selección de productos vendidos por Amazon a excelentes precios, con una óptima experiencia para el cliente. Al permitir que terceros ofrecieran productos en paralelo, nos convertimos en más atractivos para los clientes, lo que atrajo a más vendedores. Esto también se sumó a nuestras economías de escala, las cuales pasamos a través de la reducción de precios y la eliminación de los costos de envío para los pedidos calificados.

Habiendo introducido estos programas en los Estados Unidos, los extendimos tan rápido como pudimos a nuestras otras geografías. El resultado fue un Marketplace que se integró a la perfección con todos nuestros sitios web globales.[4] Ahora, revisemos cómo piensa y usa Amazon el volante.

LA MECÁNICA DEL VOLANTE

El volante original parece sencillo, pero en realidad tiene muchos matices (Figura 25.1). Bezos razonó que los precios más bajos y una excelente experiencia para el cliente atraerían clientes. El alto tráfico conduciría a mayores números de ventas, lo que atraería a más vendedores de terceros que pagarían comisiones. Cada vendedor adicional permitiría que Amazon obtuviera más de los costos fijos, como los centros logísticos y los servidores necesarios para ejecutar el sitio web. Esta mayor eficiencia le permitiría bajar los precios aún más. Más vendedores también conducirían a una mejor selección. Todos estos efectos volverían a dar una vuelta completa para generar una mejor experiencia del cliente.

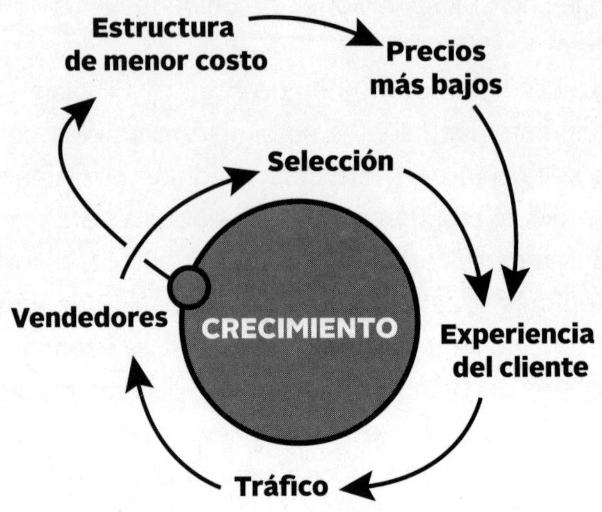

FIGURA 25.1 VOLANTE ORIGINAL DE AMAZON
Fuente: Amazon

Mientras estuve en Amazon, usamos el volante para desarrollar, racionalizar y coordinar inversiones importantes y entender cómo otras empresas, que por un lado podrían verse como competidores, en realidad se convertían en socios importantes para lograr objetivos a largo plazo. Un volante puede ayudarte a ver oportunidades no obvias y a priorizar socios y clientes. Bezos ha dicho a menudo: "Estamos dispuestos a que nos malinterpreten por mucho tiempo".[5] Estas áreas donde somos malinterpretados son a menudo puntos clave de apalancamiento en la estrategia, basada en la dinámica, de los sistemas de Amazon.

DISEÑA TU PROPIO VOLANTE

El valor de crear tu propio volante es triple. *1)* Obtienes una comprensión más profunda y amplia de tu industria que incluye oportunidades, riesgos y zonas muertas. *2*) Defines tu estrategia, y priorizas acciones específicas. *3)* Creas un modelo que te ayuda a comunicar esta estrategia a los demás.

SEIS PASOS PARA DISEÑAR TU PROPIO VOLANTE

1. Crea una definición preliminar y una declaración de alcance.
2. Delinea los sustantivos y variables clave.
3. Racionaliza y agrupa los sustantivos y variables.
4. Construye un diagrama de relación causal.
5. Sigue trabajando el modelo y simplifícalo con el tiempo.
6. Identifica las implicaciones del modelo.

¿Cuánto tiempo te tomará construir tu volante? Más de lo que piensas. No suele ser un ejercicio de una tarde. Jerry Seinfeld, en su documental *Comediante*, habla sobre "ir al gimnasio sudoroso" para refinar su oficio. Estos tipos de modelos y estrategias deben someterse a pruebas de presión y trabajar en ellos; debes ir al gimnasio sudoroso y machacar una y otra vez para definir, mejorar y obtener valor de tu volante. Si no has tenido algunos momentos ¡aha!, entonces es probable que no estés cavando lo suficientemente profundo. En caso de duda, busca formas de *reducir la fricción* para acelerar tu volante.

PREGUNTAS A CONSIDERAR

1. ¿Tienes un modelo de sistemas de tu industria o negocio?
2. ¿El modelo de sistemas te ayuda a definir o comunicar la estrategia?
3. ¿El modelo de sistemas descubre oportunidades para crear un ciclo de negocios virtuoso?
4. ¿Eres capaz de comunicar de manera fácil y consistente la esencia y la mecánica de tu estrategia?

NOTAS

1. Jim Collins, *Good to Great: Why Some Companies Make the Leap... and Others Don't,* HarperCollins, Nueva York, 2001.
2. Jeff Bezos, "Carta a los inversionistas 2014", Amazon.com.
3. *Idem.*
4. Jeff Bezos, "Carta a los inversionistas 2016", Amazon.com.
5. John Cook, "Jeff Bezos on Innovation", *GeekWire*, junio 7, 2011.

IDEA 26

¿POR QUÉ ES TAN DIFÍCIL?

INNOVACIÓN MEDIANTE REDUCCIÓN DE LA FRICCIÓN

No todos los que deambulan
están perdidos.

—DAVID JOHN GILMOUR
Y ROGER WATERS,
"Comfortably Numb"

Terry Jones, fundador de Travelocity, me dijo una vez que lo más innovador que Amazon ha hecho es vender artículos usados al lado de artículos nuevos en la misma página web. Eso no es una gran tecnología transformadora. Esa es una capacidad no técnica.

Sorprendentemente, una gran cantidad de innovaciones transformadoras de Amazon no son de naturaleza técnica. Muchas sucedieron relativamente temprano en el negocio de Amazon. Otras, como incluir la lista de artículos usados junto a los nuevos, ahora ya no se sienten como una innovación porque todos la han copiado, y ahora son procedimientos operativos estándar en la venta minorista digital.

¿Qué más tienen en común estas innovaciones? Reducen la fricción al permitir que los clientes hagan negocios de la forma en que quieren hacerlos. Revolucionario, ¿verdad? Dales lo que quieren. Jeff Bezos te dirá que los clientes van a hacer esas cosas de todos modos, ¿por qué no engrasar los patines? Puede parecer antinatural al principio, pero cuando comienzas con el cliente, cuando reduces una fuente de fricción y creas una perspectiva nueva, una innovación revolucionaria es posible.

IDEA 26

Cuando la mayoría de nosotros escuchamos "innovar", pensamos en una innovación tecnológica. Muchas de las innovaciones más impactantes de Amazon han aprovechado la tecnología, pero la verdadera innovación ha sido su éxito en reducir la fricción de los clientes.

Si deseas ser innovador, presta atención a la fricción que causa tu producto o servicio. ¿Qué es más difícil de lo que debería ser? Busca la causa fundamental de las frustraciones del cliente y los aspectos irritantes de tu servicio o producto ante los que nos hemos quedado "cómodamente adormecidos". Mejora la experiencia del cliente y, por lo general, mejorarás tus operaciones y los costos de soporte al mismo tiempo.

LA GUERRA DE AMAZON CONTRA LA FRICCIÓN

Ninguna empresa ha atacado todas las fricciones con el entusiasmo y la resolución de Bezos y Amazon. Además de vender artículos usados junto a artículos nuevos, mis ejemplos favoritos incluyen el envío diario gratuito, las reseñas auténticas de los clientes, las diversas ofertas de venta del mismo artículo y *Where's My Stuff* ("¿Dónde está mi pedido?").

Es difícil imaginarlo, pero antes de que creciera el comercio electrónico, la alternativa que tenían los clientes al ir a una tienda minorista era ordenar a partir de un catálogo impreso. Al hacerlo, los tiempos de envío eran largos, a menudo de diez a 14 días, y era difícil para los clientes saber dónde estaba su pedido. Este punto de fricción del cliente fue la inspiración para la brillante capacidad de *Where's My Stuff* en Amazon. "¿Ha sido enviado mi pedido? ¿Ha llegado mi pedido? ¿Qué hago con un artículo faltante o dañado?". Todos estos son puntos de fricción que los clientes pueden resolver fácilmente por sí mismos en el área de *Dónde está mi pedido* del sitio web de Amazon.

Para desarrollar tu propia estrategia para reducir la fricción, debes convertirte en un nuevo cliente con la mentalidad de un neófito. Esto te permitirá preguntar: "¿Por qué es así?" y realmente cuestionar todo sobre la experiencia y cualquier suposición o prejuicio que constituyan tus ideas. Sumérgete en la experiencia de tu cliente, con la mentalidad del neófito, y encontrarás puntos de fricción que eliminar. Tomemos, por ejemplo, la experiencia del cliente en una farmacia.

POR FAVOR, AMAZON ABRE UNA FARMACIA, ¡POR FAVOR!

Es una soleada mañana de sábado en el sur de California. Me detengo en mi farmacia local, una gran cadena nacional, para recoger* una receta después de una cita con el médico. La tienda está tranquila. Un cliente solitario habla con el empleado de la ventanilla de recolección de la farmacia. Otro cliente, una anciana en un traje de correr, se para frente a mí, esperando a ser atendida. Además del empleado que atiende al cliente, dos farmacéuticos trabajan en la parte trasera. Un cuarto empleado examina los pasillos de tres metros de altura detrás del mostrador del farmacéutico. Esto deberá ser rápido, creo. Los empleados superan a los clientes.

---

* En Estados Unidos, el doctor envía la receta a la farmacia por cuestiones de seguridad. El paciente solo debería dar su nombre o número de pedido y la farmacia debería tener listos los medicamentos. Los farmacéuticos surten las recetas y no se entregan medicamentos en sus empaques originales, sino que se vacían en los conocidos botecitos amarillos, etiquetados con el nombre del paciente y el modo de empleo. Si un doctor pide que el paciente tome 7 pastillas y la caja trae 10, solo le entregan 7. Los empleados de mostrador no pueden realizar las actividades de farmacéuticos, y viceversa. [*N. de la T.*].

El empleado nos dice: "Estaré con usted en un momento", cuando un cuarto cliente se une a la fila detrás de mí. A pesar de estar a unos respetuosos tres metros detrás del cliente que está en el mostrador, no podemos dejar de escuchar la conversación que está teniendo con el empleado. Es un poco embarazoso para todos. Miro mis zapatos. El empleado llama al farmacéutico para volver a consultarlo sobre la receta.

Pasan cinco minutos antes de que el cliente en el mostrador reciba las pomadas y píldoras correctas. Él se va, y la anciana se acerca al mostrador expectante, diciendo su nombre. Asintiendo, el empleado revisa las bolsas de plástico ordenadas alfabéticamente que cuelgan en la farmacia, buscando su pedido. No está. La dama vuelve a decir su nombre, y el empleado vuelve a examinar todas las bolsas. "A veces las órdenes se cuelgan en el lugar equivocado", le dice el empleado. La anciana dice que recibió un mensaje de texto hace una hora diciendo que su orden estaba lista. El empleado toma una canasta roja grande que contiene los pedidos de medicamentos con receta que aún no se han colgado. El empleado revisa todas las recetas en la cesta, una por una.

"¡La encontré!", dice triunfalmente, levantando la receta de la dama en el aire, como un boleto de lotería ganador.

Ahora es el momento de pagar. El empleado le pregunta a la cliente si tiene la tarjeta del programa de recompensas. La señora sacude la cabeza. Ella no la quiere ni la necesita. Solo quiere irse con su receta. ¿Quién puede culparla? Paga el pedido sin relacionar la transacción a su historial o a su número de lealtad.

Ahora es mi turno.

—¿Nombre? —pregunta el empleado.

—John Rossman.

—¿Grossman?

—No, Rossman. R O S S M A N.

El empleado encuentra la orden y la trae. Me pregunta por mi tarjeta del seguro. Cuando se la entrego, ve que tengo una nueva cobertura. Me dice que tome asiento a un lado.

—¿Por qué?

El empleado no responde, así que me siento obedientemente. Y espero. Mientras espero, me doy cuenta de que los pasillos de artículos de venta al menudeo en la gran tienda de la farmacia contienen de todo, desde productos de enjuague bucal y para el cuidado del cabello hasta libros y refrescos con alcohol. Parece que cada tercer artículo tiene un precio normal y una etiqueta manuscrita de "precio reducido" pegada al estante. Además de los empleados de la farmacia, la tienda tiene seis mostradores de pago y tres o cuatro empleados de la tienda. En total, hay siete clientes en la tienda, cinco de los cuales están aquí en la farmacia.

"Estaré con ustedes en un momento", dice el empleado de nuevo a la línea de clientes de farmacia en constante crecimiento. Aparentemente, el empleado es el único autorizado para atender directamente a los clientes. Los dos farmacéuticos están surtiendo recetas y el otro empleado las está colocando en la canasta roja.

Después de esperar otros cinco minutos, me levanto y me acerco al mostrador. El farmacéutico había olvidado venir. Completo la transacción y me marcho. Todavía no entiendo por qué tuve que sentarme.

Después de que Amazon anunció la adquisición de Whole Foods en el otoño de 2017 y Bezos dejó en claro que iba a mejorar la experiencia del cliente y perfeccionar una ejecución *omnicanal* creativa y perfecta, mi experiencia en la farmacia vino inmediatamente a mi mente. La industria farmacéutica parecía un caso ideal y en charola de plata para Amazon. ¿Cómo podría Amazon mejorar la experiencia del cliente y las operaciones comerciales de la farmacia minorista tradicional?

Automatizar el llenado de recetas y el sistema de gestión de inventario. Entre su robot Kiva y su experiencia en clasificación,

Amazon mejoraría drásticamente la velocidad, precisión, eficiencia laboral y costos de esta actividad, y probablemente mejoraría la satisfacción laboral de los farmacéuticos, ya que podrían dedicar su tiempo a ayudar a los clientes y a otras actividades de impacto.

Entregar las recetas en el hogar, probablemente dentro de la primera hora después de realizado el pedido. Nunca debería ser forzoso ir a una farmacia para surtir una receta médica, a menos que, por supuesto, quiera uno ir.

Pero ¿qué sucede si necesito hablar con un farmacéutico cuando me entreguen mi receta en mi casa? Dos ideas vienen a la mente. Lo primero es usar el servicio de voz Echo para contactar al farmacéutico. El segundo es utilizar el dispositivo Echo Show. Este es un Echo, pero con una pantalla y capacidad de video. Con esto, Amazon podría habilitar el video cara a cara con un farmacéutico.

¿Necesita resurtir su receta? ¿Qué tal un recordatorio para hacerlo desde Amazon, o usar un Dash Button personalizado de Amazon?

¿Y el precio? Vamos, este es el pan y la mantequilla de Amazon. Amazon reduciría considerablemente el precio cobrado a los consumidores por las recetas, ya que su modelo de negocios se utiliza para reducir los márgenes y Amazon crearía una estructura más eficiente y de menor costo. Una farmacia típica genera la mayor parte de sus ingresos y del margen de las recetas. Los medicamentos recetados típicos ofrecen un alto margen, y Amazon usaría ese margen, ya fuera para bajar los precios de los medicamentos, o para hacer que los precios de los artículos complementarios fueran aún más bajos.

Amazon podría disrumpir la industria farmacéutica si alguna vez decide crear medicamentos y productos de marca propia. Después de todo, Amazon posee productos de marca propia en la mayoría de las categorías minoristas, desde la marca Amazon Basics para accesorios electrónicos, hasta productos para el baño y el hogar Pike Street y muebles para exteriores Strathwood. Con el tiempo, Amazon seguramente encontrará oportunidades para ofrecer medicamentos genéricos de marca privada.

Con la adquisición de PillPack, Amazon ahora tiene la capacidad de cumplir y entregar recetas. PillPack preclasifica las prescripciones en dosis diarias para los clientes, por lo que en lugar de que los clientes necesiten abrir y dosificar correctamente cada medicamento, sus medicamentos vienen en paquetes individuales separados que contienen la dosis diaria de todos sus medicamentos, para hacer la vida un poco más fácil. Los clientes pueden optar por que el pedido se entregue en su hogar o en una tienda de Whole Foods. Imagínate pedir comestibles en línea y detenerte para recoger el pedido combinado de supermercado y farmacia, o recibirlos en tu hogar en dos horas. ¡Creo que también añadiré un libro a mi pedido!

Finalmente, considera cómo la destreza de datos e información de Amazon podría mejorar la experiencia del cliente con la transparencia de la cobertura del seguro, brindando información sobre lo que está cubierto y las opciones de medicamentos genéricos. Lo mejor que puede pasar hoy es que el farmacéutico *recomiende* un medicamento genérico o equivalente a un cliente, pero generalmente esto sucede solo para nuevas recetas, y el cliente depende de que el farmacéutico le quiera compartir esa información.

Inmediatamente después de que Amazon adquiriera Whole Foods y sus más de cuatrocientas tiendas, y de la mencionada adquisición de PillPack, Amazon ahora tiene el espacio para agregar un mostrador de farmacia. ¿Y por qué no? Ninguna empresa farmacéutica minorista existente se reinventará y se disrumpirá. Las organizaciones "básicamente minoristas" no pueden ganarle a una empresa "básicamente tecnológica". Las empresas no son realmente capaces de disrumpir su propio negocio, e incluso si lo fueran, carecen de la capacidad o la voluntad para gestionarlo a través de su proceso. Y no tienen la cadena de suministro ni la experiencia en automatización para cumplir con esa visión. Tan solo el año pasado Amazon tenía 76 patentes de cadena de suministro. ¡Por eso le estoy rogando a Amazon que se meta en el negocio de la farmacia!

AMAZON GO

Por supuesto, una discusión sobre el interés de Amazon por que la experiencia del cliente no tenga fricción sería muy negligente si no mencionara a Amazon Go. Amazon Go es la revolucionaria tienda física con la tecnología *Just Walk Out** que usa sensores, visión de fusión e inteligencia artificial para permitir que los clientes entren con su teléfono inteligente, elijan artículos de los estantes, devuelvan algunos si lo desean y solo salir. Su cuenta en Amazon se carga automáticamente. Lo único más fácil que Amazon Go es abrir tu propio refrigerador. Amazon tiene planes de abrir 3 000 de estas tiendas para 2021.[1] Ahora, ¡esto es lo que llamo reducir la fricción!

Reduce la fricción en tu negocio y brinda a los clientes lo que desean. Bien. ¿Qué hay después de eso? Piensa en tus superhéroes favoritos y sus superpoderes.

---

* *Amazon Go y Just Walk Away* son dos conceptos de Amazon. *Go* es ir, y la idea es que no es necesario detenerse, sino hacen las cosas "al pasar". *Just Walk Away*: Simplemente Sal Caminando, de nuevo, no se necesita hacer fila en una caja, esperar turno, registrar cada producto, y sacar dinero o tarjetas para pagarlos.

PREGUNTAS A CONSIDERAR

1. ¿Estás restableciendo el estándar de la industria para la experiencia del cliente?
2 ¿Cuáles son los puntos de fricción en tus servicios o productos que tus clientes, tus exclientes, o los clientes que eligen no ir contigo, preferirían no tener que enfrentar?
3. Encuentra los pequeños puntos de fricción del cliente para usar tu producto o servicio. ¿Les estás prestando atención?

NOTAS

1. Spencer Soper, "Amazon Will Consider Opening up to 3,000 Cashierless Stores by 2021", septiembre 19, 2018, https://www.bloomberg.com/news/articles/2018-09-19/amazon-is-said-to-plan-up-to-3-000-cashierless-stores-by-2021.

IDEA 27

OTORGA SUPERPODERES A LOS CLIENTES:

NEGOCIOS DE ENSUEÑO Y NECESIDADES DURABLES

El que conoce a los demás es sabio;
el que se conoce a sí mismo está iluminado.

—LAO TZU

Una forma de contar la historia de mi vida es hacer una crónica de las series de televisión de una época. Tiende a haber una que se destaca cada pocos años, y mi mente simple utiliza esa serie de televisión como el marcador para ese período en mi vida. Patético, estoy de acuerdo. En este momento, es probable que sea la serie de HBO *Silicon Valley*. La década de 1990 estuvo marcada por la comedia *Seinfeld*. Uno de los grandes temas recurrentes era la obsesión de Jerry con Superman. Como dijo George: "Toda su vida gira en torno a Superman y los cereales".[1] La innovación puede inspirarse en la misma fascinación por el superhéroe.

¿Cómo? Bueno, para diferenciarte de la competencia, debes otorgar a tus clientes un superpoder que sea completamente exclusivo de lo que otras compañías les ofrezcan. Puede que tu producto o servicio ofrezca la mayoría de las mismas características que tu competencia. Para ganar, tiene que haber un superpoder. El poder del vuelo, la visión de rayos X, el viaje en el tiempo... debes elegir un par de capacidades, características o procesos en los que seas *súper*.

Una vez escuché a Jeff Bezos decirle a un gran cliente minorista que no podía imaginar un mundo donde un cliente quisiera un precio más alto, una entrega más lenta o una selección más pequeña. A lo largo de la existencia de Amazon, gran parte de su estrategia ha sido impulsada por proporcionar superpoderes a sus clientes. ¡La velocidad de la luz! ¡La posibilidad de reducir precios! ¡El poder de hacer que algo aparezca! Además, estos superpoderes sirven para las necesidades duraderas de los clientes.

IDEA 27

Desafíate con estas preguntas: "¿Quiénes son mis clientes y qué superpoderes les otorgaremos?". Estas deben ser tus competencias básicas diferenciadas que impulsen tu estrategia. Invierte para hacer y mantener tus productos o servicios como los mejores en su clase y por delante del mercado.

Toma logística y entrega. Amazon es implacable en la construcción de múltiples enfoques para equipar su cadena de suministro, ofrecer opciones, flexibilidad y transparencia a los clientes, y eliminar la fricción para que la entrega sea rápida y confiable. Por ejemplo, en 2014 Amazon se asoció con el Servicio Postal de los EEUU (USPS) para ofrecer entrega en domingo a ciudades seleccionadas. ¿Entrega en domingo por USPS? Vamos, ¡eso es un superpoder! Incluso Superman tiene que respetar eso.

Cuando los transportistas comerciales no pudieron dar soporte a los volúmenes pico de Amazon, Bezos creó sus propias capacidades de entrega en la recta final, incluido el programa de Amazon, *Delivery Service Partner* (Socio de Servicio de Entregas), anunciado en junio de 2018. Este programa empodera a empresarios para que comiencen un negocio de entrega, dedicado a los paquetes de Amazon, e incluye opciones de "tecnología y soporte operacional para personas con poca o ninguna experiencia en logística, la oportunidad de administrar tu propio negocio de entregas. Para ayudar a mantener los costos de inicio tan bajos como US $10 000, los empresarios también tendrán acceso a una variedad de descuentos negociados exclusivamente en recursos importantes que necesitarán para operar un negocio de entregas. Estas ofertas incluyen vehículos de la marca Amazon personalizados para entrega, uniformes de marca, combustible, cobertura de seguro integral y más".[2]

Cuando la infraestructura de entregas aún no estaba madura en India y China, Amazon llamó a un ejército de mensajeros en bicicleta para entregar paquetes en las principales ciudades. Y cuando UPS y FedEx no pudieron mantenerse al día con las entregas máximas en períodos de vacaciones, Bezos amplió sus gastos para construir más centros logísticos, capacidades de entrega dedicadas a Amazon, drones y dirigibles. Él está dispuesto a intentar *cualquier* cosa para satisfacer la necesidad duradera del cliente de una entrega más rápida.

NEGOCIOS DE ENSUEÑO

Si Superman es el superhéroe definitivo, ¿cuál es el Superman de los modelos de negocios? En su carta de 2014 a los accionistas, Bezos describió este modelo como el "negocio de ensueño":

> Un negocio de ensueño tiene al menos cuatro características. A los clientes les encanta, puede crecer hasta alcanzar un tamaño muy grande, tiene fuertes retornos sobre el capital y es duradero en el tiempo, con el potencial de perdurar durante décadas. Cuando encuentres uno de estos, no solo lo apruebes, cásate con él...
>
> Abordaremos esto con nuestras herramientas habituales: pasión por el cliente en lugar de enfocarnos en la competencia, pasión sincera por la invención, compromiso con la excelencia operativa y disposición para pensar a largo plazo. Con una buena ejecución y un

poco de buena suerte continua, Marketplace, Prime y AWS pueden servir a los clientes y obtener rendimientos financieros durante muchos años.[3]

LAS NECESIDADES DURADERAS DE TUS CLIENTES

Centrarse en las necesidades específicas y duraderas de los clientes es similar al proceso de competencias básicas descrito en el artículo de C.K. Prahalad y Gary Hamel en el *Harvard Business Review*: "La competencia central de la corporación". Una competencia central presenta al menos tres características: *a)* proporciona acceso potencial a una amplia variedad de mercados; *b)* debe hacer una contribución significativa a los beneficios percibidos por el cliente del producto final; y *c)* debe ser difícil de imitar por los competidores".[4]

Bien, ¿cuáles son las verdaderas necesidades duraderas de tus clientes? ¿Y cuál es tu promesa para satisfacer esas necesidades? Esto es realmente lo que tu estrategia de marca necesita definir. Si diseñas y fabricas prendas de surf, tal vez la necesidad más duradera sea un "atuendo de moda que resista el agua salada".

Puedes ver por el éxito de Amazon que tener una mayor selección, una plataforma que permita a los vendedores (incluido Amazon Retail) competir en el precio y desarrollar una entrega cada vez más rápida, han sido los componentes de una marca y una estrategia de inversión de alto rendimiento constante por más de veinte años. Sin embargo, podrías argumentar que, para Amazon, ninguna necesidad de los clientes ha sido más grande que la confianza.

Nunca dejes de intentar descubrir las necesidades duraderas de tus clientes y cómo cumplir y superar sus expectativas otorgándoles superpoderes. ¡Una mejora marginal no lo hará!

Puede tomar tiempo, y puede ser aburrido y cansado, pero si logras resolverlo, podrías convertirlo en un negocio de ensueño.

PREGUNTAS A CONSIDERAR

1. ¿Cuál es el superpoder que tus clientes apreciarían más?
2. ¿Hay un ejemplo de una característica radical en tu industria? ¿Qué puedes aprender de eso?
3. ¿Cuáles son las necesidades duraderas de tus clientes? ¿Pueden estas ayudar a organizar tus esfuerzos de innovación?

NOTAS

1. "The Visa", *Seinfeld*, temporada 4, episodio 15.
2. Amazon Press Center, "Wanted: Hundreds of Entrepreneurs to Start Businesses Delivering Amazon Packages", comunicado de prensa, junio 28, 2018, https://press.aboutamazon.com/news-releases/news-release-details/wanted-hundreds-entrepreneurs-start-businesses-delivering-amazon.
3. Jeff Bezos, "Carta a los inversionistas 2014", Amazon.com.
4. C. K. Prahalad y Gary Hamel, "The Core Competence of the Corporation", *Harvard Business Review*, mayo-junio 1990, https://hbr.org/1990/05/the-core-competence-of-the-corporation.

PIENSA DIFERENTE:

MEJORA TUS PREGUNTAS PARA LA DISRUPCIÓN

> [*La guía de la galaxia del autoestopista*]
> me enseñó que lo difícil es averiguar
> qué preguntas hacer. Pero una vez
> que haces eso, el resto
> es realmente fácil.
>
> —ELON MUSK

Sí, Napoleón murió por veneno mientras estaba exiliado en Elba, pero puedo garantizarte que sabía exactamente por qué. Tal vez deseaba haber hecho algunas preguntas más antes de invadir Rusia en el verano de 1812. Sí, la caída de Napoleón fue causada por la arrogancia. Después de tanta innovación y éxito en el campo de batalla, no creía que pudiera perder.

De manera similar, los líderes empresariales tienden a pensar que su experiencia en la industria y en los negocios les proporcionará información para la innovación. Si bien es importante, la habilidad de desarrollar ideas innovadoras es hacer preguntas diferentes y mejores. El principio de liderazgo 5 de Amazon es "Aprenden y son curiosos". Este principio alienta a los líderes a desestimar sus suposiciones de manera activa, a evitar una mentalidad experta que no esté abierta a nuevas perspectivas y a permanecer humilde. Esto no es un accidente. Es un hábito, y es una habilidad.

IDEA 28

Hacer preguntas diferentes resultará en ver al cliente y a la oportunidad con una lente nueva y restricciones diferentes. Debes estar atento y decidido en la forma en que haces estas preguntas y reflexionas sobre ellas. Esta es una habilidad que requiere práctica.

IDENTIFICA OPORTUNIDADES A LO LARGO DE LA CADENA DE VALOR

¿Cómo puedes seguir el ejemplo de Amazon en la construcción de un conjunto de empresas y capacidades conglomeradas utilizando una mentalidad de cadena de valor? ¿Qué puedes aprender de la estrategia o planificación de Amazon para continuar con una tasa de crecimiento que, al tamaño de Amazon, es increíblemente difícil? ¿Cómo planea Amazon convertirse no solo en el minorista más grande, sino quizás en la compañía más grande del mundo?

No hay respuestas simples, por supuesto, pero puedes establecer el rumbo correcto adoptando una creencia de Bezos: "Tu margen es mi oportunidad".[1] Si puedes crear una forma de autoservicio mejor, más económica y más flexible para hacer lo que otra compañía está haciendo, ese espacio es bueno para ingresar como competidor. Si consideras cuidadosamente cada una de estas preguntas, con una intención de desafiar el *statu quo* y comenzar con el cliente, estarás en el camino correcto para identificar algunas de las mejores oportunidades en tu industria para ascender y descender en tu cadena de valor.[2]

Para crear una cultura empresarial basada en la búsqueda de la innovación de Amazon, sugiero hacer lo mismo que Amazon: ingresar en una industria en un punto de la cadena de valor, mirar hacia arriba, mirar hacia abajo y luego formular cinco preguntas fundamentales:

- Primero, ¿dónde hay una experiencia fallida para el cliente? La falta de integración, la falta de transparencia en cuanto a precios y disponibilidad, y las prácticas comerciales extravagantes son signos de una experiencia fallida del cliente.
- En segundo lugar, ¿qué servicio o tecnología está hoy pagando tu empresa que podrías construir y operar para hacer que tu negocio sea más rentable?
- En tercer lugar, ¿cómo construyes esos servicios y productos lo suficientemente bien como para que terceras partes también puedan usarlos?
- Cuarto, ¿dónde existen estas condiciones y que haya márgenes atractivos?
- Y, finalmente, ¿cómo podrían los sensores y el Internet de las Cosas* corregir una experiencia fallida del cliente, ayudarte a entregar servicios o tecnologías a un costo menor para ti y los demás, o permitirte crear una propuesta de valor diferente para tu cliente meta?

PREGUNTAS PARA LA INNOVACIÓN

Einstein tenía una forma famosa de construir y explicar conceptos difíciles e imposibles de probar, mediante una técnica de ex-

---

* El Internet de las Cosas, the Internet of Things, abreviado *IdC*, como se usará mayormente, se refiera a una realidad en donde las cosas están conectadas entre sí y por tanto se pueden comunicar. El objetivo del IdC es que el mundo físico sea más próximo al digital. [*N. de la T.*].

perimentos mentales. Estas situaciones ayudan a demostrar un punto o hipótesis imponiendo restricciones. Al formular las preguntas para ayudarte a innovar, una de las técnicas es primero delinear el experimento mental utilizando un conjunto de restricciones. Por ejemplo, "¿Qué tendría que ser cierto para reducir el tiempo del ciclo un 90%?" o "Para que la configuración y la implementación fueran un 98% de autoservicio, ¿qué tendría que suceder?". Imponer estas restricciones desafía drásticamente el *statu quo*, da un pequeño margen para no decir automatizado al 100% y libera la conversación para que puedas buscar nuevos enfoques y paradigmas.

Muchos de los capítulos de este libro ayudan a formular diferentes preguntas, en particular, la Idea 15, "El escritorio de la puerta"; la Idea 18, "¿Así que quieres ser una plataforma?", y la Idea 24, "La magia de las funciones de forzamiento". Cada uno de estos capítulos define las situaciones o restricciones que nos obligan a hacer preguntas diferentes y eliminar las limitaciones que nos unen al presente en sesiones de lluvia de ideas. En mi experiencia, comenzando con una idea radical como "¿Cómo podría reducir el contacto con el cliente en 90%?" y luego retroceder hacia algo más alcanzable, *siempre* produce más ideas que hacer la pregunta "¿Cómo podría reducir el contacto con el cliente en 10%?". Preguntas incrementales producen resultados incrementales.

Tomemos, por ejemplo, la empresa Boring Company de Elon Musk, que espera mejorar la crisis urbana mediante la construcción de túneles. El desafío inicial con los túneles es que cuestan alrededor de mil millones por milla o más. La compañía Boring afirma: "Los túneles son muy costosos de excavar, y algunos proyectos cuestan hasta mil millones de dólares por milla. Para que una red de túneles sea factible, los costos de los túneles deben reducirse en un factor de más de 10".[3] Esta mentalidad les ha permitido repensar todo sobre cómo se diseñan, construyen y operan los túneles.

Diseñar cuidadosamente las situaciones, las preguntas y las restricciones te ayudará a ver las oportunidades con anticipación y resolverla disrupción.

PREGUNTAS A CONSIDERAR

1. ¿Tu equipo de liderazgo hace las preguntas estratégicas correctas?
2. ¿Podría un retiro con una duración significativa, dedicada a esbozar y priorizar las preguntas que debes hacer, crear diferentes perspectivas sobre el riesgo y las oportunidades?
3. ¿Qué restricciones puedes usar para hacer diferentes preguntas que desafíen a los negocios de siempre, por ejemplo "¿Reducir la duración del ciclo de dos días a 10 minutos"?

NOTAS

1. Adam Lashinsky, "Amazon's Jeff Bezos: The Ultimate Disrupter", *Fortune*, noviembre 16, 2012, http://fortune.com/2012/11/16/amazons-jeff-bezos-the-ultimate-disrupter/.
2. Orit Gadiesh y James L. Gilbert, "How to Map Your Industry's Profit Pool", *Harvard Business Review*, mayo-junio 1998.
3. "The Boring Company", https://www.boringcompany.com/faq/.

IDEA 29

LANZA Y APRENDE:

EXPANSIÓN DEL NEGOCIO AL ESTILO AMAZON

Muéstrame un buen perdedor,
y yo te mostraré un perdedor.

—VINCE LOMBARDI

En marzo de 2018, Amazon anunció que se aventuraría en el negocio de la banca minorista ofreciendo cuentas de cheques para consumidores. Detenme si has escuchado esto antes. Así es, Amazon está lanzando servicios de banca de consumo como cuentas corrientes a través de un modelo de sociedad. No prevé convertirse en un banco *hoy*. Clásico. Sin embargo, es interesante observar que el *Wall Street Journal* describió la incursión de Amazon en el negocio de las cuentas de cheques para el consumidor como la de un socio, en lugar de un disruptor.[1]

Bezos no está atado a la idea de que Amazon debe ser *l'enfant terrible* con cada nuevo movimiento comercial. A veces, la disrupción inmediata no es necesaria. Es mucho más importante que la innovación y el crecimiento de Amazon provengan de la exploración constante y las apuestas estratégicas en nuevos productos y servicios. La forma en que Amazon identifica esos productos y servicios es comenzar con un producto o servicio existente y luego moverse hacia arriba y hacia abajo en la cadena de valor.

Puedes asociarte para comenzar, pero usa esas asociaciones para aprender el negocio, llegar a los clientes y crear una marca. A medida que comienzas a comprender todo el ecosistema del negocio, busca oportunidades para innovar y servir a los clientes más allá de como lo hacían tus socios originales. En otras palabras, lanza* y aprende. La clave, por supuesto, es aprender a evaluar si tiene sentido expandirse y construir más allá de la asociación.

IDEA 29

Lanza y aprende nuevas industrias y adyacencias a tus negocios existentes. Encuentra la manera de comenzar en nuevos negocios y, a partir de ahí, encuentra formas de expandir no solo el tamaño del negocio, sino también las formas en que participas en la cadena de valor de la industria.

LA CADENA DE VALOR

Una *cadena de valor* es el conjunto de procesos y actividades de extremo a extremo en una industria. Cuando Amazon comenzó a funcionar, se centró en ser un minorista de comercio electrónico de primera generación. La compañía inicialmente permitió que otros vendieran artículos, libros y discos compactos usados en la misma página que los artículos nuevos en el inventario. Luego se movió para permitir que vendedores terceros crearan nuevos artículos para vender en Amazon y también que hubiera varios vendedores del mismo artículo en la plataforma del Marketplace. A partir de ahí, Amazon se expandió rápidamente a nuevas categorías de venta al por menor, incluidas prendas de vestir, artículos deportivos e incluso instrumentos musicales. Luego, Amazon comenzó a crear marcas de productos patentadas. Amazon per-

---

* *Lanzar* aquí se refiere al lanzamiento de una empresa, una marca, un negocio. [*N. de la T.*].

mite que vendedores terceros subcontraten de manera efectiva las capacidades de logística y entrega de Amazon. La lista sigue y sigue.

La iteración más reciente de la expansión en la cadena de valor de Amazon se encuentra en la industria del transporte. La compañía ha comenzado a arrendar sus propios aviones para transportar su inventario minorista de manera más rentable y con mayor control. Los analistas han estimado que esto le ahorrará a la compañía más de US $400 millones al año.[2]

En cuanto a atención médica, Amazon tendrá una estrategia múltiple que sigue un patrón de hacer cambios en diferentes aspectos de la cadena de valor de la industria. En algún momento, se creará una gran capacidad integrada, como un rompecabezas que se va armando. Al principio, no se ve claro cómo las piezas crean una imagen. Con el progreso, la imagen se vuelve clara y la colocación de la siguiente pieza se vuelve más fácil.

Existen maneras formales de entender una industria de este modo. El clásico de *Harvard Business Review*, "Cómo asignar el fondo de ganancias de su industria",[3] describe el proceso de mapeo de la cadena de valor de una industria, incluidos los ingresos y el porcentaje de margen en cada paso del camino. El resumen es el siguiente:

1. Define la industria y la cadena de valor. Crea límites para la industria que estás evaluando.

2. Define el tamaño del conjunto de ingresos y beneficios. Para cada paso importante en la cadena de valor, estima el tamaño de los ingresos, las ganancias o los porcentajes de margen.

3. Crea una visualización. Esto se logra típicamente alineando la cadena de valor de la industria de izquierda a derecha y creando una gráfica de barras para cada paso de

la industria o el proceso. Supongamos que el eje *Y* es el "porcentaje de margen" y el eje *X* es el "tamaño de los ingresos".

Voilà! La estrategia de lanzar y aprender. Estás ingresando a una industria desde un punto de negocios y aprendiendo la industria para identificar nuevas oportunidades. Sentarte a recorrer este análisis de la cadena de valor te permitirá comprender y evaluar tus opciones de negocios.

STUDENT BODY LEFT

En el futbol americano universitario, *student body left*, "cuerpo estudiantil a la izquierda", es una jugada clásica en la que el mariscal de campo lanza la pelota al corredor y todo el mundo bloquea mientras él corre hacia la izquierda. Las defensas generalmente saben que está llegando, pero cuando cada jugador hace su trabajo y la jugada se ejecuta con un corredor veloz y potente, no solo tiene éxito, también desmoraliza a la defensa si se ejecuta varias veces con éxito. En los negocios, *student body left* significa que todos están en la misma página en relación con un cambio o proyecto importante y que todos ejecutan su trabajo.

Cuando trabajé en Amazon desde principios de 2002 hasta finales de 2005, era una empresa relativamente simple. Había aproximadamente 3 000 empleados en la sede corporativa (sin incluir servicio al cliente y los asociados de logística). Casi todos nuestros ingresos anuales, que en ese momento registraron un poco menos de US $4 mil millones, provinieron de ventas minoristas en tres categorías: libros, música y videos (principalmente DVD). Había solo cinco centros logísticos de Amazon en América del Norte. A medida que Amazon buscaba expandirse más allá de los libros, la música y los videos (BMV: Books, Music, Video) a principios de la década de 2000, mi equipo realizó una serie de estrategias de lanzar y aprender que eran jugadas de "cuerpo estudiantil a la izquierda". Algunas no solo dieron forma al negocio, sino que, en muchos sentidos, también dieron forma a la industria minorista.

En la categoría de juguetes, Amazon comenzó una sociedad con Toys R Us en 2000. Aunque Toys R Us finalmente se declaró en bancarrota en 2017, en 2000 la compañía de juguetes todavía era un Goliat. Lo creas o no, los términos de la asociación original dictaban que la dirección del sitio web "Toysrus.com" llevaría directamente a un sitio web de juguetes de Amazon donde los clientes usarían o crearían una cuenta de Amazon y comprarían los juguetes a Amazon. Algunos juguetes eran entregados por Amazon; algunos artículos eran entregados por Toys R Us. "Según los términos de ese acuerdo, Toys R Us acordó almacenar una amplia variedad de sus juguetes más populares en Amazon a cambio de ser el vendedor exclusivo de juguetes y productos para bebés de Amazon. Las compañías también acordaron que Toys R Us renunciaría a su autonomía en línea, y que ToysRUs.com sería redirigido a Amazon. Toys R Us pagó a Amazon US $50 millones al año, más un porcentaje por sus ventas a través del sitio de Amazon".[4] Sí, básicamente le dieron el futuro del negocio a Amazon en ese momento.

El siguiente lanzar y aprender importante fue en el negocio de la ropa. En el otoño de 2002, lanzamos la primera categoría utilizando la nueva plataforma de Marketplace. Tuvimos alrededor de treinta socios en el lanzamiento, y les insinuamos que "Amazon no planearía ser un minorista de ropa". No fue muchos años después que Amazon no solo se convirtió en un minorista en la categoría de prendas de vestir, sino que también lanzó productos de marca privada en prendas de vestir. Se estima que Amazon vende aproximadamente cinco veces más prendas de vestir y calzado que el siguiente mayor vendedor en línea, Walmart, y está en camino de ser el minorista más grande combinado.[5]

La formación de AWS, el líder del mercado en tecnología de la nube, comenzó como un simple movimiento para mejorar la eficiencia técnica. Cuando estuve en Amazon, cada equipo poseía, diseñaba y operaba su propia infraestructura informática. Lo que se hizo evidente fue que no estábamos aprovechando las economías de escala: las configuraciones personalizadas y el hardware no estandarizado llevaron a tener servidores más costosos; la infraestructura estaba inactiva una gran parte del tiempo (al no compartir la carga, la infraestructura tenía que estar diseñada para un uso máximo); y cada equipo desarrolló su propio enfoque operativo y de soporte.

Finalmente, decidimos separar la infraestructura informática en una función central. Este fue un comienzo importante, pero la separación en sí no iba a hacer que nuestra infraestructura tecnológica fuera de clase mundial.

Siempre racionalista, Bezos diría algo como "¿Sabes?, esta división puede ser una buena idea, pero solo si tenemos clientes externos tendremos la retroalimentación y las expectativas para convertir esto en algo de clase mundial. Entonces, lo que vamos a hacer es cambiar esto y exponerlo a los desarrolladores externos porque de ese modo la infraestructura será lo suficientemente buena para nuestros equipos internos".

Amazon no tardó mucho en darse cuenta de que a los desarrolladores externos les encantaba este servicio y que podría ser un gran negocio. AWS nació, y el resto es historia.

A través de este tipo de búsqueda de eficiencias operativas, Amazon se ha expandido a una amplia gama de negocios conglomerados, creando nuevas herramientas y servicios que pueden utilizar tanto sus equipos internos como los clientes externos. En Amazon, la amplitud de estas empresas conglomeradas incluye lo siguiente:

- **Adquisiciones:** Amazon ha adquirido más de 64 negocios, incluida Kiva Systems, una empresa de robótica de almacenes; Zappos, una empresa de calzado en línea; y Annapurna Labs, una compañía de microelectrónica de sistema-en-un-chip que les vende a fabricantes de equipos originales de hardware (OEM).
- **Etiquetas de marcas privadas:** Amazon diseña, comercializa y fabrica o realiza contratos para la fabricación de muchas marcas de consumo actualmente de venta en Amazon, incluidas marcas de ropa como Lark & Ro y North Eleven, la marca de muebles para exteriores Strathwood, la marca de electrónica AmazonBasics y Prime Pantry, una marca de consumibles.
- **Marcas de sitios web:** Amazon también posee y opera muchos otros sitios web, como IMDB.com, Woot.com, Zappos.com, Diapers.com, Fabric.com, Twitch.tv, dbreview.com y Endless.com.
- **Productos y servicios:** Más allá de los servicios minoristas, Amazon vende todo lo siguiente como capacidades independientes:
    - **Servicios de logística de pedidos:** La logística de Amazon (FBA, Fulfillment by Amazon) permite a los vendedores almacenar y cumplir con los pedidos desde los centros logísticos de Amazon.
    - **Procesamiento de pagos:** Los minoristas utilizan los pagos de Amazon como una puerta de pago confiable.
    - **AWS S3 (Servicio de almacenamiento simple) y EC2 (Elastic Compute Cloud):** Estos son dos de los muchos productos de computación en la nube de AWS.
    - **Amazon Fire Stick:** Este es un dispositivo propietario utilizado por los clientes en sus televisores para acce-

der a Amazon y a muchos otros proveedores de contenido, como ESPN.

- **Diseño de Sistema en un Chip:** Annapurna Labs es una compañía que diseña y vende chips de computadora especialmente para dispositivos de red.
- **Amazon Publishing:** Con este brazo de servicio completo de publicación de libros, Amazon cultiva autores y libros.
- **Publicidad de Amazon:** Este servicio permite a los vendedores ofertar por la colocación de anuncios de productos en Amazon.
- **Twitch:** Este servicio de video en vivo y plataforma social permite a los clientes ver eventos, principalmente de eSport, centrados en juegos populares en línea como *Call of Duty* y *Counter-Strike*.

También hay varias capacidades internas importantes que Amazon tiene hoy, que podría algún día decidirse a ofrecer a otras compañías:

- **Diseño de dispositivos electrónicos (teléfono o tableta):** ¿Podría Amazon encontrar una manera de democratizar el diseño y la fabricación de dispositivos eliminando obstáculos y *gatekeepers*, tal vez similar a la forma en que CreateSpace ha abierto la publicación y distribución de libros?
- **Producción de contenido, incluidos programas de televisión y juegos:** Esta área tiene un gran potencial para crear una plataforma comercial al eliminar las barreras y complejidades de la producción y distribución de conte-

nido original. Esto podría ser una gran victoria tanto para Amazon como para las personas que quieren contar historias a través de video o producción de juegos.

- **Robots utilizados en almacenes:** Kiva fue una adquisición que ya tenía clientes externos. Por razones competitivas, Amazon ha hecho de esto una capacidad patentada e interna solamente. ¿Lo reabrirán a otros en algún momento?
- **Soluciones de tiendas minoristas:** Basadas en los conceptos de las tiendas Amazon Go, es fácil ver cómo AWS toma aspectos de los sensores, los sistemas de visión y la *Tecnología Just Walk Out* y ofrece estos servicios administrados a otros operadores de tiendas minoristas.
- **Estudios de fotografía y servicios de imagen:** Impulsados en particular por la categoría de indumentaria, Amazon ha desarrollado procesos escalables para crear y administrar imágenes. Esta sería una valiosa capacidad "como-servicio" para que otras marcas la aprovechen.

Importantes empresas y capacidades nuevas se están tramando en este momento. La capacidad de logística aérea patentada de Amazon, Prime Air, brindará ahorros y control de costos para la logística de paquetes de Amazon. El envío de Amazon se centra en la logística internacional de obtención de productos, como el flete marítimo. Amazon Business Supplies está vendiendo productos y suministros comerciales, y el aprendizaje de máquinas de Amazon facilita, en términos relativos, que cualquier desarrollador incluya capacidades de aprendizaje de máquinas en sus productos, a través de servicios en la nube bajo demanda como Sage Maker y AWS Rekognition.

Estas son las grandes apuestas que podrían convertirse en las próximas empresas de ensueño de Amazon.

PREGUNTAS PARA CONSIDERAR

1. ¿Estás atrapado en un solo negocio principal?
2. ¿Existen oportunidades para expandirte a nuevas industrias o a nuevas formas de atender a los clientes existentes?
3. ¿Cómo podría usarse una estrategia de lanzar y aprender en tu negocio?

NOTAS

1. Emily Glazier, Liz Hoffman y Laura Stevens, "Next up for Amazon: Checking Accounts", *Wall Street Journal*, abril 29, 2018.
2. Brian Deagon, "Amazon Price Target Hike Based on Savings from New Airline Fleet", *Investor's Business Daily*, junio 16, 2016.
3. Orit Gadiesh y James L. Gilbert, "How to Map Your Industry's Profit Pool", *Harvard Business Review*, mayo-junio 1998.
4. Alison Griswold, "A Dot-Com Era Deal with Amazon Marked the Beginning of the End for Toys R Us", *Quartz*, https://qz.com/1080389/a-dot-com-era-deal-with-amazon-marked-the-beginning-of-the-end-for-toys-r-us/.
5. Brian Deagon, "Amazon's Booming Apparel Business in Position to Pass Macy's, TJX", *Investor's Business Daily*, diciembre 5, 2017.

IDEA 30

NO REGALES EL SISTEMA OPERATIVO:

SOCIOS, PROVEEDORES Y ESTRATEGIA

> Gary se fue volando.
>
> —BILL GATES

El 8 de julio de 1994, Gary Kildall, el científico estadounidense en computación y microempresario que creó el sistema operativo CP/M y fundó Digital Research, Inc., sufrió lesiones traumáticas cuando se cayó o fue golpeado en un bar de motociclistas en Monterey, California. Murió en un hospital tres días después. Una autopsia indicó que Kildall sufrió síntomas asociados con el alcoholismo crónico.[1] Un final ignominioso para el hombre que muchos creen es el "verdadero" Bill Gates.

¿Cómo es eso? ¿Nunca has oído hablar de Gary Kildall? Desafortunadamente, es quizás mejor conocido por un cuento apócrifo en el nacimiento de la revolución de la computadora personal. Kildall era el genio detrás de CP/M, el sistema operativo original y dominante en ese momento. En 1980, IBM se acercó a Kildall con una oferta para obtener la licencia de CP/M para su negocio de PC. Según la tradición, Kildall no estaba presente cuando los representantes de IBM aparecieron sin previo aviso. Kildall era piloto, y estaba volando, pero a otra cita de negocios. Eso no es realmente lo que sucedió, por supuesto. En ese momento, la esposa de Kildall manejaba las negociaciones y, basándose en el consejo de su abogado, supuestamente ella se negó a firmar un acuerdo de no divulgación. En última instancia, la demora en las negociaciones dio al Bill Gates que conocemos hoy el tiempo suficiente para proponer un sistema operativo alternativo, 86-DOS, que tomó mucho prestado del CP/M. Más adelante en la vida, Kildall llamaría a DOS "un robo simple y sencillo", y señalaría que las primeras 26 instrucciones del sistema funcionaban igual que las de CP/M.[2]

Pero no te sientas demasiado mal por Kildall. Vendió su compañía por $125 millones y vivió un lujoso estilo de vida con un Jet Lear y mansiones en Pebble Beach y Austin, Texas, antes de su muerte prematura en Monterey. Pero piensa en lo que él regaló. La historia de Digital Research sigue siendo una historia de advertencia. No regales tu sistema operativo.

IDEA 30

No subcontrates la toma de decisiones estratégicas o críticas. Crea procesos, flujos de datos, árboles de decisión y algoritmos, y sistemas que busquen optimizar funciones críticas en toda la empresa. Utiliza socios y proveedores para la ejecución táctica, y crea las reglas y el motor de optimización como tu propiedad intelectual. Integra datos en tiempo real para alimentar esta toma de decisiones.

SISTEMAS OPERATIVOS DE AMAZON

¿Qué hace un sistema operativo? A nivel conceptual, dos cosas. Primero, ejecuta, asigna y optimiza los recursos del sistema para todos los usuarios. En segundo lugar, abstrae la complejidad y se ocupa de aspectos básicos comunes como la gestión de errores para cualquier servicio que desee utilizar los recursos del sistema. Un sistema operativo es la inteligencia estratégica de cualquier sistema informático. Es un paralelismo interesante entre cómo aprovechas a otros, principalmente socios y proveedores, para ayudar a escalar tu negocio.

¿Es Amazon una empresa de sistemas operativos? Nunca lo había considerado hasta hace poco. En mayo de 2018, me estaba preparando para el discurso de apertura de la conferencia anual del Instituto de Gestión de Suministros (ISM), y estaba pensando en cómo un programa silencioso y bajo el radar de Amazon podría alterar radicalmente la cadena de suministro si se convirtiera en un sistema operativo. Los drones, los dirigibles y las flotas de vehículos de Amazon obtienen toda la prensa y la atención, pero veo el potencial del Amazon Seller Flex y es otra cosa. Podría convertirse en un sistema operativo para la gestión de la cadena de suministro.

Amazon Seller Flex (no debe confundirse con Amazon Flex, que es el servicio de entrega bajo demanda de Amazon, similar a Uber, que permite que conductores independientes entreguen paquetes por Amazon) es un programa que invita a los vendedores o a terceros a gestionar el transporte mediante el uso de las capacidades de gestión de logística, tecnologías y contratos negociados de Amazon, en sus almacenes.

Así es como funciona. Para garantizar la expectativa de entrega Prime de dos días o menos, la selección elegible para Amazon Prime debe estar en los centros logísticos de Amazon. Los vendedores terceros pueden hacer que su selección sea elegible para Prime, enviando inventario a los centros logísticos de Amazon y permitiendo que Amazon administre la entrega del pedido, generalmente utilizando FedEx, UPS y USPS. El programa Amazon Seller Flex ahora extiende el alcance de la administración logística de Amazon al centro de logística del vendedor tercero ofreciendo software al vendedor tercero, que a menudo es una empresa de marca o también un minorista.

Al utilizar el software Amazon Seller Flex, el usuario puede hacer que los pedidos de Amazon se asignen directamente para su envío, aprovechando las tarifas negociadas de Amazon para el transporte. Esto tiene beneficios para todas las partes involucradas, ya que evita tener que enviar y recibir inventario en los almacenes de Amazon. El vendedor también puede usar la capacidad para pedidos que no sean de Amazon. Amazon obtiene más volumen de envío a través de sus contratos de transporte, lo que les otorga aún más poder en la relación. El vendedor obtiene no solo la capacidad de transporte de Amazon, sino toda la inteligencia detrás de ella, incluida la optimización de la mejor manera de enviar el pedido para satisfacer las expectativas del cliente. Al incorporar software dentro del vendedor y otorgarle a este software una capacidad operativa central, Amazon se adentra aún más en el ecosistema de comercio. Que no nos sorprenda si en 10 años Amazon Seller Flex se convierte en otro gran negocio para Amazon y crea un *Internet of Supply Chain and Logistics*, como el *Internet de las Cosas*, conduciendo gran parte de nuestro comercio, ya sea que estemos comprando productos directamente de Amazon o no.

Las empresas que adoptan Seller Flex aprovechan las tarifas y opciones negociadas líderes del mercado de Amazon para los proveedores de transporte. Amazon gana un volumen más consolidado a través de su control de los proveedores de transporte, y probablemente más tarifas.

Pero aquí está la estrategia infalible para Amazon. Primero, controlarán más gastos para los proveedores de transporte, lo que le brindará a Amazon aún más influencia en estas relaciones. En segundo lugar, Amazon obtendrá aún más datos sobre productos, volúmenes y clientes. Seller Flex es el equivalente de una plataforma operativa. Optimiza y asigna recursos y abstrae la complejidad de los participantes. Con el tiempo, Seller Flex tiene el potencial de ser un sistema operativo de transporte que controle una cantidad significativa del volumen de entrega de paquetes. ¿Es otro de los negocios "mágicos" de Bezos? Tal vez.

Otro "sistema operativo" de Amazon en las primeras etapas de desarrollo se llama Greengrass, un producto de la división de

AWS, AWS. Greengrass es un software (Amazon tiene cuidado de no llamarlo un sistema operativo) que se ejecuta en productos inteligentes. Permite capacidades de inferencia de computación local, mensajería, almacenamiento en caché de datos, sincronización y aprendizaje de máquinas (ML) para dispositivos conectados. También permite a los usuarios ejecutar aplicaciones de IdC en la nube de AWS y en dispositivos locales utilizando AWS Lambda y AWS IdC Core.[3] La arquitectura de AWS y la arquitectura general de la nube se han enfocado en la capacidad centralizada. Greengrass es el primer producto que permite que las capacidades de AWS se utilicen de manera descentralizada. ¡Guau! Juega con ese pensamiento en el futuro. Greengrass es el sistema operativo que permite el uso del dispositivo de las capacidades de AWS que competiría con sistemas similares a Android, Microsoft y otros dispositivos. Un gran avance de la estrategia desde un punto de vista puro de la nube.

Y EL PUNTO ES...

¿Sabías que Yahoo! tuvo la oportunidad de adquirir Google? En realidad, dos veces: una en 1998 por US $1 millón y nuevamente en 2002 por US $ 5 mil millones.[4] En cambio, Yahoo! le dio licencia a Google para ser su motor de búsqueda. Ups. Básicamente, "subcontrataron el sistema operativo" de una parte fundamental de su negocio a Google. A pesar de varios intentos de corregir esta decisión, Yahoo! nunca se ha recuperado. Ya sea para asignar pedidos a almacenes, interpretar señales de demanda para decidir qué productos diseñar y fabricar, o participar en la personalización para el cliente y la segmentación del mercado, es inteligente y necesario aprovechar a otros socios y proveedores para prestar servicios y valerse de su experiencia para apoyar tus objetivos. Pero aquí está la otra cara: no subcontrates ni regales la clave de toma de decisiones inteligente de tu negocio. Esta clave es el "sistema operativo" de tu gestión. Necesitas construir, codificar, dar soporte a algoritmos y escalar estos puntos esenciales de apalancamiento de la asignación de recursos dentro de tus estructuras de gestión.

No dejes que tu legado se vea ensombrecido por lo que no hiciste. No repitas la historia con tu propia historia de "Gary se fue volando" solo para convertirte en una nota al pie.

PREGUNTAS A CONSIDERAR

1. ¿Hay capacidades estratégicas o procesos de toma de decisiones que hayas subcontratado a otros?
2. ¿Cómo sería un sistema operativo en tu industria?
3. ¿Qué lecciones de historia podrían ayudarte a identificar las opciones de estrategia digital en tu negocio?

NOTAS

1. Peyton Whitely, "Computer Pioneer's Death Probed: Kildall Called Possible Victim of Homicide", *Seattle Times*, julio 16, 1994.
2. Gary Kildall, *Computer Connections*, http://www.computerhistory.org/atchm/in-his-own-words-gary-kildall/.
3. Amazon, "AWS IoT Greengrass", Aws.Amazon.com, https://aws.amazon.com/greengrass.
4. Derrick Jayson, "Remember When Yahoo Turned Down $1 Million to Buy Google?", *Benzinga*, julio 25, 2016.

PARTE III

NEGOCIOS Y TECNOLOGÍA

MENTIRAS, MALDITAS MENTIRAS Y MÉTRICAS:

USA LAS MÉTRICAS PARA CONSTRUIR UNA CULTURA DE RESPONSABILIDAD Y PASIÓN POR EL CLIENTE

> Caballeros, vamos a perseguir implacablemente la perfección, sabiendo muy bien que no la alcanzaremos, porque nada es perfecto. Pero la vamos a perseguir sin descanso porque en el proceso alcanzaremos la excelencia. No estoy ni remotamente interesado en ser solo bueno.
>
> —VINCE LOMBARDI

Ofrezco decenas de conferencias y presentaciones en reuniones con equipos ejecutivos de negocios. Estas reuniones cubren amplios territorios y temas, pero siempre trato de enfatizar algunos puntos clave: la importancia de la paciencia, y esa transformación se debe tanto a tus hábitos y creencias personales como a cambiar tu organización. Subrayo que el manual de Amazon es un sistema basado en principios. No se basa en un conjunto de pasos o en un enfoque lineal único.

Inevitablemente, alguien levantará la mano y me pedirá que elija la jugada más importante del manual de Amazon. Entiendo la necesidad de dar un punto de partida. Entonces, al explicar que se trata de un sistema, surge una respuesta a la pregunta "¿Qué es lo único que me echa a andar?". La clave fundamental por sobre todo, el *hábito del campeonato*, es esto: las métricas.

IDEA 31

Usa métricas para perseguir sin descanso la comprensión y la corrección de la causa fundamental. Mide el aspecto de la experiencia del cliente de tu negocio, así como los aspectos operativos y financieros. Diseña procesos y sistemas para recopilar datos detallados y en tiempo real que se incorporarán a tus métricas. Crea una gran cantidad de reuniones centradas en métricas para impulsar la responsabilidad y la acción. Diseñar tus métricas es una habilidad y requiere un esfuerzo constante. El diseño de métricas nunca termina.

EN DIOS CONFIAMOS. TODOS LOS DEMÁS DEBEN TRAER DATOS

En 2004, asistí a una reunión del equipo ejecutivo *senior* en Amazon que coincidió con la oferta pública inicial (IPO) de Salesforce. Durante la reunión, uno de los otros miembros del equipo ejecutivo comentó casualmente que Salesforce era la compañía de tecnología de gestión de relaciones con clientes (CRM) más grande del mundo.

Gran error.

"*¡**Nosotros** somos la compañía de CRM más grande del mundo!*", gritó en respuesta un líder *senior* de Amazon (adivina quién).

Al igual que una compañía de CRM, Amazon está obsesionada con administrar y analizar los datos sobre las interacciones con los clientes para mejorar sus relaciones con ellos. Y lo está haciendo en una escala mucho más grande que Salesforce. La naturaleza digital de los negocios de Amazon y su enfoque en la recopilación de cantidades obscenas de datos lo hacen significativamente diferente a la compañía de comercio electrónico promedio. Las métricas se entrelazan perfectamente en la cultura de Amazon.

La famosa cita de W. Edwards Deming es un mantra: "En Dios confiamos. Todos los demás deben traer datos". Los equipos dedican tanto o más tiempo a definir y ponerse de acuerdo sobre cómo medir una nueva característica, servicio o producto que en diseñar la característica en sí. Las semanas están integradas en los cronogramas de gestión de proyectos para la consideración de las entradas y salidas de una operación; para identificar qué datos podrían ser necesarios para ejecutar esa operación; y comprender su complejo funcionamiento interno. Las métricas son la respuesta. Las métricas son la pregunta. Las métricas son el vehículo para perseguir sin descanso la causa fundamental.

"¿TUVIERON MIS CLIENTES UN BUEN DÍA HOY?"

En Amazon, tener un cuadro de mando integral,* equilibrado y bien diseñado de métricas que se revisa constantemente día tras día, semana tras semana, proporciona una visión profunda de lo que funciona y lo que no. También te asigna la responsabilidad exclusiva por el éxito y el fracaso como líder.

El rendimiento repetible y consistente reflejado en las métricas es el estándar de oro para el éxito. Sin acceso a un conjunto consistente de métricas, un líder de Amazon estaría volando a ciegas, y tal comportamiento riesgoso no es aceptable en la compañía. Las métricas en tiempo real son el elemento vital que fluye a través de las venas de Amazon. Los datos reales y los conocimientos reales de la experiencia del cliente se utilizan continuamente para responder a la pregunta "¿Tuvieron mis clientes

---

* El concepto de *scorecard*, que era simplemente una tarjeta de calificaciones, ha evolucionado y ahora un Balanced Scorecard (BSC) se conoce en español como Cuadro de Mando Integral (CMI). Esta metodología fue presentada en el número enero/febrero de 1992 en el *Harvard Business Review*. [*N. de la T.*].

un buen día hoy?". Si tus métricas están vigentes, si están en tiempo real, y los miembros de tu equipo y los procesos los utilizan, esta pregunta produce un simple sí o no por respuesta.

Se necesita previsión para dar soluciones con base en los números correctamente. Debes integrar las métricas en tiempo real desde el inicio de un programa porque son casi imposibles de modernizar posteriormente. La experiencia de Amazon nos muestra que la mayor oportunidad para las compañías que operan hoy en día es repensar completamente su concepto de métricas. La mayoría de las empresas utilizan lo que se denomina *arquitectura de lotes* para registrar grandes conjuntos de transacciones u otras actualizaciones cuantitativas y procesarlas periódicamente (lo habitual es diario o semanalmente). La arquitectura por lotes es muy del siglo pasado. Hoy en día, necesitas datos en tiempo real, monitoreo en tiempo real y alarmas en tiempo real cuando surgen problemas, no métricas de tiempo de retraso que oculten los problemas reales durante 24 horas o más. Tu negocio debe funcionar como un reactor nuclear. Si surge un problema, necesitas ser consciente de ello inmediatamente.

PASA MÁS TIEMPO DISEÑANDO TUS MÉTRICAS

Piensa en dónde se asigna el tiempo de una empresa a nivel ejecutivo y de gestión: mucho tiempo dedicado a la elaboración de presupuestos, revisiones financieras, recursos humanos y logística, etc. Estos son importantes, pero ¿realmente ayudan a servir a los clientes, impulsan la excelencia operativa o generan ideas para la innovación? Aquí hay tres pasos rápidos para diseñar tus métricas:

1. Dedica tiempo a hablar sobre cuáles deberían ser las métricas.

2. Ten reuniones que usen esas métricas para revisar constantemente tu negocio. Siempre busca las causas de raíz. Convierte las métricas en acción.
3. Obtén datos tan detallados y en tiempo real como sea posible.

MÉTRICA ES UN VERBO

Tener buenas métricas es munición, pero las guerras se libran en el combate diario de usar métricas para conducir a la perfección. El escenario de estas batallas son las reuniones que llamamos *reuniones de métricas*. Todo el ritmo operacional de la vida en Amazon es un conjunto de reuniones de métricas semanales. Habitualmente, comenzando con los servicios y capacidades de nivel más bajo y preparándose para las reuniones de seniors de todo el mundo al final de la semana, un líder operativo en Amazon asiste a una serie de reuniones de métricas en el transcurso de una semana. Cada semana.

Aunque se denominan *reuniones de métricas*, en realidad son reuniones de responsabilidad compartida donde los "propietarios" de métricas relacionadas discuten las tendencias y problemas más recientes en sus métricas. Se espera que los líderes conozcan los detalles de su negocio, que verbalicen la autocrítica y que discutan planes o avances para mejorar. Aunque los éxitos pueden ser reconocidos, el *modus operandi* en general es "celebrar durante un nanosegundo" y luego enfocarse en los problemas y errores en el negocio. Incluso cuando las cosas son generalmente buenas, nunca son perfectas.

Las reuniones se organizan en torno a servicios, procesos y grupos de capacidades clave. Por ejemplo, llevé a cabo las reuniones de métricas de Marketplace, pese a que, desde un punto de vista organizacional, solo un subconjunto era parte de mi organización. Yo incluía líderes de las capacidades clave que afectan el negocio de Marketplace, como el equipo del catálogo, el equipo de canalización de pedidos y el equipo de pagos y fraudes.

Los socios financieros de Amazon desempeñan un papel clave para garantizar que todas las métricas, no solo las financieras, se hayan preparado, y se asocian con el líder funcional para tomar notas, asignar responsabilidades e impulsar los resultados y las mejoras que se entregarán. Los socios financieros son críticos para mantener las reuniones honestas y asegurar que las personas den resultados. Los considero como los oficiales de responsabilidad independiente que se aseguran de que las reuniones de métricas estén haciendo su trabajo de definir e informar sobre el progreso para mejorar nuestro desempeño.

INSTRUMENTACIÓN: DATOS DETALLADOS Y EN TIEMPO REAL

Una vez que las métricas y los SLA* de un equipo están implementados, el enfoque se centra en la recopilación de datos que informará esas métricas y SLA. En Amazon, existen estándares muy específicos para la calidad y el tipo de datos que un equipo debe recopilar. El equipo ejecutivo de Amazon se refiere a esas normas como *instrumentación*.

Las expectativas sobre la recopilación de datos, o la instrumentación, en Amazon son dobles: en primer lugar, los da-

* Repetimos que son los *Acuerdos de Nivel de Servicio*. Son similares a los contratos en México, porque es donde se definen los compromisos de compraventa y tienen carácter vinculante. Las diferencias entre un *Contract* y un *SLA* radican en su campo de acción, la redacción y sus jurisdicciones, entre otros. [*N. de la T.*].

tos deben ser de naturaleza específica. Siempre se pueden resumir y agregar datos, pero no se puede retroceder y obtener más detalles de un conjunto de datos. En segundo lugar, esos datos deben estar disponibles en tiempo real. Siempre se pueden agrupar los datos o ralentizarlos, pero no se pueden acelerar. Se diseña para que no haya demoras ni sistemas por lotes.

Hay muchas razones por las que esto es importante. Digamos que una empresa de comestibles utiliza un contenedor de almacenamiento refrigerado para mantener sus frutas y verduras frescas. De repente, en el transcurso de un día, toda la lechuga se pone mala. Si la compañía ha estado recolectando datos detallados —por ejemplo, cualquier cambio en la temperatura o la presión y sus sellos de tiempo—, esa compañía de comestibles podrá ser capaz de averiguar qué fue lo que causó que la lechuga se echara a perder. De lo contrario, se quedan atorados preguntándose las posibles variables y causas en esa situación.

Por supuesto, no es posible recopilar datos detallados en tiempo real en cada situación. Existen limitaciones en la naturaleza de los datos que se pueden recopilar en una situación específica, pero en Amazon se espera que trabajes enérgicamente para lograr la instrumentación.

Por último, nunca dejes de reevaluar y construir métricas. Revisa con frecuencia para asegurarte de que tus métricas aún estén explícitamente vinculadas a los objetivos, y no dudes en cambiar las métricas cuando dejen de impulsar el cambio en tu organización.

¿Por qué?

Porque las buenas métricas crean buenos procesos que minimizan la burocracia.

DISEÑO DE MÉTRICAS Y REUNIONES DE MÉTRICAS: A LA MANERA DE AMAZON

Las Figuras 31.1 y 31.2 contienen los puntos clave en la definición y diseño de métricas y cómo usar las métricas en el negocio.

NUNCA TERMINAS CON TUS MÉTRICAS

- Dedica más tiempo a debatir y definir tus métricas
- Construye las métricas desde la experiencia del cliente
- Debes ser capaz de responder la pregunta "¿Tuvieron mis clientes un buen día hoy?" con métricas
- Las métricas están diseñadas para ir "hacia arriba y a lo correcto"
- Facilita que se lean de un vistazo para conocer las tendencias y saber cuáles métricas deben discutirse e investigarse
- Las métricas siempre tienen un período previo de comparación, tendencias y SLA
- Cuenta con un Cuadro de Mandos para tus métricas
- Ten una definición clara y común para cada métrica
- Evita la preparación de métricas manuales. Los aparatos de métricas deben ser de un clic y generarse automáticamente.
- Una métrica es propiedad de una persona en la organización
- Los SLA típicamente se incrementan cada año. ¡Es necesario mejorar el desempeño!
- Existen diferentes tipos de métricas para diferentes propósitos y tipos de entorno:
  - Métricas operativas y sobre la experiencia del cliente
  - Métricas para resultados y metas financieras
  - Métricas de adopción a largo plazo y deleite del cliente

FIGURA 31.1 MÉTRICAS: EL RITMO DEL NEGOCIO

LINEAMIENTOS PARA LAS REUNIONES MÉTRICAS

- Las reuniones de métricas implican a un conjunto consistente de personas para discutir una línea de negocio, un servicio de tecnología o un programa
- Reúnanse de forma consistente (típicamente, cada semana)
- Las personas asisten y prestan atención. Deben guardar teléfonos y computadoras
- Llega preparado, atento a los problemas clave, con respuestas y explicaciones
- Los buenos líderes usan un "kimono abierto" y verbalizan la autocrítica (principio de liderazgo Amazon 11: se ganan la confianza de los demás
- Las reuniones de métricas son en realidad para descubrir las causas de raíz y que cada quien se haga responsable de lo suyo
- El equipo de finanzas no es quien lleva la reunión, pero en general, ayudan a mantener la apertura del grupo
- Los puntos de acción se publican después de cada reunión
- Trata de evitar escalar o pedir permiso para "hacer lo correcto"
- Es trabajo de todos entender el impacto en el cliente y su perspectiva, y atenderlo
- La revisión profunda y la discusión de un conjunto consistente de métricas en el tiempo genera excelencia operativa e ideas para la innovación
- Tal como las métricas, las reuniones de métricas se diseñan a conciencia y no son estáticas. Evoluciona tus reuniones de métricas conforme sea necesario para seguir creando valor

FIGURA 31.2 *MÉTRICA* ES UN VERBO

PREGUNTAS A CONSIDERAR

1. ¿Pueden tus equipos principales responder a la pregunta "¿Tuvieron mis clientes un buen día hoy?" con métricas y monitoreo?
2. ¿Tienes métricas sólidas de la experiencia del cliente para complementar tus métricas operativas y financieras?
3. ¿Podrías usar métricas para impulsar una mejor responsabilidad y calidad?

IDEA 32

PROCESO CONTRA BUROCRACIA:

CREA PROCESOS QUE ESCALEN

La escalación es el sueño y la pesadilla de todo empresario. El hipercrecimiento es aterrador, y con más frecuencia el éxito es lo que mata a las grandes compañías.

—VERNE HARNISH

¿Qué es lo que más rabia te da? Para mí son varias cosas, pero en el que estoy pensando es que rápidamente me frustro cuando algo no tiene sentido, todos reconocemos que no tiene sentido, y sin embargo nadie está facultado para hacer un cambio o tomar la decisión correcta. Es como tratar con el servicio al cliente y todo lo que pueden decir es "Lamento que esto lo esté afectando, pero nuestra política establece que...". ¿Sabes lo que es eso? Burocracia con reglas rígidas que suelen estar desactualizadas y nadie con poder para cambiarlas.

El tercer principio de liderazgo de Amazon es "Inventar y Simplificar". La mayoría encuentra curioso que *simplificar* esté en las primeras filas con *inventar* y no enterrado en algún lugar en la descripción del principio de liderazgo. Los líderes operativos de Amazon piensan cómo escalar las capacidades centrales, sabiendo que mantener los procesos simples es la clave para poder escalarlos. No puedo exagerar la importancia de mantenerlos simples.

En su forma más básica, la capacidad de escalar resulta en la producción de más "unidades" a través de un proceso, con un costo decreciente por unidad. Ya sea que la unidad sea una orden, un cliente o un *byte*, el hecho de poder "hacer más con un costo unitario decreciente" ayuda a descubrir cómo escalar el proceso sin solo agregarle más gente. Estos tipos de procesos centrales podrían ser servicios que ayuden a impulsar la experiencia del cliente en línea, por ejemplo, el servicio de pagos o el servicio de imágenes, o podrían ser capacidades clave de *back office* como el proceso de pronosticar el inventario o el proceso de adquisición de un servidor. Estas son capacidades esenciales que deben ser de clase mundial para que la empresa y la experiencia del cliente sobresalgan. No es necesario que todo en el negocio sea de clase mundial, solo los procesos esenciales que diferencian tu negocio.

IDEA 32

Los procesos bien definidos ayudan a evitar la burocracia o la exponen si existe. Construye tus procesos centrales de manera deliberada, como un habilitador clave para la escalación. Parte del diseño de tus procesos es identificar los servicios clave que se utilizan de varias maneras en toda la empresa. Obliga a que la simplicidad triunfe sobre la complejidad. Ten estándares altos para construir y operar procesos clave y evitar la burocracia.

Ciertamente, hay procesos en Amazon que son demasiado manuales y demasiado complicados y que podrían mejorarse y automatizarse. Pero crear procesos de clase mundial requiere talento crítico, y ese talento podría estar mejor orientado hacia otro trabajo más estratégico, de modo que permita que los procesos que no son esenciales sufran menos innovación y automatización. Estas son decisiones importantes donde hay que elegir entre dos cosas contrarias. Un ejemplo de los procesos en Amazon que son importantes pero no básicos, son capacidades como la comercialización de un sitio o la adición de nuevas funciones al programa Prime. Si bien esto debe hacerse correctamente, la cantidad de trabajo no crece con el aumento en el negocio y, por lo tanto, estos procesos se pueden estabilizar a un nivel aceptable de esfuerzo manual y subóptimo. El talento de ingeniería que se necesitaría para automatizar estos procesos, se considera mejor utilizado en programas que sí se necesitan escalar, como el aumento de la automatización en los centros logísticos de Amazon.

¿QUÉ ES LA BUROCRACIA?

Una de las grandes observaciones que escuché de Jeff Bezos se produjo durante una de nuestras reuniones con todos, celebrada en un cine local. Bezos respondió a la pregunta de un empleado sobre cómo evitar la burocracia y al mismo tiempo asegurarse de que existieran ciertas reglas. Bezos respondió: "El buen proceso es absolutamente esencial. Sin procesos definidos, no puedes escalar, no puedes poner métricas e instrumentación en vigor, no puedes administrar. Pero evitar la burocracia es esencial. La burocracia es un proceso desquiciado".

Bezos comprendía que las personas con rendimiento nivel A odian la burocracia y se irán de las organizaciones cuando sientan que los invade. Por el contrario, los ejecutantes de nivel C y D, muchos de los cuales suelen residir en la gerencia media de una organización determinada, aman la burocracia porque pueden esconderse detrás de ella, actuando como guardianes, y con frecuencia creando el tipo de fricción que puede atorar a toda la empresa. Los procesos sólidos con resultados medibles eliminan la burocracia y exponen a aquellos de bajo rendimiento.

Entonces, ¿cómo reconocer la burocracia y distinguirla de un proceso bien definido? Cuando las reglas no pueden explicarse; cuando no favorecen al cliente; cuando no se puede obtener reparación de una autoridad superior; cuando no se puede obtener una respuesta a una pregunta razonable; cuando no hay acuerdo en el nivel de servicio o en el tiempo de respuesta garantizado, integrado en el proceso; o cuando las reglas simplemente no tienen sentido, cuando ocurre cualquiera de estas circunstancias, hay muchas posibilidades de que la burocracia haya comenzado a extenderse.

Tener altos estándares y prestar atención a los detalles para evitar estos síntomas e impulsar la responsabilidad y la capacidad de clase mundial puede parecer irrazonable, y lo es. Este es el tipo de expectativa irracional que Amazon tiene para sus líderes. También es una de las razones por las que Amazon no es el mejor lugar para trabajar para muchas personas, porque estarán expuestas si no cumplen con los altos estándares. La burocracia permite que los de bajo rendimiento se escondan, y por eso les gusta. En su carta de 2017 a los accionistas, Bezos explicó los beneficios de los altos estándares:

> Vale la pena construir una cultura de altos estándares, y tiene muchos beneficios. Naturalmente y lo más obvio, es crear mejores productos y servicios para los clientes, ¡esta sería una razón suficiente! Quizás un poco menos obvio: las personas se sienten atraídas por altos estándares: ayudan en el reclutamiento y la retención. Más sutil: una cultura de altos estándares protege todo el trabajo "invisible" pero crucial que se lleva a cabo en cada empresa. Estoy hablando del trabajo que nadie ve. El trabajo que se realiza cuando nadie está mirando. En una cultura de altos estándares, hacer ese trabajo bien es su propia recompensa, es parte de lo que significa ser un profesional. Y finalmente, ¡los altos estándares son divertidos! Una vez que has probado los altos estándares, no hay vuelta atrás.[1]

Mientras trabajas para inventar y perfeccionar procesos, recuerda siempre que la simplicidad es un baluarte esencial contra el sigiloso ataque de la burocracia.

LA RECETA PARA UN PROCESO QUE SE PUEDA ESCALAR

Aquí está la lista de verificación para que se escalen procesos magníficos:

1. **El CEO del proceso:** un proceso tiene un líder: llámale el "CEO del proceso". Esta persona es responsable de desarrollar una capacidad de clase mundial. Esto no significa que ella sola ejecute el proceso en todas las ubicaciones. Por ejemplo, el proceso de recepción de inventario es un proceso crítico del centro logístico. El CEO del proceso no lo ejecuta en los cientos de centros logísticos de Amazon, pero ofrece una capacidad de clase mundial que se utiliza en todos ellos.
2. **El equipo de dos pizzas:** Un equipo dedicado y pequeño, el equipo de dos pizzas es típicamente un equipo multifuncional de no más de diez personas. Exploramos esto en mayor profundidad en la Idea 20.
3. **Clientes:** Los clientes son internos y, como lo muestra la estrategia de la plataforma de Amazon, externos. Tu empresa debe tener una comprensión profunda de tus clientes, tus planes, hojas de ruta y necesidades. Desarrolla perfiles para estos clientes y dales una capacidad contundente.
4. **Autoservicio:** Un proceso debe ser de autoservicio. Alguien que use o quiera usar tu proceso debe poder descubrir, contratar, implementar, administrar y optimizar la utilización de tu servicio sin hablar contigo. Esta es una función de forzamiento para obligar a los equipos a definir y explicar tu proceso. Para más información sobre las funciones de forzamiento, ve la Idea 24.
5. **Definición:** Crea una definición profunda y escrita de tu proceso, con énfasis en las conexiones e interfaces. Pien-

sa en el proceso como una caja negra. Aunque no comprendas los detalles de lo que sucede dentro de la caja negra, define exactamente cuáles son las entradas a la caja, los resultados que entrega y luego las métricas.

6. **Métricas:** Esto incluye métricas diarias y operativas, así como métricas a más largo plazo. Las métricas a largo plazo a veces se denominan colectivamente como una *función de aptitud* (*fitness function*) en Amazon. Una función de aptitud, que es un conjunto de métricas, muestra cómo se entregó un proceso o capacidad durante un largo período de tiempo. Las métricas sobre adopción, escalamiento, costo y calidad son los temas clave cuidadosamente debatidos y aprobados antes de que se pueda aprobar una función de aptitud.
7. **Interfaces de programación de aplicaciones (API):** Las API, como parte de hacer que tu capacidad sea de autoservicio, son las interfaces de programación que permiten que otros sistemas se integren en tu capacidad. Las API interactúan con los socios y sistemas comerciales ascendentes y descendentes, y definen la coreografía y las reglas comerciales entre procesos y capacidades. El diseño de estas interfaces es una parte clave de la ingeniería de procesos que realiza un equipo y, como tal, es un interés central de negocios.
8. **Mapa de ruta de posibilidades:** Un proceso tiene un mapa de ruta de posibles innovaciones y mejoras para la capacidad. Esta hoja de ruta sobre posibles nuevas ideas y características siempre se actualiza y se agrega como parte de una conversación continua con el equipo y los socios. Esta no es la hoja de ruta aprobada o financiada, sino más bien una lista de ideas catalogadas para mantener al equipo pensando en el futuro y lograr que escri-

> ban estas ideas. Hacer un hábito de formular preguntas críticas sobre cómo escalar las capacidades clave, cómo mejorar sus métricas operativas y cómo aumentar la calidad y escribir estas ideas te permitirá desarrollar mejores ideas con el tiempo. Cuando se necesite un plan detallado y comprometido, estarás listo con las mejores ideas porque ya habrás estado trabajando duro, lo que no puede ser apresurado.

Piensa en tus procesos centrales. ¿Existe la oportunidad de elevar el nivel de lo que ofrecen tus procesos y la forma en que afectan al negocio? Empieza con una cuidadosa consideración y debate sobre cuáles de tus procesos centrales se necesitan escalar, revisa la lista de ingredientes y comienza a diseñar tus procesos.

Por supuesto, cualquier proceso que implementes es inútil si no haces primero los números.

PREGUNTAS A CONSIDERAR

1. En tu negocio ¿dónde podrías iniciar el concepto de un pequeño equipo que posea un servicio crítico?
2. ¿Dónde es importante escalar en tu negocio? ¿Podrían mejorarse esas funciones con esta "receta para un proceso"?
3. ¿Qué resistencias puedes predecir? ¿Cómo podrías adelantarte a los desafíos del cambio?

NOTAS

1. Jeff Bezos, "Carta a los inversionistas 2017", Amazon.com.

IDEA 33

HAZ LAS CUENTAS:

EL CAMINO A LA AUTOMATIZACIÓN Y LA IA EMPIEZA CON FÓRMULAS

Las matemáticas no se tratan de números,
ecuaciones, cálculos o algoritmos:
se trata de comprender.

—WILLIAM PAUL THURSTON

¿Conoces la fórmula de tu proceso de negocio? ¿Sabes cuáles son las variables de entrada frente a las variables de salida? Al trabajar con mis clientes, realizo una gran cantidad de trabajos de reingeniería y mejora de procesos. Una temprana discusión (y prueba) que les doy incluye las siguientes tres preguntas:

1. ¿Tienes una definición escrita del proceso suficientemente profunda y precisa?
2. ¿Puedes guiarme a través de un conjunto equilibrado (costo, calidad, rendimiento) de métricas para el proceso (y mostrarme las métricas de hoy además de las métricas del mes pasado)?
3. ¿Me puedes mostrar una fórmula escrita del proceso?

Las respuestas tienden a variar bastante. Muchos clientes tienen una definición de su proceso, pero no es bastante profunda ni precisa como para explicar cómo funciona realmente su negocio. La mayoría tiene algunas métricas, pero en general son unilaterales o desequilibradas, y tienen una latencia significativa.

En cuanto a esa tercera pregunta, generalmente recibo miradas curiosas. "¿A qué demonios quiere llegar?". La mayoría de las veces, trabajo con clientes que no tienen idea de cómo sería una fórmula para su negocio. ¿Cómo sería entender en realidad todas estas cosas de tu negocio?

IDEA 33

En tu viaje de mejora y automatización de procesos, crea las mejores ecuaciones matemáticas que puedas para el proceso y los subprocesos. Esto te ayudará a comprender y definir el proceso, saber cómo medirlo, y luego te guiará hacia la automatización y la inteligencia artificial (IA).

¿CÓMO EMPEZAR EN TU NEGOCIO? HAZ CUENTAS

Echemos un vistazo más profundo al caso de Clifford Cancelosi, un exlíder de Amazon y excolega mío. Hasta hace poco, Clifford era líder en un negocio nacional de instalación y reparación de electrodomésticos. Cuando Clifford comenzó en el negocio de reparación de aparatos, los clientes constantemente esperaban entre 7 y 10 días por una cita programada con un técnico. Esto dificultaba la creación de una hoja de ruta comercial o incluso priorizar la urgencia de clientes específicos.

Afortunadamente, gracias su experiencia en Amazon, Clifford sabía qué hacer. Lo llama "Haz los números". Se puso a trabajar para crear un conjunto de ecuaciones y determinar su capacidad de reparación efectiva diaria. Después de pensarlo un poco, se dio cuenta de que, a un alto nivel, la capacidad de reparación diaria efectiva de la compañía para cada técnico era una función de tres variables:

- El tiempo medio que le toma a un técnico completar un trabajo.
- El tiempo medio que le toma a un técnico moverse de un trabajo a otro.
- El porcentaje de veces que se completa un trabajo de reparación en una visita.

LA FÓRMULA PARA LA CAPACIDAD EFECTIVA DE UN TÉCNICO ES ENTONCES:

(8 horas × porcentaje completado en la primera visita) / (tiempo medio para completar el trabajo + tiempo medio de ruta entre trabajos) = capacidad diaria efectiva

---

Si el tiempo medio para completar un trabajo es de 2 horas, el tiempo medio para moverse entre las ubicaciones del trabajo es de 0.5 horas y el porcentaje de reparaciones que se terminan en la primera vez es del 75%, la capacidad efectiva se convierte en esto:

$$(8 \times 0.75) / (2 + 0.5) = 2.4$$

Eso es 2.4 trabajos efectivos por día de ocho horas.

Una vez que Clifford tuvo esta ecuación, pudo convertir cada variable en una métrica: terminadas en la primera vez, tiempos de ruta medios, etc. Realizó un seguimiento de cada una para controlar cada parte específica de las operaciones de la empresa.

A partir de ahí, analizó los posibles errores que podrían afectar cada métrica. En el caso de los terminados en la primera visita, estos incluyen lo siguiente:

- Eficacia del técnico
- Parte (refacción) incorrecta en el camión

- No hay esa parte en el camión
- Inexactitud en la programación

Cuanto mejor pueda comprender la empresa las subecuaciones dentro de la fórmula y qué impulsa las variaciones en cada métrica, mejor podrá aumentar el rendimiento del negocio. Esa comprensión profunda permitió a la compañía desarrollar fórmulas para aumentar su toma de decisiones manual.

Hoy, ese negocio de reparación de electrodomésticos ha elevado significativamente su fórmula de capacidad efectiva. Ha fortalecido la medición de la experiencia de primera vez, creando una jerarquía de métricas que evalúa la experiencia del cliente junto con las causas fundamentales, lo que mejora cada sondeo (o cada medición), reduce la variabilidad y los costos.

Si tienes dificultades para comprender cómo medir y mejorar tus procesos comerciales, esta es una excelente manera de comenzar:

1. Elige un proceso clave o experiencia del cliente. (En el ejemplo anterior, el proceso era la cantidad de trabajos que un técnico podía completar en un día).
2. Define la jerarquía de las métricas. (¿Cuáles son los factores que afectan ese proceso?).
3. Construye una fórmula a partir de las variables.

Una vez que tengas tus fórmulas básicas, se vuelve mucho más fácil comprender qué partes de los procesos podrían beneficiarse de una mayor recopilación de datos por parte de los dispositivos conectados.

En el negocio de reparación de electrodomésticos de Clifford, por ejemplo, se utilizaron sensores para capturar lo siguiente:

- **Las rutas reales de los camiones de reparto de la empresa y el tiempo real entre paradas**: Una vez que la empresa tuvo acceso a los datos de la ruta real y el tiempo de espera a través de *tablets* con que la empresa equipó a los camiones de reparto, los líderes de la empresa superpusieron la ruta planificada del conductor y el tiempo de ruta esperado para identificar los factores que podrían mejorar la eficiencia de los conductores, por ejemplo, eliminar paradas no programadas, aumentar la productividad en cada trabajo y crear rutas más eficientes para los conductores.
- **El movimiento del inventario clave utilizando sensores de identificación por radiofrecuencia (RFID):** Los sensores RFID permitieron a los líderes de la compañía ver cuándo se cargaba el inventario clave en un camión y cuándo se retiraba. Esto no solo ayudó a eliminar las pérdidas, sino que también permitió a la compañía prepararse para las necesidades de inventario.

El siguiente paso para el negocio de reparación de electrodomésticos sería trabajar con los fabricantes de aparatos para incluir sensores conectados en los mismos. Eso ayudaría a la compañía a comprender cuál era el problema con el aparato, y cualquier pieza necesaria, antes de que llegara el técnico, lo que llevaría a mejores métricas de "reparación de primera vez" y, finalmente, la capacidad de detectar, modelar y predecir fallas en el aparato.

CREA ECUACIONES PARA TEMAS Y PROCESOS CLAVE

La parte más difícil de hacer cuentas es comenzar. Es un proceso que requiere una comprensión profunda del entorno operativo de tu empresa, un talento para las matemáticas y una voluntad de ser transparente, y la persona promedio inherentemente encuentra razones para evitar hacerlo.

Es mucho más fácil pasar horas debatiendo razones subjetivas para las variaciones en tu entorno operativo que duplicar y perfeccionar tus ecuaciones.

Una de las cosas más importantes para recordar al comenzar con los números es no dejar que lo perfecto sea enemigo de lo bueno. No te dejes obsesionar por optimizar tus procesos de inmediato. El concepto de un proceso empresarial totalmente optimizado es intimidante para la mayoría de las personas. En lugar de prepararte para rendirte incluso antes de comenzar, concéntrate en hacer los números para impulsar la mejora continua.

Mantener la vista en la recompensa —un objetivo comercial clave que pueda mejorar la experiencia del cliente, aumentar la eficiencia de las operaciones comerciales y escalar financieramente estos impactos— es fundamental para hacer los números.

PREGUNTAS A CONSIDERAR

1. ¿Existen definiciones escritas, profundas y precisas, de tus procesos y capacidades principales?
2. ¿Tienes un conjunto equilibrado (costo, calidad, rendimiento) de métricas para los procesos (y muestran las métricas de hoy además de las métricas del mes pasado)?
3. ¿Puedes escribir una fórmula para el proceso?

LA EXPERIENCIA DEL CLIENTE IMPORTA:

DISEÑA Y MIDE LA EXPERIENCIA DEL CLIENTE PARA GANAR

Si tú no aprecias a tus clientes,
alguien más lo hará.

—JASON LANGELLA

Viajo con fines comerciales y personales; en promedio, un viaje por semana. Cuando viajo, realmente aprecio la *facilidad*. Embarque prioritario, viaje sin boleto, servicio a la habitación. Pequeñas delicias que dejan huella y me ponen una sonrisa en la cara.

Desafortunadamente, esto es dos veces más cierto para lo opuesto a *facilidad*: *enfermedad* operativa, por así decirlo. Por ejemplo, vuelo en American Airlines, que es socio de mi aerolínea preferida, Alaska Airlines. Cuando reservo el boleto en American, me permite seleccionar "Alaska" para poder usar el número de mi aerolínea asociada. Sin embargo, cuando ingreso mi número de Alaska, recibo un mensaje de error. Por eso, cada vez que voy al aeropuerto para registrarme para mi vuelo de American Airlines, debo recordar cambiar el vuelo a mi número MVP de Alaska Airlines. Esto obviamente no es un asunto crítico, pero es algo que tengo que tomar en cuenta, y hago una mueca cada que lo pienso.

Sí, este puede ser solo un pequeño paso en una larga secuencia de pasos necesarios para viajar por los Estados Unidos o el mundo, pero me molesta. Todas las veces. Si lo dejo, este simple inconveniente en el proceso podría definir toda mi experiencia como cliente con American Airlines.

IDEA 34

La experiencia del cliente no es el sitio web o la aplicación móvil. La experiencia del cliente es el ciclo de vida completo de tu cliente en situaciones clave que involucran tu producto o servicio, pero no se limita a tu producto o servicio. Crea métricas específicamente diseñadas para medir la experiencia del cliente. Sumérgete profundamente y comprende los detalles de cómo se sienten y reaccionan tus clientes ante toda la experiencia. Obtendrás ideas para mejorar y, lo que es más, ideas para innovar y expandir.

Un gran proveedor de atención médica me pidió recientemente que les diera una conferencia y querían 1 500 copias firmadas de mi libro anterior. Pedí los libros de CreateSpace (¡fácil!), los firmé (¡duro para mi mano!), y luego envié 15 cajas al evento desde mi casa. Estaba usando una de las principales empresas de mensajería, y pronto descubrí que no podía programar desde su sitio web una recogida en mi hogar para esta cantidad de cajas. Los llamé, me senté en la línea durante 10 minutos y luego me dijeron que tendría que estar en casa para que las recogieran "en cualquier momento entre las 8 a.m. y las 5 p.m.". ¿Me están tomando el pelo? ¿Quién dirige su vida así? Incluso si estuviera en casa durante todo un día, no estaría listo en ningún momento para atender a su conductor de repartos. Terminé haciendo tres viajes a la oficina local del transportista para dejar los libros. Otro caso más de enfermedad operativa.

EL BOTÓN DE FÁCIL

Al final del día, lo que la mayoría de nosotros queremos es un botón de "fácil". ¿Qué hace? Para mí, el botón fácil (*easy button*) permite hacer negocios en mis términos, a través del canal de mi elección. Está conectado en todos los canales, con flexibilidad, actualizaciones proactivas y respeto demostrado por mi activo más valioso, el tiempo. El botón fácil también podría significar garantías, "resultados" y acuerdos de nivel de servicio blindados, en lugar de que yo compre un producto con la esperanza de que me entregue el resultado deseado.

Muchas organizaciones hacen un excelente trabajo en esto. Netflix transmite sin problemas el contenido que deseas con solo presionar un botón. Dropbox y WeTransfer facilitan el envío de archivos enormes. Facebook hace que conectarse con amigos y familiares sea rápido y fácil. Sin embargo, para empresas como estas, el desafío sigue siendo permitir que los clientes tengan nuevas experiencias y alcanzar la perfección en aquellas operaciones que afectan la experiencia de su cliente.

Recientemente traté con una organización líder en servicios financieros que me hizo imprimir, firmar y enviar por fax un documento en lugar de habilitar una firma electrónica. Yo ni siquiera sabía que todavía existían máquinas de fax.

Solicitar un artículo en línea, que lo envíen a tu casa y no poder devolverlo a su tienda. Que el empleado en el mostrador de boletos de la aerolínea te diga: "Parece que el sistema siempre es muy lento los viernes". Todos son ejemplos de compañías sin integración y sin el botón "fácil".

Como Jello Biafra, un artista de punk rock, dijo una vez: "Dame comodidad o dame la muerte". Sí, eso lo dijo irónicamente primero, pero ahora es cierto, te guste o no. El cliente moderno no va a soportar las enfermedades operativas. En este mundo sin fricciones, se sentirá como una muerte por mil cortaduras.

Como clientes, todos hemos tenido suficientes experiencias excelentes como para sentirnos satisfechos cuando son mediocres y de la vieja escuela. A veces nos conformamos con ello porque tenemos que hacerlo, pero no estamos encantados con la experiencia. No quiero sonar como un disco rayado, pero vale la pena escucharlo una y otra vez porque es importante: muchas organizaciones necesitan repensar, modificar y mejorar significativamente la experiencia del cliente.

EL IPHONE NOS ARRUINÓ A TODOS

En mi opinión, nada ha cambiado tanto las expectativas de los clientes como el iPhone. He oído que se refieran a él como el "control remoto de la vida". Queremos una aplicación para todo, con la promesa no declarada de que la aplicación será moderna, intuitiva (sin manual de usuario), rápida, fácil de adquirir a través de iTunes, segura y confiable. Queremos estos atributos ahora para todo en la vida, incluidas las experiencias en los negocios. Si bien muchos no alcanzan esta meta, eso no cambia el hecho de que nuestras expectativas están calibradas con respecto a una excelente experiencia móvil. ¿Y cuál es el resultado directo de las expectativas no realizadas? Resentimiento.

Obviamente, el sitio web y la experiencia móvil deben presentar excelentes atributos, pero esto es solo el comienzo, es la base de la experiencia del cliente. La experiencia del cliente también incluye la experiencia de descubrimiento y compra, la experiencia de precios y negociación, el proceso de entrega, la capacitación, el uso, el mantenimiento, la lealtad, las devoluciones, el servicio al cliente, el cobro y la facturación, la experiencia operativa y la calidad, la integración con otras capacidades, la actualización y la experiencia al final de la vida útil. En otras palabras, todo el ciclo de vida. Como resultado, no debería sorprendernos que la experiencia del cliente también pueda afectar el modelo de negocio.

DISEÑA MÉTRICAS PARA LA EXPERIENCIA DEL CLIENTE

Revisa las métricas de experiencia del cliente en tu negocio. Por lo que yo he visto, la mayoría de las métricas que tenemos se centran en las financieras, de operaciones y de procesos, alineadas con la estructura organizacional. ¡Y vaya que trabajamos para optimizarlos! A un líder de Álvarez y Marsal le gustaba decir: "Muéstrame tus pérdidas y ganancias y te mostraré la disfunción de tu organización".

Su punto era que la necesidad de informes financieros y operativos, junto con la mayoría de las estructuras de compensación ejecutiva y la veta competitiva natural en la mayoría de nosotros, nos lleva a centrarnos y optimizar lo relativo a las pérdidas y ganancias, que generalmente es nuestra estructura organizacional. ¿Tus clientes se preocupan por tu estructura organizacional? ¡No! Pero con demasiada frecuencia los hacemos conscientes de ella y los obligamos a lidiar con ella.

Complementar tus métricas típicas con las de la experiencia del cliente mejorará la pasión por el cliente, ayudará a todos a romper los límites de la organización y buscará la excelencia operativa, en otras palabras, la perfección. ¿Cuál es un ejemplo de métricas diseñadas para la experiencia del cliente?

PORCENTAJE DE LA ORDEN PERFECTA: LA MÉTRICA POP EN AMAZON

Ya hemos dejado en claro que la satisfacción del cliente es el núcleo del modelo comercial de Amazon. Para determinar qué tan bien lo están haciendo sus vendedores, Amazon utiliza ciertas medidas de rendimiento, incluida la *métrica de porcentaje de la orden perfecta* (POP, *perfect order percentage*). En resumen, rastrea el número de pedidos perfectamente aceptados, procesados y cumplidos.

A los ojos de Amazon, la orden perfecta está completamente desprovista de enfermedades operativas. No tiene reclamos de la A-a-la-Z (garantía de satisfacción de Amazon), instancias de comentarios negativos, devoluciones, cancelaciones, envíos tardíos, reembolsos o mensajes iniciados por el comprador.

Amazon *recomienda* que la métrica POP de un minorista sea superior al 95%. Por *recomendar*, Amazon quiere decir que reducirá el daño si un vendedor permite que las siguientes métricas superen estos objetivos establecidos: tasa de defectos de la orden mayor al 1%, tasa de cancelación previa al cumplimiento mayor al 2.5% y tasa de envío tardío mayor al 4 por ciento.

Para permanecer en el percentil 95 o superior, los vendedores necesitan listados optimizados, así como las mejores opciones logísticas y de servicios al cliente. Significa identificar los productos con el peor desempeño y eliminarlos (Figura 34.1).

El sistema métrico POP generalmente elimina listados inexactos, envíos retrasados, información de seguimiento faltante y pedidos cancelados en el ecosistema de Amazon. Es notable.

Concéntrate en formas de establecer y medir la experiencia del cliente. Tómate el tiempo para descubrir cómo medir las interacciones reales y obtendrás todo tipo de beneficios de estos esfuerzos. Descubre qué significa *fácil* y *perfecto* para tus clientes.

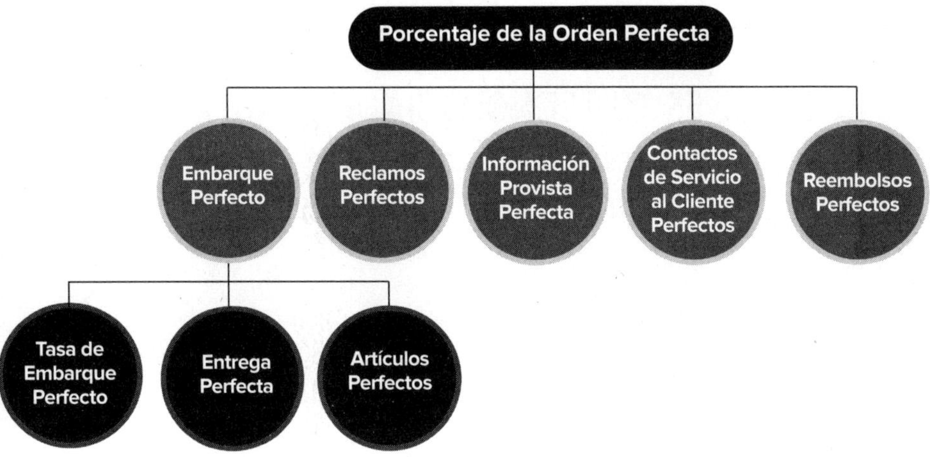

FIGURA 34.1 PORCENTAJE DE LA ORDEN PERFECTA (POP)
PORCENTAJE DE ÓRDENES QUE SON PERFECTAMENTE ACEPTADAS, PROCESADAS Y CUMPLIDAS

PREGUNTAS A CONSIDERAR

1. ¿Cómo mides la experiencia del cliente en tu negocio?
2. ¿Tienes medidas reales, o son aproximaciones, tipo encuesta?
3. ¿Tienes estándares establecidos para lo que debe ser la experiencia del cliente?
4. ¿Cómo definirías y medirías la experiencia perfecta del cliente en tu negocio?

¿CUÁL ES TU TECNOLOGÍA *JUST WALK OUT*?

USA EL INTERNET DE LAS COSAS PARA REINVENTAR LAS EXPERIENCIAS DEL CLIENTE

Cualquier tecnología suficientemente avanzada es indistinguible de la magia.

—ARTHUR C. CLARKE

¿Has oído hablar de la varita mágica (Wand) de Amazon Dash? Probablemente no. Lanzada en 2014, Dash Wand no fue un éxito cuando se lanzó por primera vez. Diseñada para su uso en la cocina y despensa del cliente, la varita le permite al cliente escanear un código de producto universal (UPC), tomar una foto de un artículo o hablar con la varita para obtener información del producto o reordenar un artículo. La varita Dash nunca estuvo disponible para el público en general.

Después de un lanzamiento limitado, se transformó rápidamente en los Amazon Dash Buttons, pequeños dispositivos electrónicos de consumo, colocados alrededor de la casa y programados para ordenar bienes de consumo. También engendró el Servicio de Reabastecimiento de Amazon Dash, que permite a los fabricantes agregar un botón físico o capacidad de detección automática a sus dispositivos, para permitir a los clientes reordenar suministros en Amazon cuando sea necesario. En 2018, una versión revisada de Dash Wand, habilitada para Alexa, se convirtió en un obsequio para los miembros Prime después de que Amazon adquirió Whole Foods.

IDEA 35

Al usar sensores y el Internet de las Cosas, puedes mejorar en gran medida tu capacidad para comprender la experiencia del cliente, probar nuevas ideas y ejecutar pruebas, y así poner en marcha tu motor de innovación.

De las muchas lecciones que se pueden extraer de la humilde varita de Amazon Dash, la primera es que lo que podría considerarse un fracaso en algunas empresas es solo un paso en el viaje de innovación hacia otras ideas en Amazon. Segundo, a veces solo necesitas ser paciente. Algunos conceptos requieren una o dos generaciones para tener éxito. En ocasiones, el producto necesita avanzar, a veces el mercado necesita madurar, o se necesita una combinación. Sin embargo, la gran lección es que el Internet de las Cosas proporciona un nuevo paradigma para mejorar la experiencia de tus clientes y para que tu empresa innove y crezca.

AMAZON GO

"Sin filas, sin pagos, sin registros.... Bienvenido a Amazon Go". Tal es la promesa y el eslogan de las nuevas tiendas revolucionarias de Amazon, que literalmente hacen que comprar sea más fácil que robar. Regístrate con un escaneo rápido de tu aplicación Amazon Go y comienza a comprar. Todo lo que tomes en la tienda se agrega automáticamente a tu carrito virtual. Colócalo nuevamente en el estante y se retira de tu cuenta.

¿Cómo funciona? El breve video promocional te dirá que es una combinación de visión por computadora, algoritmos de aprendizaje profundo y fusión de sensores, "muy parecido a lo que encontrarías en los autos sin conductor".[1] Por razones obvias, Amazon se niega a entrar en más detalles sobre la tecnología. Sin embargo, han calificado este potente coctel del IdC con la tecnología *Just Walk Out*. Como su nombre indica (Simplemente sal caminando), cuando hayas terminado de comprar, simplemente te vas. *Voilà!* Como dije, más fácil que robar. De hecho, robar en estas tiendas es realmente difícil con Amazon Go.

El primer Amazon Go de 165 metros cuadrados se inauguró en Seattle en enero de 2018. *The New York Times* lo describió como una tienda de conveniencia que también ofrecía algunos de los alimentos que generalmente se encuentran en Whole Foods.[2] Se ha descrito como una experiencia perfecta. Los únicos signos de la tecnología *Just Walk Out* son las matrices de pequeñas cámaras colocadas sobre los estantes y los torniquetes sensoriales similares a los que se usan a la entrada del metro.

Como el artículo de *The New York Times* señala acertadamente, la verdadera pregunta es, ¿qué planea hacer Jeff Bezos con esta tecnología ahora que existe? Si bien se están construyendo más tiendas y ya se ha reportado que se van a construir más de 2 000 tiendas Amazon Go, algunos sospechan que la tecnología *Just Walk Out* pronto aparecerá en Whole Foods. Quizás la división AWS de Amazon empaquetará las capacidades para vender el sistema a otros minoristas y compañías, "de la misma manera que vende sus servicios de computación en la nube a otras compañías".[3] El punto es que Amazon Go es solo una parada en un mapa de ruta potencialmente enorme que conduce lejos en el futuro del comercio minorista.

El Internet de las Cosas no te llevará a ninguna parte a menos que estés apasionado por tus clientes y sus experiencias y cómo pueden resolver tus problemas los dispositivos conectados. Como ya puedes haberlo vivido personalmente, si el Internet de las Cosas se hace mal, puede ser realmente espeluznante. ¿Recuerdas esa muñeca alemana, conectada a Internet, "Mi amiga Cayla"? Hecha por juguetes Genesis, Cayla tenía un micrófono interno que los piratas informáticos podían usar para escuchar a los niños, e incluso hablarles. Eso es como de pesadilla.[4] Entonces, ¿cómo hace Amazon para que un proyecto revolucionario y enormemente ambicioso como Amazon Go funcione? Empezando con muchas pequeñas varitas Amazon Dash. Obsesionarse con el cliente significa probar cosas nuevas, muchas de las cuales no funcionan. Significa quedarse con cosas que funcionan o que podrían funcionar, en lugar de distraerse con el atractivo de otra oportunidad a corto plazo, más brillante y rentable. Ignora las antiguas tradiciones y suposiciones de cómo funciona el comercio minorista, comienza con el cliente y trabaja hacia atrás.

Las reseñas de los clientes, el envío gratuito diario, pedidos con 1 clic, echar un vistazo dentro del libro, Prime, AutoRip: cada una de estas innovaciones fue controvertida o percibida negativamente por los tradicionalistas de la industria cuando fueron lanzadas. Los detractores no entendieron la estrategia a largo plazo de Amazon: apasionarse por una mejor experiencia del cliente para generar confianza a largo plazo. Debido a esa estrategia, muchas de estas innovaciones ahora son el estándar por el cual los clientes miden todas sus experiencias de compra en línea.

PON EL IdC A TRABAJAR PARA TUS CLIENTES

"Todo esto suena bien", podrías estar pensando, "pero yo no soy Jeff Bezos. Mis clientes necesitan cosas muy diferentes y tenemos que generar ganancias en el camino".

De alguna manera, tendrías razón: inventar el próximo Kindle o Dash Button para tu industria no será fácil. Por eso exactamente el IdC se ha convertido en una revolución para aquellos dispuestos a apasionarse por sus clientes. La tecnología y los componentes de la solución son accesibles para todos los equipos, la base de costos mejora mucho y continúa disminuyendo, y puedes hacer pequeños experimentos sin apostar la granja entera. Las tecnologías clave de la mayoría de las soluciones del IdC incluyen sensores, conectividad, almacenamiento y procesamiento en la nube, análisis y aprendizaje de máquinas.

Encontrar aunque sea un solo gran éxito requiere mucha experimentación. Es probable que muchos de esos experimentos fracasen: solo mira el Fire Phone de Amazon o su inversión en Pets.com, una de las bromas más grandes de la era de los *puntocom*. Existen oportunidades casi ilimitadas para mejorar la experiencia del cliente aprovechando los dispositivos conectados. ¿Cuál es el camino?

Comienza con el cliente

Recorre un día entero en la vida de tu cliente. No solo con tu producto o servicio, sino de manera amplia y profunda. ¿Cómo podrían los dispositivos conectados cambiar la forma en que tu producto o servicio encaja en ese día?

La profunda pasión por el cliente está enraizada en la cultura de una empresa. Una manera de comenzar a construir es a través de la voz del programa del cliente. Ten en cuenta que los comentarios positivos de los clientes no se limitan a ningún producto o canal. Abarcan a la empresa e incluyen un mecanismo deliberado y continuo para recibir datos de tus clientes. (Una encuesta no es suficiente). La buena noticia es que, en un mundo de dispositivos conectados, esto es cada vez más fácil.

La parte más difícil —y más importante— del programa te capacitará para crear cambios en toda la organización. Esto requerirá aceptación y colaboración entre los departamentos.

Eliminar la fricción

Tu próximo movimiento es identificar y eliminar puntos de fricción. ¿Qué problemas enfrentan tus clientes? ¿Para qué te contactan tus clientes? ¿Qué partes de tu producto o aparato de servicio al cliente se interponen para resolver esos problemas? ¿Y cómo podría un dispositivo conectado eliminar esos puntos débiles? ¿Hay datos que podrías estar recopilando, que te darían a ti o a tu cliente, una nueva perspectiva?

A veces, la mejor manera de crear una excelente experiencia para el cliente es comenzar imaginando una terrible experiencia para él. Imagina a tu abuelita tratando de usar un teléfono celular por primera vez. No importa cuán intuitivo sea el proceso, es muy probable que algo salga mal. Cuando lo haga, pasará 45 minutos por teléfono con el agradable agente de servicio al cliente explicando que "esas cosas enojadas y parpadeantes siguen mirándome". Si eso falla, se verá obligada a conducir hasta la ubicación física de su proveedor de servicios, o más probablemente, guardará el teléfono en un cajón hasta que sus nietos adolescentes vengan de visita.

¿Cómo podrías reinventar esta experiencia para ella?

Como era de esperar, Amazon ya ha intentado esto: la función Mayday de Kindle Fire permite a los agentes de servicio al cliente hacerse cargo de la pantalla de un usuario de forma remota, con su permiso, para ver y solucionar problemas para ellos.

Mientras piensas en cómo reducir la fricción en tu industria, comienza por recrear una terrible experiencia del cliente, y luego piensa cómo el Internet de las Cosas o los dispositivos conectados, podrían mejorar esa experiencia.

Piensa ampliamente

El próximo movimiento más innovador en tu industria puede no involucrar directamente a tu producto actual, solo piensa en los drones de Amazon. Amazon es una empresa de comercio electrónico, pero resultó que el diseño de sitios de compras en línea y los productos que ofrece, ya no son los mayores problemas para los clientes. La velocidad y la eficiencia de su entrega es una parte vital de la experiencia del cliente, y Amazon se dio cuenta desde el principio que necesitaba controlarla e innovarla incluso cuando dependía en gran medida de sus socios para la ejecución.

Piensa en el poder del Internet de las Cosas para tener una nueva interfaz con tus clientes. Los dispositivos conectados te permiten aprender más sobre tus clientes y utilizar estos conocimientos más profundos para crear mejores productos y servicios para los entornos en los que se utilizan.

¿Qué datos te ayudarían a comprender mejor a tus clientes y su experiencia? ¿Cómo puedes recopilar esos datos? Y, lo más importante, ¿cómo puedes usarlos, una vez recopilados, para crear valor y mejorar la experiencia de tus clientes?

La integración de este tipo de pensamiento en la planificación actual de tus clientes es la clave para pasar de estar centrado en el cliente a estar apasionado por el cliente.

NO TE COMPROMETAS A ESCALAR

Uno de los mayores errores que pueden cometer las empresas es comprometerse a escalar una nueva característica o capacidad antes de que se haya probado y perfeccionado a fondo. Mantén tus nuevos enfoques en un estado beta y para un número limitado de clientes. Establece expectativas realistas, y diles que esto es nuevo y está en prueba. Con demasiada frecuencia, los ejecutivos están presionados o son demasiado optimistas, y se comprometen a escalar, obtener ingresos y a cumplir un plan que aún no se ha probado. Luego tienen que lanzar un nuevo producto o servicio que no es fantástico, los clientes reaccionan negativamente, las proyecciones no se cumplen, la iniciativa no alcanza su visión o potencial, y la empresa se vuelve más tímida para probar cosas nuevas.

Empresas como Amazon realizan pruebas para nuevas características y productos, a veces durante años, antes de escalar. Es posible que tengan un plan para escalar, pero tienen ciertos objetivos que alcanzar, metas y problemas que deben resolverse, antes de que el plan se inicie, se haga un presupuesto y se anuncie. Por ejemplo, Amazon Echo estuvo en versión limitada durante meses antes de que Amazon decidiera escalarlo.

Eso está muy bien, pero si todavía estás pensando en esa espeluznante muñeca alemana Cayla, déjame explicarte por qué debe morir la seguridad de la información.

PREGUNTAS A CONSIDERAR

1. ¿Cómo estás trabajando para innovar la experiencia del cliente hoy?
2. ¿Tienes una lista de ideas sobre cómo el IdC u otras tecnologías podrían afectar la experiencia de tu cliente?
3. ¿Cómo manejaron el último fracaso en innovar la experiencia del cliente?
4. ¿Se comprometen a escalar o generar ingresos aquellas ideas y programas prometedores, antes de que se prueben? ¿Esto ha afectado el éxito final de la idea?

NOTAS

1. Amazon, *Introducing Amazon Go and the World's Most Advanced Shopping Technology*, YouTube video, diciembre 5, 2016, https://www.youtube.com/watch?v=NrmMk1Myrxc&t=11s.
2. Nick Wingfield, "Inside Amazon Go: A Store of the Future", *New York Times*, enero 21, 2018, https://www.nytimes.com/2018/01/21/technology/inside-amazon-go-a-store-of-the-future.html.
3. *Idem*.
4. Elisabeth Leamy, "The Danger of Giving Your Child 'Smart Toys'", *Washington Post*, septiembre 29, 2017.

IDEA 36*

LA SEGURIDAD DE LA INFORMACIÓN DEBE MORIR:

LOGRAR QUE LA SEGURIDAD SEA TRABAJO DE TODOS

La ciberseguridad es mucho más que una cuestión de Tecnologías de la Información.

—STÉPHANE NAPPO

A todos les gustan las respuestas fáciles. A todos les gustan las respuestas fáciles que le asignen la responsabilidad a una persona o equipo y que tengan un chivo expiatorio claro cuando las cosas salen mal.

A todos les gustan las respuestas fáciles que prometen que este producto tecnológico nos dará este resultado. Y a los líderes y consejos de la compañía les gustan especialmente las respuestas fáciles cuando se trata de ciberseguridad. ¿Por qué? Porque no entienden los riesgos y tienen miedo. Desean desesperadamente creerlos. Si acabo de describirte a ti o a tu liderazgo, lo siento. No te gustará la respuesta que estoy a punto de darte.

IDEA 36

La seguridad no es un papel. La seguridad no es la eliminación de riesgos. La seguridad es un desarrollo integrado de requisitos, personas, procesos y aceptación de riesgos que debe integrarse en cada equipo

* Esta idea fue coescrita con Larry Hughes.

Larry Hughes construyó los primeros firewalls de Amazon. Fue el segundo ingeniero de seguridad de Amazon y el segundo jefe mundial de seguridad web y empresarial. Desde entonces, ha sido líder y consultor de muchas organizaciones sobre los temas generales de riesgo empresarial y ciberseguridad.

Larry y yo trabajamos juntos por primera vez en 2002 cuando yo dirigía el lanzamiento de Marketplace en Amazon. Los pagos eran nuestra área de gran riesgo en ese negocio, por cierto. Al analizar las lecciones que Larry aprendió trabajando en la ciberseguridad de Amazon, señala que el principio de liderazgo 2, "Responsabilidad y compromiso", nunca es más cierto que en el tema de la seguridad. Como líder empresarial, no puedes pasarle la papa caliente a otra persona. Es tuya.

Estas son algunas de las lecciones e ideas que Larry aprendió en Amazon, que aún influyen en su trabajo hoy:

1. **Presupuesto de seguridad de la información justificado por el negocio:** Los equipos de negocios y los proveedores de servicios internos deben tomar decisiones y hacer inversiones para las necesidades relacionadas con la seguridad, tal como lo harían para cualquier otro gasto asociado al negocio. Por ejemplo, el equipo que proporciona a la empresa sus herramientas de productividad, como el correo electrónico, podría decir: "Necesitamos una herramienta de correo no deseado", y las decisiones y el presupuesto vendrían de su equipo. ¿Por qué? Porque el *spam* tiene un efecto operativo adverso en la forma más común de comunicación empresarial. ¿Por qué deberíamos esperar que Seguridad pronostique o mejore las operaciones de otro equipo? Este tipo de pensamiento genera *impotencia aprendida*, que sigue siendo uno de los mayores problemas de seguridad empresarial en la actualidad.

2. **Propiedad distribuida:** Así como el presupuesto para ciberseguridad debe asignarse a los equipos de negocios, la propiedad de la seguridad recae en el líder y los equipos responsables de ese servicio. Todos los equipos de negocios aprovechan la experiencia y los estándares proporcionados por el equipo de seguridad, pero deben ser dueños de todos los aspectos de su negocio.
3. **El papel del Director de Seguridad de la Información (CISO) y su equipo:** Al igual que los impuestos, las finanzas y la legislación, la organización CISO es un proveedor de servicios para los equipos de negocios, y su trabajo es llegar a un sí (ver Idea 12). El lema del equipo de Larry era "Nunca decimos *¡No!*". A veces debes ofrecer una ruta mejor y replantear los requisitos o enfoques para las soluciones.
4. **Integración:** El equipo de CISO necesita invertir un tiempo significativo en compenetrarse y conocer a todos los interesados, particularmente sus puntos débiles. Deben integrarse e involucrarse temprano, brindar orientación y experiencia. Esto elimina cualquier apariencia de decisiones de seguridad en la torre de marfil. Bien hecha, la integración de la seguridad en lo que hacen otros equipos debe hacerles la vida más fácil, no más difícil.
5. **Seguridad por diseño:** Estar seguro no es una lista de verificación o un paso en un proceso. La seguridad es como cualquier otro conjunto de requisitos o capacidades. A todo lo largo del diseño y la gestión de una capacidad, sus requisitos, situaciones y riesgos de seguridad deben ser considerados y articulados.
6. **Riesgo:** El CISO ayuda a los equipos de negocios a modelar y medir los riesgos. La seguridad se trata de conocer tus riesgos, y de cuantificar la probabilidad de ocurrencia

del riesgo con el valor de los datos o activos. El riesgo de la ciberseguridad es como cualquier otro tipo de riesgo empresarial administrado en la organización.

7. **Conocer tus activos:** Debes clasificar minuciosamente los datos y activos de tu empresa. A nadie le gusta hacer esto, pero es necesario. Si no sabes cuáles son tus activos, o si no tienes una noción del valor de tus datos, ¿cómo puedes tomar una decisión comercial adecuada?
8. **Defensa de los datos:** Se debe establecer una administración inequívoca de todos los datos críticos para el negocio. Los delegados deben asumir la plena responsabilidad de todos los aspectos de los datos en su ámbito, incluida su seguridad.
9. **Evaluación de la seguridad, y proceso y marco de la implementación:** El CISO proporciona el proceso y el marco para la discusión y evaluación de la seguridad. Organizaciones como el Instituto Nacional de Estándares y Tecnología (NIST) del Departamento de Comercio, desarrollan los marcos, las plantillas y los procesos estándar que el CISO puede usar para impulsar la adopción dentro de la empresa.
10. **Es solo otro defecto:** El toque final es pensar en un problema de seguridad como un defecto más. Nadie se propone diseñar un sistema con mala seguridad. Cuando los problemas de seguridad salen a la superficie, deben eliminarse con el mismo rigor que otros defectos.

SEGURIDAD POR DISEÑO

La seguridad por diseño (SbD) es la mentalidad y el enfoque que "significa que el software (o sistema) ha sido diseñado desde cero para ser seguro. Las prácticas maliciosas se dan por sentadas, y se tiene cuidado para minimizar el impacto cuando se descubre una vulnerabilidad de seguridad o una entrada de usuario no válida".[1] Este enfoque de asumir lo peor y tener la seguridad en el centro de los requisitos y el desarrollo, en lugar de una auditoría e inspección, es crítico. Tener un sólido equipo de seguridad participando, definiendo estándares y contribuyendo con experiencia, pero también tener equipos comerciales y técnicos dueños de la seguridad de sus negocios y sistemas, respalda la naturaleza descentralizada y proactiva de la SbD.

Uno de los incidentes de ciberseguridad más famosos tuvo lugar en diciembre de 2013 cuando Target fue hackeado y robaron la información personal y financiera de casi 110 millones de clientes. Se realizó un análisis en profundidad y es una lectura fascinante.. Un experto resumió el *Target Kill Chain Report* de la siguiente manera:

1. Los ataques, las defensas y las oportunidades perdidas se describen en inglés simple, con detalles técnicos mínimos para no disrumpir la presentación.
2. A medida que se desarrolla la historia, queda claro que la seguridad de la TI no se puede lograr y verificar. Es un esfuerzo continuo que requiere que el CEO y el liderazgo a nivel de Consejo pasen del mero cumplimiento a la verdadera gestión de riesgos.
3. Los autores hacen hincapié en la importancia de la *defensa a profundidad*, un componente clave de la defensa cibernética moderna. Se empieza con un *firewall* para evitar la mayoría de las amenazas, pero también se deben usar programas de monitoreo dinámico, barreras internas entre sistemas y otros controles para detectar y vencer el *malware* que logre pasar por la primera línea de defensa.[3]

La seguridad, la comprensión y la cuantificación del riesgo, y la participación en la discusión y el sacrificar una cosa por otra, son trabajo del consejo directivo y la alta dirección. Mientras enmarcan la discusión y se asocian, tu CIO o CISO no pueden ser los propietarios ni siquiera de la mayoría del alcance. Por lo tanto, aunque la "seguridad de la información debe morir", la gestión de la seguridad y el riesgo, integrada en todos los diseños, procesos, capacitación y pensamiento, debe cobrar vida. La seguridad debe convertirse en un hábito.

PREGUNTAS A CONSIDERAR

1. ¿Tienes una lista priorizada de tus activos de datos y los riesgos de ciberseguridad que les corresponden?
2. ¿La seguridad cibernética está integrada en todo el proceso de diseño y gestión, o es un elemento de la lista de verificación?
3. ¿La responsabilidad por el riesgo relacionado con la ciberseguridad recae en el liderazgo empresarial?

NOTAS

1. "Secure by Design", *Wikipedia*, https://en.wikipedia.org/wiki/Secure_by_design.
2. House Committee on Commerce, Science and Transportation, "A 'Kill Chain' Analysis of the 2013 Target Data Breach", marzo 26, 2014.
3. Rick Dakin, "Target Kill Chain Analysis", *Coalfire* blog, mayo 7, 2014, https://www.coalfire.com/The-Coalfire-Blog/May-2014/Target-Kill-Chain-Analysis.

PO1:

EL DOLOROSO PROCESO DE PLANIFICAR

Festina lente.
(*Date prisa, lentamente.*)

—EMPERADOR AUGUSTO

¿De dónde provienen todas las ideas de Amazon para escalar procesos, innovar nuevos servicios, mejorar la experiencia del cliente y racionalizar en dónde colocar al personal y los recursos? ¿Cuándo dicen sí o no a todas las grandes ideas que tienen para escalar o innovar en su negocio? ¿Cómo sucede todo eso? A menudo me hacen variaciones de esta pregunta, y no hay una respuesta única. Sin embargo, hay un momento y lugar específicos en el universo de Amazon donde se evalúan y deciden estos elementos: el proceso de planificación anual generalmente conocido como Plan Operativo 1 (OP1, en inglés).

Pero déjame detenerte allí. Este no es un proceso simple, limpio y eficiente, ni acelera de inmediato la organización. El PO1 es desordenado, frustrante, minucioso e imperfecto. Es un ejemplo clásico del enfoque "despacio, que voy de prisa" en los negocios. Si bien a veces es frustrante, el proceso del PO1 ayuda a la compañía a recopilar, explicar y racionalizar las mejores ideas, ayuda al equipo ejecutivo a tomar las mejores decisiones sobre con qué continuar y qué no financiar, y ayuda a la organización a obtener claridad y centrarse, una vez que toman las decisiones.

---

* Esta idea fue coescrita con Clifford Cancelosi.

IDEA 37

Define un proceso de planificación que haga las preguntas: "¿Cómo nos desempeñamos?", "¿Cuál es el plan del próximo año?", "¿Cuáles de nuestras ideas mejorarán el negocio?" y "¿Qué ideas de innovación debemos perseguir?", y conecta las respuestas con el personal y otros gastos necesarios. En tu discusión, incluye el caso de negocio, sus métricas, y objetivos operativos y de experiencia del cliente clave. Dedica todo el tiempo que sea necesario a analizar estos documentos en desarrollo y para leer, debatir y decidir a nivel ejecutivo. Sé claro y anuncia a la organización cuáles ideas e iniciativas se están aprobando (una decisión afirmativa) o no están aprobadas o financiadas (un "no" o, "no por ahora").

PLAN OPERATIVO 1 (PO1)

El verano en Seattle es precioso. Habiendo soportado la peor parte de ocho meses fríos y húmedos, cada uno cargado de una sucesión de días grises y cortos sin sentido, el verano aparece repentinamente alrededor del 4 de julio y el noroeste del Pacífico se convierte en el lugar más hermoso del planeta. Por desgracia, si trabajas en Amazon, te lo pierdes. En los meses de julio, agosto y septiembre, mientras haces todo el trabajo antes de que llegue la temporada alta de ventas minoristas, pasas tu tiempo reuniéndote, debatiendo, escribiendo y revisando tus planes operativos e ideas para escalar e innovar durante el próximo año. Así es, el verano y el principio del otoño es la temporada del PO1.

Si bien hay múltiples oportunidades para analizar y discutir ideas, planes, asignación de recursos y críticas de la empresa durante todo el año, PO1 es la carpa en la que se reúnen todas las disciplinas y estrategias de Amazon anualmente. Aunque estructurado, PO1 es desordenado. El tiempo y el esfuerzo requeridos son difíciles de predecir. PO1 simplemente se hace cuando se hace. La genialidad requiere carretadas de garabatos, papel arrugado y tiempo “perdido”. Y cada año, este proceso no solo genera ideas para inventos, sino que consolida decisiones y compromisos claros:

La estructura básica del PO1

1. Los equipos comienzan a revisar sus resultados comerciales. Identifican los objetivos para los años siguientes y los presupuestos y dependencias necesarios para alcanzar esos objetivos.
2. Además, el equipo ejecutivo establece objetivos comerciales estratégicos detallados y todos los equipos y las empresas deben estar preparados para decir cómo los apoyarán. Los objetivos se detallan lo suficiente como para permitir que los equipos comprendan los detalles específicos de la forma en que su negocio o servicio necesitará responder (por ejemplo, el comercio minorista crecerá en un 35% bruto, lo que resulta en un incremento en pedidos enviados por un valor de $ 7.8 millones).
3. Muchos de estos objetivos son interfuncionales y requieren que los equipos de toda la empresa trabajen juntos para cumplirlos.
4. Se capturan ideas ya sea para capacidades incrementales o nuevas.
5. El proceso fomenta el pensamiento minucioso y profundo.
6. Los planes se escriben (véanse las Ideas 44, 45, 46 y 47) de varias maneras.
7. A menudo, las reuniones comienzan en silencio, lo que permite que los participantes lean y asimilen los planes.

8. El proceso crea una alineación temprana en todo el negocio con respecto a las prioridades, el tiempo de entrega, las dependencias, etcétera.
9. El proceso está diseñado para garantizar que las personas y los proyectos estén vinculados a la estrategia general.
10. Fomenta la apropiación al imponer la articulación de medidas detalladas y objetivas del progreso, que se puedan rastrear y reportar.
11. Permite a los ejecutivos comprender mejor en qué están trabajando sus pares para evitar la redundancia y permitir la planificación.

Como dije, es una estructura desordenada, pero el proceso del PO1 permite una revisión holística del valor del negocio o servicio de cada equipo y la forma en que entra en la estrategia de la compañía. También obliga a cada equipo a pensar y esbozar la hoja de ruta necesaria para apoyar los objetivos generales de crecimiento de la empresa.

El enfoque es de abajo hacia arriba. Cada equipo de la empresa prepara sus propios documentos. Posteriormente, los SVP (vicepresidentes *senior*) acumulan los aspectos más críticos de estos planes y el impacto fiscal total de todas las solicitudes, el crecimiento, etc., en un PO1 resumido para toda el área operativa bajo su competencia individual.

Estos planes se combinan para que los SVP hagan una revisión exhaustiva, detallada, en una semana. Los VP (vicepresidentes) y SVP de otras áreas operativas están invitados a revisar y participar en estas sesiones para proporcionar información y críticas, así como para garantizar la aceptación y la aprobación de los equipos dependientes. En algunos casos, los líderes de los equipos dependientes no pueden comprometerse con el trabajo, lo que crea una oportunidad para evaluar la importancia de la solicitud y considerar escalarla para una revisión más amplia.

La reunión de revisión suele durar cuatro horas. Todos pasan la primera hora de la reunión leyendo el documento a fondo. Esto es seguido inmediatamente por tres horas de interrogatorio. Se espera que los revisores proporcionen comentarios duros pero constructivos. Los revisores hacen sus propios cálculos sobre suposiciones financieras, métricas, etc. Los errores son atacados vigorosamente. El proceso asegura que la idea del plan sea lo más completa posible. La claridad de los compromisos es igualmente importante para la claridad del pensamiento. Se acuerdan los objetivos, se calculan y se hacen estimaciones y compromisos de los entregables, y los presupuestos pueden conciliarse y acumularse. Desde luego, siempre hay más ideas que se pueden perseguir de las que se pueden financiar. Claramente, decir sí a iniciativas aprobadas significa decir no o posponer la mayoría de las ideas. Es mejor comprometerse y ejecutar algunas ideas clave que diluir los esfuerzos en todas las ideas.

Un exgerente de producto de Amazon dio su opinión sobre el proceso de planificación anual de Amazon:

> Cada año en Amazon, los equipos se ven obligados a crear y revisar un documento con el equipo ejecutivo que describe exhaustivamente su desempeño en el año anterior y sus planes para el próximo año, incluidas las solicitudes de recursos. El Plan Operativo 1 (PO1) suele ser una narración de seis páginas (con montañas de apéndices) que analiza todos los ángulos de tu negocio y puede ser la diferencia entre que tu equipo obtenga un montón de nuevos recursos o te quedes en el olvido (Bezos y el equipo no son tímidos a la hora de matar equipos que no tengan buen rendimiento). Si bien solía quejarme acerca de la cantidad de tiempo que este proceso absorbía, la realidad es que este tipo de evaluación rigurosa es probablemente una de las razones por las que Amazon puede estar tan enfocado en sus inversiones y crecer en negocios con márgenes relativamente bajos.[1]

TU VERSIÓN ES NECESARIA

No es ningún secreto que la competencia está aumentando en todas las industrias, y el ritmo de cambio es cada vez más rápido. ¿Has realineado o definido cómo responderás *cada año* a esta realidad? No es una actividad única. Cada año trae un conjunto completamente nuevo de circunstancias. Esta es solo una de las razones por las que Amazon sacrifica su verano y principios de otoño cada año por el PO1.

Ningún proceso es perfecto, pero dar a la alta gerencia la oportunidad de imponer restricciones y objetivos en el negocio desde arriba, obtener ideas e involucrarse en toda la organización, aprovechar lo mejor de lo que todos piensan y luego reunirlo todo, resulta en claridad y buenas decisiones. Este debería ser el objetivo de cualquier proceso de planificación. ¡Será mejor que pongas el tuyo en marcha!

PREGUNTAS A CONSIDERAR

1. ¿Cuál es tu proceso para construir y revisar todos los proyectos e inversiones potenciales que podrías hacer?
2. ¿Se toman decisiones buenas y claras en tu proceso de planificación?
3. ¿Se dedica el tiempo apropiado a planificar las iniciativas de innovación en tu negocio?
4. ¿Pueden surgir ideas de cualquier parte de la organización? ¿Cómo se recopilan y examinan?

NOTAS

1. Samir Lakhani, “Things I Liked About Amazon”, *Medium*, agosto 27, 2017.

IDEA 38

PLANEACIÓN DE CONTRATACIONES ESTRATÉGICAS:

ESCALACIÓN E INNOVACIÓN MEDIANTE LA REASIGNACIÓN DEL PERSONAL

La razón por la que la mayoría de la gente no reconoce las oportunidades es porque suele ir vestida de overol como si trabajara duro.

—THOMAS EDISON

En Amazon, bromeábamos sobre que Jeff Bezos era como el Mago de Oz, tirando de palancas detrás de la gran cortina para operar su imperio. Y como el Gran Oz, si Bezos pudiera salirse con la suya, permanecería solo detrás de esa cortina, libre para manipular todo el mecanismo sin interferencia o interrupción. Por desgracia, las empresas del tamaño de Amazon no funcionan de esa manera. Siendo uno de los empleadores más grandes de los Estados Unidos, el sueño de una empresa totalmente automatizada no es diferente a la aventura de Dorothy: solo un sueño. Sin embargo, lo que es real es la presión de escalar, automatizar e innovar en Amazon.

Escalar e innovar no son tareas simples. Sin embargo, la mayoría de los líderes pasan por alto una herramienta crítica a su disposición: la planificación y reasignación del personal.

IDEA 38

Define y da cuenta de las habilidades y el personal que "maneja el negocio" *versus* las habilidades y el personal que ayudan a "escalar e innovar el negocio", generalmente a través de tecnología y socios. Como parte de tu proceso de planificación y toma de decisiones, sé deliberado al asignar y mover al personal y los gastos de "escalar e innovar" para lograr eso en el negocio.

PERSONAL DIRECTO E INDIRECTO EN AMAZON

En Amazon, los empleados corporativos se clasifican básicamente como uno de dos tipos de personal: directo o indirecto. Los *empleados directos* son personas con habilidades que ayudan a escalar un negocio o desarrollar nuevas capacidades. Esto incluye habilidades técnicas y de desarrollo de software, habilidades de arquitectura de procesos y habilidades de desarrollo corporativo, así como gerentes de productos, y personas que negocian contratos. Los *empleados indirectos* son todo lo demás: administración, operaciones, servicios al cliente, básicamente todo lo que no ha sido automatizado, perfeccionado o tercerizado (contratado en *outsourcing*) a otros.

Las ideas sobre cómo escalar procesos o innovar se resumen durante el proceso del Plan Operativo 1 (Idea 37). Las mejores ideas se asignan a personal directo como ingenieros, arquitectos y gerentes de producto para el desarrollo. El personal indirecto se mejora o elimina posteriormente para justificar la asignación y mostrar compromiso con el proyecto.

Entonces, ¿qué sucede cuando se toman decisiones estratégicas anualmente para reasignar habilidades de manera que se puedan construir procesos y tecnología para escalar el negocio? Con el tiempo, el negocio se vuelve cada vez más definido, digital y capaz de escalar.

ROBOTS DE LOGÍSTICA

Como señaló *The New York Times* en 2017, ninguna compañía encarna las ansiedades y esperanzas en torno a la automatización mejor que Amazon.[1] A medida que la compañía crece a pasos agigantados, contrata a miles de estadounidenses más cada mes. Sin embargo, Jeff Bezos se dio cuenta hace mucho tiempo de que los casi setecientos centros de distribución de Amazon en todo el mundo representan un obstáculo potencialmente desastroso para la ampliación.

En 2012, Amazon compró Kiva Systems por US $775 millones y lo rebautizó Amazon Robotics. Dos años después, los robots desarrollados por Kiva ingresaron a la fuerza laboral de Amazon en sus almacenes. Para 2017, Amazon tenía más de 100 000 robots en acción en todo el mundo y no ha dejado de implementarlos.[2]

Además de cumplir una promesa radicalmente ambiciosa de envío en dos días, los robots también alivian la monotonía para los trabajadores humanos, haciendo el trabajo más aburrido y dejando las tareas mentalmente atractivas a sus contrapartes de carne y hueso. ¿Han desplazado los robots Kiva a los trabajadores? No, según lo que dijo Amazon a *The New York Times*, había agregado 80 000 empleados de almacén en los Estados Unidos desde que agregó los robots Kiva, para un total de más de 125 000 empleados de almacén.[3] Si vas al sitio web de Amazon Robotics serás recibido con el lema "Reimaginamos el Ahora", seguido de invitaciones de capacitación en el campo de la robótica y para unirse a un concurso y alentar más innovación en la categoría de robótica.

EL TIBURÓN

Muchos competidores han comparado a Amazon con un tiburón a lo largo de los años. Es una metáfora adecuada en el sentido de que los tiburones nunca dejan de moverse. En el viaje sin precedentes de Amazon hacia la escala, Bezos y su gente ven los cuellos de botella que vienen, con años de anticipación. Nunca hay tiempo para dormirse en sus laureles y oler las rosas. Cuando cada día es el Día 1, no hay un final a la vista.

En cuanto a tu organización, elige cuidadosamente los procesos en los que inviertes. Asegúrate de que sean el verdadero cuello de botella o un factor crítico. Esperemos que haya muchas ideas, pero solo puedes permitirte algunas. Después de todo, nunca querrás comenzar a construir una casa de una habitación y terminar con la Winchester Mystery House.

PREGUNTAS A CONSIDERAR

1. ¿Cómo se gestiona la escalación en tu organización?
2. ¿Se utiliza la planificación del personal como una herramienta para ayudar a digitalizar e innovar?
3. ¿Se puede asignar y mover al personal para que se ajuste a las prioridades del negocio?

NOTAS

1. Nick Wingfield, "As Amazon Pushes Forward with Robots, Workers Find New Roles", *New York Times*, septiembre 10, 2017.
2. *Idem.*
3. *Idem.*

IDEA 39

LA ARQUITECTURA ES LA ESTRATEGIA DEL NEGOCIO:

GANA MEDIANTE TECNOLOGÍA Y ARQUITECTURA

La arquitectura no es un negocio inspirador, es un procedimiento racional para hacer cosas sensatas y, con suerte, bellas; eso es todo.

—HARRY SEIDLER

La Winchester Mystery House, ubicada en San José, California, fue construida por la viuda del fundador de la compañía de armas de fuego William Winchester. Aunque tenía aproximadamente 160 habitaciones, le faltaba algo crítico: un plano. La casa fue construida sin un arquitecto; la viuda Winchester seguía agregando cosas al edificio de manera caprichosa. Como resultado, la casa tiene numerosas rarezas, como puertas y escaleras que no llevan a ninguna parte, ventanas que dan a otras habitaciones y escaleras con elevadores de tamaño extraño.[1] ¿Suena esto como tu arquitectura y tecnología de datos?

He trabajado con muchas empresas en la intersección de la estrategia empresarial y las capacidades tecnológicas. El desafío subyacente y la frustración de la mayoría de los CEO es que "toma demasiado tiempo y cuesta demasiado" realizar pequeños cambios que brinden valor comercial. La mayor parte del presupuesto de la TI se dedica a mantener los sistemas actuales en funcionamiento, no a desarrollar nuevas capacidades. A menudo me referiría a su arquitectura de TI como la "Winchester Mystery House": muchas aplicaciones, muchas interfaces, pero ningún plan maestro o arquitectura. Cuando deseas realizar cambios rápidamente, agregar funciones o escalar, te das cuenta de lo rígida y fea que es.

IDEA 39

La manera en que tu negocio diseña, construye y opera su arquitectura de datos y tecnología es importante, y afectará el valor de tu negocio. La arquitectura define qué tan ágil puedes ser y qué tipos de riesgos corres. Estas son consideraciones de negocios y debes asegurarte de estar profundamente involucrado. No inviertas de menos en tiempo, talento o presupuesto.

¿Cómo se aborda típicamente una solución o diseño? Primero, comprende al usuario a quien servirá la solución diseñada, y el problema que la solución diseñada busca resolver. Enumera los "requisitos". Luego, descubre el camino más rápido para entregar la solución, también conocida como *solución puntual*.

Esta es una forma conveniente pero potencialmente miope de desarrollar tu tecnología. Con tantas necesidades que satisfacer, es fácil comprender la tentación de tomar el camino más rápido. La gente de tecnología a veces es alabada por su rápida forma *hacky* (tipo *hackers*) de hacer las cosas. Pero la arquitectura de la tecnología (diseño de datos, software, interfaces, API, redes e infraestructura) es diferente. Si construyes únicamente para la solución puntual, solo estás construyendo otra habitación en la Winchester Mystery House. Sin ojo para el diseño y sin una visión, hay dos cosas muy importantes para las que no estarás preparado: las cosas que saldrán mal y el mañana.

OBTÉN LAS *-IDADES* DE TU ARQUITECTURA

Paul Tearnen, un amigo y excolega de Alvarez y Marsal, es una de las mejores mentes en arquitectura de tecnología de negocios que conozco. Me dijo que una arquitectura tecnológica necesita entregar las *-idades*. ¿Perdón? El sufijo *-idad* significa "denotar una calidad o condición". ¿Cuáles son las cualidades o condiciones, las *-idades*, que las arquitecturas de datos y tecnología idealmente toman en consideración?

- **Escalabil-*idad*:** La capacidad de aumentar o disminuir rápidamente el rendimiento o la capacidad del sistema.
- **Segur-*idad*:** Mantener fuera lo que deseas mantener fuera; mantener dentro lo que quieres dentro. ¿No es eso seguridad? La seguridad se abordó en la Idea 36.
- **Flexibil-*idad*:** Multipropósito y transformable a diferentes casos de uso, diferentes geografías, necesidades similares con requisitos de procesamiento condicionales o variables.
- **Interoperabil-*idad*:** Integración e interacción con gracia con otros tipos de tecnología, particularmente con diferentes marcas de tecnología y sistemas externos. Las API son una forma de crear interoperabilidad para datos y procesos entre empresa y empresa.
- **Mesurabil-*idad*:** La capacidad de instrumentación y monitoreo del sistema, para poder identificar, informar e incluso predecir qué tan bien están funcionando las cosas y dónde podrían estar los desafíos o fallas. Esto puede ayudar tanto a las operaciones de la TI como a los procesos comerciales que dependen de medidas, como cargos o facturación.
- **Usabil-*idad*:** La facilidad e interacción intuitiva entre la tecnología y los usuarios. Es la ergonomía y la interfaz má-

quina-dispositivo de la tecnología. La usabilidad también aborda la idoneidad ambiental de la tecnología para las condiciones de operación.

- **Trazabil-*idad*:** La capacidad de rastrear, auditar o explicar cómo se han producido las transacciones, las decisiones y los procesos de los sistemas. La "conciliación" (de cuentas) no es atractiva, pero con Sarbanes-Oxley y otros requisitos legales, la capacidad de demostrar cómo ocurrieron los pasos en toda la empresa, a menudo desde una perspectiva de *efectivo a efectivo*, la capacidad de demostrar que todas las transacciones ocurrieron como deberían haber sucedido, es la esencia del *control*. A medida que se utiliza más automatización y aprendizaje de máquinas, crear transparencia y demostrar cómo se toman las decisiones es un aspecto de la trazabilidad.
- **Extensibil-*idad*:** La cualidad esencial de poder cumplir eficientemente necesidades comerciales futuras con el menor costo, tiempo y esfuerzo posibles.
- **Reusabil-*idad*:** Un elemento de la extensibilidad, la calidad de usar la misma tecnología para múltiples propósitos. La modularidad, el diseño orientado a objetos y la abstracción apropiada son enfoques para crear reutilización.
- **Integr-*idad*:** En arquitecturas distribuidas, donde los datos y la tecnología corren por múltiples centros de datos, múltiples zonas de nubes y amplias geografías y ubicaciones, la calidad de tener consistencia y autenticidad confiable, especialmente con datos, los cuales deben ser correctos y tener autoridad. El ejemplo tradicional de una *transacción atómica*, en la que todos los aspectos de una transacción se comprometen con éxito en la base de datos distribuida o la transacción se revierte, es una clave que ahora se está incrementando con el con-

cepto de *consistencia eventual*, en el que el valor válido para los datos es finalmente realizado en todas las versiones distribuidas de los datos.

- **Modular-*idad*:** creación de funciones discretas, bien definidas y separadas de capacidades en software. Una solución típicamente integra múltiples servicios de módulos juntos. Una noción estratégica importante en Amazon es que los servicios modulares deben ser de autoservicio, es decir, para usar tu capacidad, nadie debe necesitar hablar contigo para comprender, diseñar, probar, implementar u operar tu servicio. Esto ayuda no solo a escalar la tecnología sino también a escalar la organización.
- **Cal-*idad*:** La noción de un sistema que hace lo que se espera. En tecnología, los habilitadores clave incluyen la facilidad de poder probar y verificar, implementar, administrar versiones y tratar eficazmente los errores de software.
- **Estabil-*idad*:** La capacidad de lidiar con nuevos requisitos y dinámicas operativas sin afectar la arquitectura subyacente. La abstracción adecuada en el diseño de la arquitectura es la clave para lograr la estabilidad. En el entorno físico de las computadoras, redes y centros de datos, la estabilidad también se refleja en situaciones de redundancia, migración después de falla y recuperación ante desastres.
- **Disponibil-*idad*:** La capacidad de responder de inmediato. Como los analistas de futbol de ESPN a menudo dicen sobre los atletas y las lesiones, "la mejor habilidad es la disponibilidad". En el comercio minorista, si un artículo no está disponible, pierdes un pedido y, a menudo, pierdes también al cliente. En tecnología, no es diferente. Los sistemas deben estar disponibles y cumplir en los tiempos de respuesta requeridos por el usuario y la empresa. Los sistemas de tiempo casi real (NRT) en los que hay un retra-

so mínimo son nociones críticas de arquitectura (ni baratas ni fáciles) que habilitan muchas experiencias digitales.

AYÚDAME A AYUDARTE

¿Quién puede olvidar la clásica escena de *Jerry Maguire* en la que el agente deportivo habla de corazón a corazón con su jugador, Rod Sterling, en el vestidor después del partido? El agente le ruega al jugador que haga algunas cosas de manera diferente, de modo que sea más fácil para el equipo ofrecerle una extensión a su contrato. "¡Ayúdame a ayudarte!", suplica Maguire. ¿Con qué frecuencia los empresarios simplemente recurren a su equipo de tecnología y básicamente dicen: "este es su problema, *nerds*"? Si vas a ganar en la era digital, ser un mejor socio comercial y colaborador con tu equipo de tecnología es crítico. (Y referirse a ellos como *nerds* probablemente tampoco ayude mucho, en caso de que sí los llames así).

¿Cuál es tu papel como socio comercial de tu equipo de tecnología? Primero, encárgate de estos elementos y trabaja para articular qué métricas son necesarias y cómo medirlas desde el punto de vista del negocio. Profundiza en los casos de uso y especifica exactamente cómo deben funcionar. Sé curioso acerca de cómo se da soporte a estas situaciones y haz muchas preguntas sobre cada una. Segundo, enfócate en el largo plazo. Debes estar dispuesto a financiar la construcción de estas cualidades y capacidades subyacentes. Y tercero, y aquí es donde tu arquitectura se convierte en tu estrategia, toma la ofensiva.

Comprende cómo se diseñarán las entidades y comprende los toma y daca. Descubre cómo usar las *-idades* como elementos competitivos para vender a tus clientes y diferenciarte de la competencia. Si puedes expresar al mercado que eres mejor que tu competencia en estas cualidades y demostrar por qué eso es importante para tus clientes, entonces las entidades de financiación pueden pasar de la columna "costos generales" a la columna "costos directos". Los costos directos, también conocidos como "costo de los bienes vendidos" (COGS, en inglés), son costos asociados directamente con la producción de ingresos. ¡La arquitectura ahora se está convirtiendo en el negocio!

MANIFIESTO SOBRE LOS API DE BEZOS

Estuve presente en un importante punto de inflexión en Amazon. En 1999, *Barron's* imprimió su ya clásica historia de portada "Amazon.bomb", que predijo que las acciones de Amazon iban por el camino de Pets.com y Drugstore.com.[2] Pero en lugar de convertirse en un desastre, Amazon le dio la vuelta a la confianza desde el punto de vista del mercado, y creció hasta convertirse en uno de los "cuatro jinetes de la tecnología".[3] No fue mucho después de la historia de la portada de *Barron's* que comenzamos a reconocer que Amazon era realmente dos tipos clave de negocios.

Primero, por supuesto, éramos un minorista de comercio electrónico amplio y multicategoría. En ese momento, yo dirigía Marketplace, o como nos referíamos a él, el negocio "Merchants@". M@ fue fundamental para crear "la tienda de todo". Utilizando la plataforma M@, abrimos más de 14 categorías, como ropa, artículos deportivos, instrumentos musicales, gourmet y joyería.

Sin embargo, fue alrededor de esta época cuando Amazon comenzó a verse a sí misma como una compañía de plataforma, que presta servicios a muchas otras compañías además de ser, Amazon, el minorista. Decidimos que todos los sistemas debían interoperar, interna y externamente, a través de las API. Estas API debían tener interfaces reforzadas, lo que significaba que estarían bien diseñadas, no serían propensas a cambios repentinos y serían compatibles con versiones anteriores. Las API debían tener unos SLA que se compararan con un conjunto de estándares de rendimiento para velocidad y disponibilidad. Y los SLA tenían que ser tolerantes a fallas, es decir, debían asumir que otras dependencias podrían fallar o degradarse. En cualquier caso, las API tenían que procesar graciosamente en una situación en la que otros componentes del sistema no funcionaran de modo correcto.

Como cualquier gran cambio, la tecnología fue difícil, pero lograr que las personas se dieran cuenta, se comprometieran y todos se dirigieran en la misma dirección fue el gran obstáculo. En el clásico estilo franco de comunicación de Bezos, este memorando en 2002 contenía los 10 mandamientos traídos de la cima de la montaña.

Steve Yegge, un exingeniero de Amazon, recuerda el memo en esta publicación clásica del blog.

Su Gran Mandato era algo así:

1. Todos los equipos de hoy en adelante expondrán sus datos y funcionalidad a través de interfaces de servicio.
2. Los equipos deben comunicarse entre sí a través de estas interfaces.
3. No habrá ninguna otra forma de comunicación permitida entre procesos: sin enlaces directos, sin lecturas directas del almacén de datos de otro equipo, sin modelo de memoria compartida, sin puerta trasera alguna. La única comunicación permitida es a través de llamadas de interfaz de servicio sobre la red.
4. No importa qué tecnología utilicen. HTTP, Corba, Pubsub, protocolos personalizados, no importa. A Bezos no le importa.
5. Todas las interfaces de servicio, sin excepción, deben diseñarse desde cero para ser externalizables. Es decir, el equipo debe planificar y diseñar para poder exponer la interfaz a los desarrolladores del mundo exterior. Sin excepciones.

6. Cualquiera que no haga esto será despedido.
7. Gracias; ¡que tengan un buen día!

¡Ja, ja! Por supuesto, ustedes, las aproximadamente 150 personas examazónicas, se darán cuenta de inmediato que el número 7 fue una pequeña broma que yo agregué, porque a Bezos definitivamente no le importa su día para nada.

El número 6, sin embargo, era bastante real, por lo que la gente se puso a trabajar. Bezos asignó un par de Bulldogs en Jefe para supervisar el esfuerzo y garantizar el progreso, encabezado por el Uber Jefe Bulldog Bear, Rick Dalzell. Rick es un exguardabosques del Ejército, graduado de la Academia West Point, exboxeador, exjefe de torturadores, CIO en Walmart, y es un hombre grande, genial y aterrador que usó mucho el concepto *interfaz reforzada*. Rick era una interfaz reforzada que caminaba y hablaba, así que, no hace falta decir que todos progresaron *mucho* y se aseguraron de que Rick lo supiera.[4]

A través de su arquitectura, Amazon se propuso, tanto escalar su organización interna como su modelo de negocio. Hoy, Amazon tiene cientos de API públicas, desde API relacionadas con productos hasta API de AWS, Echo API y API en su red logística a través de Fulfillment by Amazon.

INVIERTE MÁS EN SOFTWARE PERSONALIZADO

La década de 1980 hasta principios de 2000 estuvo dominada por las guerras de los ERP. Las empresas se apresuraron a implementar SAP, Oracle, PeopleSoft u otras soluciones de software empaquetadas que eran excelentes para estandarizar los procesos comerciales centrales, como la fabricación, la gestión de pedidos, los recursos humanos o las finanzas. Si bien ayudó a escalar e impulsar mejoras en los procesos, estos sistemas no cambiaron la esencia del modelo de negocio para las empresas.

Ahora que la tecnología y la digitalización de productos, servicios y experiencias se vuelven muy importantes, ser reflexivos sobre la creación de software propietario es una de las decisiones más importantes que toma una empresa. No permitas que el CIO tome esta decisión. Haz que el CIO participe en la decisión. El *Wall Street Journal* señala que "los nuevos datos sugieren que el secreto del éxito de las Amazons, Googles y Facebooks del mundo, sin mencionar los Walmarts, los CVS y los UPS anteriores a ellos, es la cantidad que invierten en su propia tecnología... El gasto de la TI que se destina a la contratación de desarrolladores y la creación de software de propiedad y uso exclusivo de una empresa es la ventaja competitiva clave. Es diferente de nuestra comprensión estándar de I&D en que este software es utilizado únicamente por la empresa y no forma parte de los productos desarrollados para sus clientes".[5]

Tu arquitectura está compuesta por muchos tipos de tecnología, pero el software es donde se habilitan la lógica empresarial y la experiencia del cliente, y requiere un conjunto clave de decisiones estratégicas, particularmente en cuanto a dónde se requiere más desarrollo.

AHORA ES TU TRABAJO: ASÍGNALE TIEMPO

Probablemente no eres el arquitecto técnico, el desarrollador de software o el CTO de la organización. Como líder empresarial, con responsabilidad para impulsar el negocio, debes ser curioso y estar al día en estos conceptos tecnológicos clave. Todos necesitan aumentar su comprensión de la tecnología para convertirse en digitales. Discute lo que es importante para ti con tu equipo de tecnología. Asegúrate de que haya métricas y SLA para saber si estás obteniendo el rendimiento requerido.

Diluye las líneas en la organización entre "una discusión de negocios" y "una discusión de tecnología", y estarás fijando el rumbo para convertirte en digital. Cuando tengas una discusión, un buen lugar para comenzar es con las preguntas que haces.

PREGUNTAS A CONSIDERAR

1. ¿Está bien documentada tu tecnología y arquitectura de datos, y las comprendes?
2. ¿Dependes demasiado del software empaquetado para tus capacidades principales? ¿El software personalizado en algunas capacidades selectas podría ser un diferenciador estratégico para ti?
3. ¿Tu arquitectura tecnológica tiene un plan que se alinee con tu estrategia comercial digital?

NOTAS

1. "Winchester Mystery House", *Wikipedia*, https://en.wikipedia.org/wiki/Winchester_Mystery_House.
2. Jacqueline Doherty, "Amazon.bomb", *Barron's*, mayo 31, 1999.
3. Christian Sarkar, "The Four Horsemen: An Interview with Scott Galloway", *Marketing Journal*, octubre 20, 2017.
4. Steve Yegge, "Stevey's Google Platforms Rant", octubre 12, 2011, https://plus.google.com/+RipRowan/posts/eVeouesvaVX.
5. Christopher Mims, "Why Do the Biggest Companies Keep Getting Bigger? It's How They Spend on Tech", *Wall Street Journal*, julio 26, 2018, https://www.wsj.com/articles/why-do-the-biggest-companies-keep-getting-bigger-its-how-they-spend-on-tech-1532610001.

IDEA 40

LAS PREGUNTAS QUE HACES:

HAZLE ESTAS PREGUNTAS A TU DIRECTOR DE INFORMÁTICA, POR EL BIEN DE TODOS

Nunca aprendo nada hablando.
Solo aprendo cosas cuando pregunto.

—J.R.R. LOU HOLTZ

Convertirse en un negocio digital y en un líder digital impone una mayor carga en la organización para ofrecer nuevas capacidades, capturar y usar datos de nuevas maneras, y colaborar tanto interna como externamente con velocidad y agilidad. Obtener lo mejor de tu tecnología, presupuesto limitado y equipo de tecnología es fundamental. Hacer que el entorno sea un gran lugar para que los equipos de tecnología trabajen es clave para reclutar y mantener el mejor personal.

Como parte de tu proceso de planificación, piensa en un nuevo conjunto de preguntas para tu líder tecnológico que le ayude a todos a pensar en lo que se necesita para competir y ganar.

IDEA 40

Prepara un conjunto de preguntas para tu líder tecnológico y equipo de liderazgo que puedan forzar la discusión, el cambio y el compromiso mucho más allá que solo a tu CIO. Pon al CIO a cargo del desarrollo de las respuestas y los planes, pero aborda el trabajo como una colaboración entre unidades de negocios.

¿POR QUÉ HACER PREGUNTAS?

Un cliente que es el CIO de un gran minorista de moda, anteriormente había sido ejecutivo operativo de la cadena de suministro en la empresa durante años. Muchas personas se preguntaban si sería eficaz para mejorar la función de la tecnología, ya que no era un líder en la TI de carrera. Lo que vi en los siguientes meses fue que el consejo, el equipo ejecutivo y el equipo de liderazgo de la TI hicieron una serie de preguntas diferentes de las que solían hacer para ayudar a aclarar cuáles serían sus estrategias y expectativas. Fueron preguntas del tipo "¿Cómo medimos la eficiencia y la productividad?". A veces no hay respuestas satisfactorias a estas preguntas, pero el proceso de discutirlas al tratar de responderlas da como resultado ideas y consideraciones.

Aquí hay un conjunto de preguntas para considerar hacerle a tu líder de tecnología, como las hacíamos a los equipos de tecnología en Amazon:

1. ¿Cuáles son nuestras capacidades clave (priorizadas), tecnológicas, de propiedad intelectual (PI) y activos de datos? ¿Cómo medimos su valor y salud?
2. ¿Cuáles son nuestros riesgos tecnológicos prioritarios? ¿Cómo evaluamos el riesgo? ¿Cuál es el plan de mitigación, aceptación y respuesta para cada riesgo?
3. ¿En qué lugar estamos como compañía donde trabajan tecnólogos en comparación con nuestros similares? ¿Qué podemos hacer para mejorar?
4. ¿Cuáles son las ideas digitales y tecnológicas clave que el equipo de tecnología tiene para cada línea de negocio?
5. ¿Qué capacidades y consideraciones tecnológicas deben ser centralizadas?

6. ¿Qué capacidades y consideraciones tecnológicas podrían integrarse en el negocio?
7. ¿Cómo medimos nuestros riesgos de seguridad cibernética y tecnológica?
8. ¿Qué funciones operamos hoy con la TI para las que deberíamos considerar una asociación o subcontratación?
9. ¿Cómo se mide la productividad de nuestra organización de la TI? ¿Estamos mejorando?
10. Si el negocio duplicara su volumen, ¿qué capacidades de la TI están listas para escalar y por qué? ¿Qué capacidades de la TI no están listas para escalar y por qué?
11. Si los datos son un activo para nuestra organización, ¿cuál es la calidad de nuestros datos (por tipo) y cómo los medimos? ¿Ha mejorado la calidad?
12. ¿Qué funciones comerciales realizamos manualmente hoy que crees que podríamos o deberíamos automatizar?
13. ¿Cuáles son las megatendencias en tecnología que deberíamos aprovechar más en los próximos cinco años? ¿Cuáles son los casos de uso específicos a considerar (aprendizaje de máquinas, IdC, robótica, cadena de bloques u otros)?
14. Califica a cada unidad de negocios como “un socio efectivo para la TI”. ¿Qué puede hacer cada uno (específicamente) para mejorar la asociación?
15. ¿Cuáles son los servicios que la TI brinda al negocio? ¿Están bien definidos y medidos?
16. ¿Qué tecnología debe ser personalizada para nuestro negocio? ¿Cómo vamos a diferenciarnos en esa tecnología?

17. ¿Qué tecnología debería ser de paquete de software para nuestro negocio? ¿Podemos aprovechar fácilmente sus nuevas características y ventajas?
18. ¿Cuál es nuestro modelo de innovación tecnológica? ¿Cómo apoyamos la experimentación con nuevas tecnologías y capacidades? ¿De qué manera las formalizamos en las capacidades comerciales centrales?
19. ¿Cuáles son las oportunidades tecnológicas actuales? ¿Hay nuevas tecnologías que deberían estar en nuestra hoja de ruta? ¿Qué problemas podrían resolver? ¿Qué ventajas podrían crear?
20. ¿Cómo se asocia la TI con los proveedores de servicios y software? ¿De qué manera se integran en una arquitectura coherente?

TEN UN PLAN

El presidente Dwight Eisenhower dijo: “El plan no es nada; la planificación lo es todo”. Un plan escrito es una función de forzamiento para el esfuerzo de planificación. Comienza bosquejando las preguntas que deben abordarse. A menudo, un viaje con muchas escalas puede ayudar a explorar preguntas a medida que avanzas y a llegar a un acuerdo sobre el siguiente conjunto de preguntas.

La planificación de la TI es clave y debe implicar una profunda participación, revisión y comprensión por parte de todos los líderes empresariales. La oportunidad para la mayoría de las empresas es mejorar la capacidad tecnológica y ser un mejor socio para el equipo tecnológico. Preguntas y compromisos del tipo de los anteriores ayudan a que ambos sucedan.

PREGUNTAS A CONSIDERAR

1. ¿Cómo mides y evalúas la efectividad de tu presupuesto para tecnología?
2. ¿La planificación y estrategia de la tecnología es principalmente propiedad de tu grupo de tecnología?
3. ¿Cuál es un nuevo conjunto de preguntas para tu equipo de liderazgo con el que puedas obtener más innovación y tecnología?

EL FIN DE LA INTELIGENCIA ARTIFICIAL:

PREPÁRATE PARA UN FUTURO DE APRENDIZAJE DE MÁQUINAS

> Inteligencia es la capacidad de adaptarse al cambio.
>
> —STEPHEN HAWKING

A principios de la década de 2000, Amazon lanzó Mechanical Turk, una herramienta anunciada como *inteligencia artificial-artificial*. El Mechanical Turk fue construido como una plataforma para subcontratar pequeños trabajos, llamados tareas de inteligencia humana (HIT, por sus siglas en inglés), a personas de todo el mundo que hacen trabajos típicamente pequeños. Desde entonces, se ha utilizado principalmente para escalar el tipo de trabajo que es difícil para las computadoras, como revisar la calidad de contenido escrito o de imágenes.

Sin embargo, la IA y el aprendizaje de máquinas están progresando a un ritmo rápido: exponencialmente, si se cree en Elon Musk.[1] Independientemente de su ritmo evolutivo exacto, la inteligencia artificial y el aprendizaje de máquinas pueden abordar una gama cada vez más amplia de tareas, incluidas las que a menudo realiza Mechanical Turk. El potencial de poder e impacto es tal que Jeff Bezos incluyó una advertencia especial (¿o estímulo?) en su carta de 2017 a los accionistas, en la que aconsejó a su audiencia que "adoptara las tendencias externas". "En este momento, estamos en el medio de una tendencia externa obvia: el aprendizaje de máquinas y la inteligencia artificial", advirtió.

Cuando Bezos se toma el tiempo de enviar una advertencia específica, recomiendo sentarse y prestar atención.

IDEA 41

El aprendizaje de máquinas será una capacidad que se implemente de formas estrictas y específicas, por ejemplo, aumentar las decisiones de gestión específicas o crear nuevas y amplias capacidades y modelos de negocio, dinámicas cambiantes en todas las industrias. Los líderes deben prepararse a sí mismos y a sus organizaciones para aprovecharlas. Como mínimo, debes ser curioso y profundizar sobre el aprendizaje de máquinas, y buscar activamente experiencias e historias en tu industria. Prepara tu organización creando servicios, instrumentación y mejores reglas de decisión en tus procesos clave.

ESTÁ CONECTADA

No es accidental que muchas de las ideas que hemos discutido en este libro nos conduzcan a aprovechar la era del aprendizaje de máquinas. ¿Recopilas muchos datos sobre las experiencias de tus clientes, tus procesos, tu entorno? Es vital. ¿Defines tus procesos de manera deliberada y detallada, descubriendo cómo convertirlos en servicios y "haciendo los números" e intentando crear las reglas y fórmulas para tu trabajo y decisiones? Son componentes básicos esenciales. ¿Comprendes tus principios, el modo en que tomas decisiones y los patrones de tu lógica? Es esencial. Estos tipos de ingeniería deliberada e introspección son la base que los algoritmos necesitan para automatizar un proceso.

Amazon está bien situado para aprovechar al máximo estas capacidades porque han construido estos cimientos. Y reconocen la necesidad, por lo que comienzan a aprender y experimentar. "En la primera parte de esta década, Amazon aún no había aprovechado significativamente estos avances, pero reconoció que la necesidad era urgente. La competencia más crítica de esta época estaría en la IA: Google, Facebook, Apple y Microsoft apostaban sus compañías en ello, y Amazon se estaba quedando atrás. Nos dirigimos a todos los líderes de [equipo] para decir básicamente: '¿Cómo pueden usar estas técnicas e integrarlas en sus propios negocios?'", dijo David Limp, vicepresidente de dispositivos y servicios de Amazon.[2]

PRINCIPIOS

"Todo sucede una y otra vez", explicó Ray Dalio, fundador de Bridgewater Associates. "Los principios son una forma de ver las cosas para que todo se vea como 'otro de estos', y cuando aparece otro de estos, ¿cómo lo enfrento con éxito?". Dalio construyó un sistema de toma de decisiones escribiendo los criterios de cada problema que encontró. Este sistema le permitió caracterizar problemas, desarrollar criterios y distinguir fácilmente la señal del ruido. Además, se podía sincronizar con otros y convertir muchos de estos problemas en algoritmos.[3]

En su *Informe de Innovación de Inteligencia Artificial de 2018*, las buenas personas de Deloitte caracterizaron el futuro de la IA en la toma de decisiones ejecutivas como una "asociación", una en la que los humanos definen los problemas y tienen la última palabra sobre la mejor respuesta para su negocio, mientras que la IA analiza terabytes de datos para proporcionar una base para la decisión.[4]

Dalio compara la relación perfecta entre humanos y máquinas con jugar al ajedrez contra una computadora. "Entonces, tú haces tu movimiento, ella hace su movimiento", dijo. "Comparas tus movimientos, piensas en ellos y luego los refinas".[5] No hace falta decir, Dalio continuó, que puede ser difícil entender la causa y el efecto en el complejo modelo de una caja negra.

Podemos considerar su enfoque para aprovechar el aprendizaje de máquinas en nuestros enfoques de gestión central. Específicamente, podemos adoptar su claridad y meticulosa atención al detalle y pensar a conciencia los patrones que se dan en nuestros negocios, crear reglas para administrarlos, escribirlos para que otros puedan usarlos y mejorarlos, y hacer modelos de computadora a partir de ellos.

¿Qué es lo mínimo que debe hacer un ejecutivo o un consejo con respecto al aprendizaje de máquinas? Aprender activamente, entrevistar y prestar atención a cómo está afectando a la industria y las funciones en las que se encuentra su empresa. Debe estar constantemente investigando "cómo y cuándo" para comenzar y encontrar formas de hacer pequeñas pruebas piloto. Una organización necesita desarrollar experiencia y la capacidad de experimentar con innovaciones, si ha de poder confiar en esas capacidades más adelante.

PREPÁRATE

"El mundo exterior puede llevarte al Día 2 si no quieres o no puedes adoptar tendencias poderosas rápidamente", escribió Bezos en la carta de 2016 a los accionistas de Amazon. "Si luchas contra ellas, probablemente estés luchando contra el futuro. Abrázalas y tendrás viento a favor. Estas grandes tendencias no son tan difíciles de detectar (se habla y escribe mucho sobre ellas), pero pueden ser extrañamente difíciles de adoptar en las grandes organizaciones. Estamos en medio de una tendencia obvia en este momento: el aprendizaje de máquinas y la inteligencia artificial".[6]

Mirando hacia atrás, es fácil identificar las marejadas del progreso tecnológico: la imprenta, la luz eléctrica, el automóvil, el transistor, que llevaron a los negocios y la sociedad a épocas completamente nuevas. Todos estos inventos tuvieron (en su mayoría) impactos positivos en la sociedad, pero sus aplicaciones y adopciones sociales a gran escala no estuvieron exentas de temor y lecciones aprendidas.

En su libro *Hit Refresh: The Quest to Rediscover Microsoft's Soul and Imagine a Better Future for Everyone (Haz clic en renovar: la búsqueda para redescubrir el alma de Microsoft e imaginar un futuro mejor para todos*), el CEO de Microsoft, Satya Nadella, escribió: "Hoy no pensamos en la aviación como 'vuelo artificial', es simplemente vuelo. Del mismo modo, no deberíamos pensar en la inteligencia tecnológica como artificial, sino más bien como una inteligencia que sirve para aumentar las capacidades y competencias humanas". La inteligencia artificial se convertirá en parte de nuestra inteligencia de gestión, integrada en los procesos cotidianos y las decisiones diarias.

La Administración debe ser profundamente curiosa, no solo "prestar atención"; descubrir cómo remontar la ola en lugar de ser aplastada por ella. Como lo discutiremos en el próximo capítulo, debemos capacitarnos a nosotros mismos y a nuestros equipos para tomar buenas decisiones.

PREGUNTAS A CONSIDERAR

1. ¿El aprendizaje de máquinas está afectando a tu industria?
2. ¿Te estás educando en el aprendizaje de máquinas y pensando en dónde podría ser impactante?
3. ¿Dónde podrías hacer un pequeño experimento para comenzar a construir experiencia organizacional en el uso del aprendizaje de máquinas?

NOTAS

1. James Cook, "Elon Musk: You Have No Idea How Close We Are to Killer Robots", *Business Insider*, noviembre 7, 2014.
2. Steven Levy, "Inside Amazon's Artificial Intelligence Flywheel", *WIRED*, febrero 1, 2018, https://www.wired.com/story/amazon-artificial-intelligence-flywheel/.
3. Ray Dalio, Alex Rampell y Sonal Chokshi, "Principles and Algorithms for Work and Life", *a16z Podcast*, abril 21, 2018, https://a16z.com/2018/04/21/principles-dalio/.
4. Deloitte, *Artificial Intelligence Innovation Report 2018*, https://www2.deloitte.com/content/dam/Deloitte/ie/Documents/aboutdeloitte/ie-Artificial-Intelligence-Report-Deloitte.pdf.
5. Richard Feloni, "The World's Largest Hedge Fund Is Developing an Automated 'Coach' That Acts Like a Personal GPS for Decision-Making", *Business Insider*, septiembre 25, 2017.
6. Jeff Bezos, "2016 Letter to Shareholders", *Amazon dayone blog*, abril 17, 2017, https://blog.aboutamazon.com/company-news/2016-letter-to-shareholders.
7. Satya Nadella y Greg Shaw, *Hit Refresh: The Quest to Rediscover Microsoft's Soul and Imagine a Better Future for Everyone*, Harper Business, New York, 2017, p. 210.

PARTE IV

ENFOQUE Y EJECUCIÓN

IDEA 42

¿PUERTA DE UN SENTIDO O DOS?

TOMA MEJORES DECISIONES Y MÁS RÁPIDO

> Donde sea que veas un negocio exitoso,
> alguien tomó una vez una decisión valiente.
>
> —PETER DRUCKER

¿Cómo se toma una decisión importante en la vida? En el verano de 2016, como familia nos enfrentamos a una. Tuvimos la oportunidad de mudarnos al sur de California desde Seattle, Washington. En ese momento, mi hijo AJ estaba entre su segundo y tercer año en la escuela preparatoria. Él juega waterpolo, y veía el potencial que un mejor entrenamiento diario, competencia y exposición tendría para sus perspectivas universitarias, pero no quería dejar a sus amigos o la escuela.

Fue una decisión difícil. Una simple lista de pros y contras no iba a ser suficiente.

IDEA 42

Entrenarte a ti mismo y a tu equipo para entender cómo tomar decisiones. En la mayoría de los casos, debes acelerar la toma de decisiones. Desarrolla una cultura en la que la pasión por el cliente y los datos encabecen el debate, pero se respeten los derechos en la toma de decisiones. Cuando se toma una decisión, anuncia y ten la expectativa de que todos avancen.

LA MENTALIDAD DE MINIMIZACIÓN DEL ARREPENTIMIENTO

En lugar del viejo enfoque de pros y contras, le conté a AJ cómo Jeff Bezos decidió dejar un trabajo lucrativo en el fondo de cobertura D.E. Shaw y mudarse a Seattle e iniciar Amazon en 1994.[1]

Bezos tenía 26 años cuando llegó a D.E. Shaw. A pesar de haber saltado de un trabajo a otro antes de llegar a Shaw, Bezos se convirtió en vicepresidente en solo cuatro años. En este cargo, investigó las oportunidades de negocios en internet, pues corrían rumores de que sería una mina de oro potencial a principios de la década de 1990, si alguien podía encontrar un plan de negocios que no pareciera absurdamente arriesgado.

Según *Business Insider*, Bezos creó una lista de veinte productos que podía vender en línea, y decidió que los libros eran la opción más viable. ¿El problema? D.E. Shaw, su jefe, no estuvo de acuerdo. No creía que funcionaría. Cuando Bezos insistió en irse, Shaw le aconsejó que lo pensara durante 48 horas antes de tomar una decisión final. Entonces eso fue lo que hizo. Y ante lo que, en retrospectiva, equivaldría a una decisión que cambiará el mundo, el joven Bezos recurrió a un proceso que denominó su *mentalidad de minimización del arrepentimiento*. Años después, lo explicaría en una entrevista:

> Quería proyectarme a los 80 años y decir: "Bien, ahora estoy recordando mi vida. Deseo haber minimizado la cantidad de arrepentimientos que tengo". Sabía que cuando tuviera 80 años, no me arrepentiría de haber intentado esto. No me arrepentiría de intentar participar en esta cosa llamada internet, que pensé que iba a ser realmente algo importante. Sabía que, si fallaba, no me arrepentiría de eso, pero sabía que lo único de lo que podría arrepentirme era de no haberlo intentado nunca. Sabía que eso me perseguiría todos los días, por lo que, cuando lo pensé de esa manera, fue una decisión increíblemente fácil. Y creo que eso es muy bueno.

> Si puedes proyectarte hasta los 80 años y pensar: "¿Qué pensaré en ese momento?", eso te alejará de algunos de los detalles diarios confusos. Sabes, dejé esa firma de Wall Street a mediados de año. Cuando haces eso, te alejas de tu bono anual. Ese es el tipo de cosas que a corto plazo pueden confundirte, pero si piensas a largo plazo, entonces realmente puedes tomar buenas decisiones de vida de las que no te arrepentirás más tarde.[2]

Clásico de Bezos. Piensa a largo plazo. Olvídate de la emoción de depositar hoy tu bono de Wall Street de 1994 en tu cuenta bancaria. ¿Cómo te vas a sentir en cincuenta años? Una vez que estableciera Amazon, Bezos extrapolaría esto aún más, considerando la ramificación no solo a décadas, sino incluso a siglos y milenios en el futuro. Cuando se trata de pensar hacia adelante, Bezos no pierde tiempo.

Genial, dices. Este marco puede ser útil para algunas decisiones importantes en la vida, como renunciar a un gran trabajo, mudarse y lanzar una *startup* riesgosa, pero ¿qué hay de las decisiones cotidianas en los negocios?

VIGILA LA PUERTA

Una de las razones por las que los negocios pequeños pueden moverse mucho más rápido que las grandes empresas es la velocidad con la que toman decisiones. De hecho, las decisiones no solo se toman más rápido, sino que sus efectos en el negocio son más impactantes. A medida que Amazon ha crecido a pasos agigantados, Bezos ha dedicado una gran cantidad de tiempo y energía para garantizar que sus líderes tomen decisiones buenas y rápidas.

"Para mantener la energía y el dinamismo del Día 1, tienes que tomar decisiones de alta calidad y a alta velocidad", dijo Bezos. "Fácil para *startups* y muy desafiante para grandes organizaciones. El equipo *senior* de Amazon está decidido a mantener alta nuestra velocidad de toma de decisiones. La velocidad es importante en los negocios; además, un entorno de toma de decisiones a alta velocidad también es más divertido".[3]

Se espera que los líderes de Amazon tengan razón, casi siempre. De hecho, es un principio básico. ¿Cómo? Deben poseer un buen juicio, pero también deben trabajar activamente para cuestionar sus creencias y evitar el peligro del *sesgo de la confirmación*. Los humanos buscan datos y puntos que confirmen su opinión inicial. (Es por eso que Facebook es tan popular. Estados Unidos está tan polarizado políticamente, y ya nadie parece tener una discusión civil en público. La gente espera que les reflejen sus propias opiniones). Sin embargo, si trabajamos activamente para encontrar perspectivas y datos alternativos, tomamos mejores decisiones. Esto no es una opinión, es un hecho. Jim Collins te dirá que incluso las empresas más exitosas dan el primer paso hacia la decadencia cuando el líder está rodeado de hombres que siempre le dicen que sí. El orgullo siembra las semillas de la ruina.

Sin embargo, ¿cómo puedes tomar decisiones equilibradas, imparciales y buenas *rápidamente*? Elige las que son reversibles. Para mantener una alta velocidad de toma de decisiones, primero debes considerar las implicaciones de la decisión. ¿Se puede probar y revertir el resultado de la decisión, o es permanente y, por lo tanto, no comprobable? En Amazon, utilizamos la analogía binaria de "puertas de una vía *versus* de dos vías".

"Pensamos en puertas unidireccionales y puertas bidireccionales. Una puerta de un solo sentido es un lugar donde si tomas una decisión y cruzas al otro lado y no te gusta lo que ves, no puedes volver. No puede regresar al estado inicial", explicó Jeff Wilke, CEO de Worldwide Consumer Business en Amazon. "En una puerta de doble sentido, entras y puedes ver lo que encuentras, y si no te gusta, puedes regresar a través de la puerta y volver al estado que tenías antes". Creemos que las decisiones bidireccionales son reversibles, y queremos alentar a los empleados a tomarlas. ¿Por qué necesitaríamos algo más que el proceso de aprobación más ligero para las puertas de dos vías?"[4]

CON PROPÓSITO

Debajo de estos dos ejemplos de marcos de toma de decisiones, subyace la comprensión central de que la forma de tomar decisiones es una habilidad y una estrategia corporativa. Determinar qué se puede hacer rápidamente, frente a las decisiones que requieren más debate y una discusión cuidadosa, debe ser un aspecto central de tus habilidades y de cómo operas tu negocio. Hazlo con un propósito y habla sobre cómo tomar una decisión y cómo ese enfoque podría usarse en otras circunstancias. Si practicas lo suficiente, desarrollarás las herramientas, experiencias y ritmo adecuados para tu organización. Ser digital le da prioridad a la toma de decisiones más rápidas, así que evalúa cómo incorporar una toma de decisiones más rápida como parte de tu viaje digital.

Sin embargo, algunas decisiones no deben tomarse rápidamente. A continuación, analicemos un tipo de decisión que no debe tomarse apresuradamente.

PREGUNTAS A CONSIDERAR

1. ¿Existe un buen enfoque de toma de decisiones en tu organización?
2. ¿Es importante tomar decisiones rápidas para competir? ¿Tienes esa capacidad?
3. ¿Las personas reflexionan sobre cuáles conversaciones y decisiones se deben escalar?

NOTAS

1. Emmie Martin, "Jeff Bezos Hasn't Always Had the Golden Touch: Here's What the Amazon of Founder Was Doing in His 20s", *CNBC Make It*, agosto 2, 2017.
2. Jeff Bezos, *Regret Minimization Framework*, YouTube video, uploaded diciembre 20, 2008, https://www.youtube.com/watch?v=jwG_qR-6XmDQ.
3. Jeff Bezos, "Carta a los inversionistas 2016", *Amazon dayone blog*, https://blog.aboutamazon.com/working-at-amazon/2016-letter-to-shareholders.
4. John Cook, "The Peculiar Traits of Great Amazon Leaders: Frugal, Innovative and Body Odor That Doesn't Smell Like Perfume", *GeekWire*, mayo 13, 2015.

SUBE EL NIVEL:

EVITA LOS PEORES ERRORES DE CONTRATACIÓN

Sé rápido, pero no te apresures.

—JOHN WOODEN

Si has estado en el negocio durante tantos años como yo, indudablemente has cometido algunos errores. Mirando hacia atrás, ¿cuáles fueron los mayores golpes fallidos en mi carrera? Esa es una pregunta difícil, pero creo que la verdadera respuesta es la contratación. El costo real de un error de contratación es difícil de calcular: tiempo perdido, cultura perdida, negocio perdido, oportunidad perdida, confianza perdida.

Si excavo en busca de la causa fundamental de la mayoría de los errores de contratación, el denominador común suele ser apresurarse. La organización tiene un puesto que debía haberse contratado ayer, y el proceso se apresura. Debido a ese sentido de urgencia, el gerente de contratación se compromete y toma un candidato que podría resolver las necesidades de hoy pero que no encaja por alguna otra razón o razones. Inevitablemente, esta contratación se convierte en un pasivo, en lugar de un activo en el futuro. ¿Cómo evitamos ese error? Crea un proceso de contratación que sistemáticamente ayude a evitarlo. El de Amazon se llama *el que sube el nivel*.

IDEA 43

Crea un proceso de contratación que ayude sistemáticamente a evitar la causa fundamental de la mayoría de los errores de contratación: apresurarse. Asegúrate de que este proceso posea un enfoque refinado, medido y sistemático. No solo contrates para el trabajo de hoy, contrata para el crecimiento y la adaptabilidad, así como para una orientación al cambio.

EL QUE SUBE EL NIVEL

El proceso de entrevista en Amazon es riguroso. Fui entrevistado por 23 personas durante dos meses. Aunque esta no es la norma, demuestra cuán en serio toma Amazon la contratación. Hay roles y objetivos específicos para cada entrevista. Cada entrevistador toma y comparte notas detalladas. Los informes se entregan en tiempo y son obligatorios. Se toman decisiones en consenso. Es un proceso, lo que significa que se trata de un enfoque definido, medido y sistematizado.

"No hay una compañía que se apegue a su proceso como Amazon", dijo Valerie Frederickson, cuya consultoría en recursos humanos en Menlo Park, California, trabaja con compañías de Silicon Valley, incluidos Facebook y Twitter. "No solo contratan lo mejor de lo que ven; están dispuestos a seguir buscando y buscando el talento adecuado". [1]

El que sube el nivel (*bar raiser*) es una persona especialmente capacitada, independiente del equipo de contratación. *Independiente* significa que no es parte de la organización que realiza la contratación, por lo que no se verá influenciado por el error potencial del equipo de contratación que produce la "urgencia". El primer objetivo del que sube el nivel es evaluar al candidato para verificar que la persona sea como un hongo: es decir, si él o ella es capaz de expandirse a nuevos roles y nuevas áreas del negocio. Si las personas no pueden ser útiles en muchos roles, la flexibilidad futura se ve comprometida. En segundo lugar, eleva el nivel de la clasificación general del puesto. Bezos hizo famosa la filosofía de esta manera: cinco años después de que un empleado haya sido contratado, dijo, ese empleado debe pensar: "Me alegro de haber sido contratado cuando lo hicieron, porque hoy no me contratarían".

"Quieres a alguien que pueda adaptarse a los nuevos roles en la empresa, no solo alguien que pueda ocupar el puesto que está vacante", dijo John Vlastelica, quien ahora dirige la consultoría en recursos humanos Recruiting Toolbox y cuenta con Amazon entre sus antiguos clientes. "Puede ser un proceso costoso porque lleva más tiempo, pero piensa en lo costoso que es contratar a la persona equivocada".[2]

El que eleva el nivel participa en el proceso de presentación de informes, escuchando los comentarios y el voto de todos (que solo puede ser sí o no). Es realmente una asociación entre el gerente de contratación, el que eleva el nivel y los otros miembros del equipo de contratación. Es una prueba de consenso, pero quien eleva el nivel tiene un claro veto. Si todos los demás dicen que sí, pero el que eleva el nivel dice que no, es no.

ELEVA EL NIVEL

Es un gran honor ser nombrado *bar raiser* (el que eleva el nivel). La selección se basa en el éxito y la retención de las contrataciones que ya has realizado. Sin embargo, al tener veto sobre la contratación, el papel a menudo lo pone en oposición directa al gerente que realiza la contratación. Como una voz externa, su trabajo es ser una fuerza independiente, libre de la presión de las demandas laborales que a veces llevan a los equipos de contratación a tomar decisiones apresuradas o miopes.

Gregory Rutty era un elevador de nivel de Amazon que comenzó su carrera como editor en una compañía editorial en Nueva York. En una entrevista para el *2016 Puget Sound Business Journal*, admitió que sus habilidades de edición no le parecían una opción natural para el trabajo en Amazon Books para el que había sido inicialmente entrevistado, pero de todos modos lo contrataron.

"No era el típico empleado de Amazon", dijo Rutty. "Ni siquiera sabía cómo usar Excel, pero Amazon, sobre todo, busca personas talentosas, ambiciosas y motivadas. Relaciona lo que hayas hecho en una vida pasada con el modo en que podría ser aplicable en un puesto futuro".[3]

Los entrevistadores de Amazon evaluaron a Rutty sobre su adhesión a los principios de liderazgo de la compañía, valores como la responsabilidad y el compromiso, el liderazgo, un sesgo por la acción y la pasión por el cliente. También calificaron el potencial de Rutty para crecer dentro de la organización y proporcionar valor en el futuro. Claramente, dieron en el blanco con Rutty porque él mismo se convirtió en un elevador de nivel. "Es importante comprender cuáles son esos ejemplos de liderazgo y poder transmitir tus experiencias pasadas", dijo Rutty. "Cuando pienso en entrevistar en general, las cosas más importantes son ejemplos claros que demuestran quién eres como trabajador y como empleado. Creo que mucha gente pasa por alto esas cosas accidentalmente".[4]

Incluso si tú no eres el que eleva el nivel, tu papel en el proceso de contratación es vital. En Amazon, se comprendía que la carrera de cada candidato exitoso estaba indisolublemente unida a la nuestra. Y esta fue, sin duda, la función de forzamiento más eficaz para la excelencia.

MUESTRA TU TRABAJO

Para respaldar el riguroso proceso de entrevistas, Amazon creó una aplicación llamada Matt Round Tool (MRT), llamada así por el ingeniero Matt Round que la escribió. Una de las características de la herramienta MRT era que las otras personas en el equipo de entrevistadores podían dar retroalimentación a sus compañeros de equipo sobre su enfoque de la entrevista y ofrecer notas para ayudar a impulsar la mejora.

El proceso de reclutamiento personalizado de Amazon obligaba a cada entrevistador a entregar un extenso análisis narrativo del candidato y una recomendación de sí o no. No había opción de "tal vez". Yo a menudo sentía que necesitaba ser el estenógrafo que escribe todo lo que se dice en una corte durante un juicio. Me considero una persona sucinta, pero el proceso ponía el énfasis en escribir reseñas realmente profundas sobre lo que se cubría en la conversación y cómo había reaccionado el candidato.

Para evitar la subjetividad inherente a la mayoría de los procesos de entrevistas, Amazon hacía preguntas muy reales para resolver problemas. Después de todo, la mejor manera de mantener una perspectiva objetiva es simplemente preguntarle a un candidato: "¿Cómo resolverías este problema?".

Por ejemplo, los entrevistadores podían presentarle al candidato el clásico problema del pozo del ascensor: "¿Cómo optimizaría el número de pisos o paradas que haría un elevador, dadas una serie de circunstancias, y explica cuál sería la lógica?". Otra era "¿Cómo analizarías sintácticamente un conjunto de código para contar el número de palabras y el número de letras en un párrafo o documento?".[5]

Como entrevistador, se esperaba que tus notas fueran lo suficientemente detalladas como para justificar tu respuesta. Las preguntas posteriores a la entrevista podían ser casi tan intensas y extenuantes para el entrevistador como lo eran para el entrevistado. Los datos se procesaban inmediatamente y se aplicaban a la siguiente ronda de entrevistas. El proceso era tan eficiente que el siguiente grupo de entrevistadores a menudo adaptaba sus preguntas para empujar a los candidatos en las direcciones sugeridas por las respuestas que habían dado solo una o dos horas antes. Como entrevistador, a veces se me olvidaba escuchar las respuestas del candidato porque estaba muy ocupado dirigiendo mi línea de preguntas para adaptarla a los datos del entrevistador anterior o garabateando a toda prisa para registrar todo lo que se decía. Una vez completadas las entrevistas, el gerente de contratación y el que sube el nivel revisaban las notas y los votos de cada entrevista.

Si se requería un informe, era obligatorio que todos asistieran. Y, por supuesto, el que sube el nivel podía vetar la contratación sin ser cuestionado, sin importar cómo se sintiera el equipo o el gerente de contratación. Es como cualquier cosa en la vida. Existe un cierto grado de buen procesamiento, pero exceder los límites de lo razonable, puede convertirse en una parodia ridícula y absurda del proceso de contratación. Existe un límite. Es un proceso riguroso, uno que se consideraría injustificadamente excesivo en casi cualquier otra empresa.

COMPROMISO INQUEBRANTABLE

Debido a que los estándares son tan altos, la contratación puede ser problemática. De lo que mucha gente no se da cuenta es de que Amazon casi se fue a la quiebra en 2000. No había suficientes ingresos y había demasiados costos. El precio de las acciones cayó de US $100 a US $44 a US $20 a menos de US $5. La compañía cerró el servicio al cliente y se produjeron despidos masivos. En los años siguientes, fue tremendamente difícil contratar a los mejores porque Amazon no les pagaría salarios competitivos en el mercado, y las opciones sobre acciones estaban lejos de ser atractivas. Había mucho riesgo, y básicamente esperábamos que las personas recibieran un salario bajo para unirse a nosotros.

Sin embargo, el increíble compromiso de contratar solo a los mejores se mantuvo firme. Un colega mío no pudo encontrar una contratación adecuada durante más de dos meses, por lo que simplemente descartaron el puesto y le dijeron que, si no había podido contratarlo, obviamente no necesitaba a la persona en primer lugar.

EL CALIFICACIÓN APROBATORIA MÍNIMA ES 10

El beso de la muerte en Amazon era ser conocido como un tipo sólido. Si bien esto podría parecer una descripción perfectamente aceptable en otra compañía, la percepción de Jeff era diferente. En lo que a él respectaba, todos en Amazon tenían la suerte de estar allí. Las personas que no sobresalían en sus trabajos no estaban contribuyendo de manera adecuada, de hecho, el resto de nosotros los llevábamos a cuestas, gratis. Como líderes, se esperaba que trabajáramos con rezagados como estos para mejorar su desempeño hasta la categoría 10, de lo contrario encontraríamos alguna forma de incentivar a estas personas a irse.

Como resultado, Amazon experimentó una rotación sistemática y significativa durante mis años allí. Jeff nos dijo que centráramos nuestro refuerzo positivo en nuestra gente 10; se sentía cómodo con que hubiera un alto grado de rotación entre los que estaban por debajo de ese estándar.

Esta estrategia era claramente subrayada por la política de compensación. En Amazon, la mayoría de las opciones sobre acciones eran para los empleados 10; las migajas para los jugadores 9 y 7. Y dado que los salarios eran, relativamente hablando, bastante bajos, la mayoría de la compensación venía en la forma de acciones. Por lo tanto, ser "un 9 sólido" significaba una caída importante en las opciones sobre acciones y oportunidades de promoción. Todo era parte de la forma en que Jeff inculcaba un sentido de responsabilidad y compromiso en la empresa: nuestras fortunas financieras estaban directamente vinculadas al éxito de la empresa.

Si realmente crees que tu gente es tu empresa, debes invertir el tiempo y el esfuerzo necesarios para identificar y contratar solo a los mejores. ¿Tu negocio tiene un verdadero proceso para evaluar nuevos talentos? ¿Tus errores de contratación afectan el rendimiento del negocio? ¿Cuál es la causa fundamental de los errores de contratación? y ¿puedes crear un método que ayude a evitar esa causa fundamental? ¿Cómo vas a elevar el nivel en la contratación de talento?

PREGUNTAS A CONSIDERAR

1. ¿Entrevistar y contratar es un proceso riguroso en tu empresa?
2. ¿Se toman decisiones de contratación apresuradamente o con perspectivas miopes?
3. ¿Las personas realmente entrevistan a los candidatos de manera significativa, o simplemente entablan conversaciones con los solicitantes?

NOTAS

1. Greg Bensinger, "Amazon's Current Employees Raise the Bar for New Hires", *Wall Street Journal*, enero 7, 2014.
2. *Idem.*
3. Ashley Stewart, "Former Amazon 'Bar Raiser' Offers Insight into Hiring Process: What Job Seekers, Companies Can Learn", *Puget Sound Business Journal*, octubre 27, 2016.
4. *Idem.*
5. Doug Tsuruoka, "Ex-Amazon Exec Details Company's Tough Hiring Policy", *Investor's Business Daily*, febrero 10, 2014.

IDEA 44

UNA NARRACIÓN SOBRE LA NARRACIÓN:

BOTA EL POWERPOINT Y GANA CLARIDAD

> El máximo problema en la comunicación
> es la ilusión de que ha tenido lugar.
>
> —GEORGE BERNARD SHAW

Amazon Web Services (AWS) es la compañía de tecnología de computación en la nube más grande del mundo. En 2017, produjo una tasa anual de ingresos de US $20.4 mil millones. Para poner esto en perspectiva, AWS representó todos los ingresos operativos de Amazon ese año. El crecimiento comercial de AWS está en una tasa de ejecución anual de más de US $18 mil millones, creciendo un 42% anual.[1] Según Gartner, AWS es más grande que los siguientes 14 proveedores de nube combinados.[2]

Si bien su tamaño y crecimiento son impresionantes, lo que realmente destaca es la cantidad de nuevos productos y desarrollos de características principales (el ritmo de la innovación). Año tras año, AWS ha lanzado más de 1 100 nuevos servicios y características importantes en su plataforma global en la nube, según el CEO Andy Jassy. Lo que ha mantenido a AWS como el líder indiscutible en computación en la nube en términos de servicios, características y funcionalidad en la nube. Es mucho mejor que otras empresas de tecnología.

¿Cómo gestiona Amazon ese grado e intensidad de innovación? ¿Cómo deciden los líderes de Amazon qué hacer y qué no hacer? ¿Cómo desarrollan ideas y las racionalizan? De la misma manera que contratan a las mejores personas. Utilizan un proceso narrativo para responder estas preguntas y captar y explicar sus ideas. Si bien "escribirlo" parece un proceso contraintuitivo para crear innovación en el siglo XXI, Bezos ha demostrado que a veces las ideas más antiguas son las mejores.

IDEA 44

Escribir ideas y propuestas en narraciones completas da como resultado mejores ideas, más claridad sobre las ideas y una mejor conversación sobre las ideas. Tomarás mejores decisiones sobre qué hacer y cómo hacerlo. Las iniciativas serán más pequeñas y menos riesgosas. Escribir narraciones es difícil, lleva mucho tiempo y es una habilidad adquirida para la organización. Se requieren altos estándares y una apreciación por desarrollar esta capacidad con el tiempo.

¿QUÉ ES LA INNOVACIÓN?

Tuve un asesor en la Fundación Gates que fue un exlíder de tecnología de Microsoft, y siempre enfatizó que “las únicas características que importan son las que se empacan”. Si bien esta declaración es un poco anacrónica hoy (obviamente, nadie está empacando software en ningún lugar estos días), estaba 100% en lo correcto. Las innovaciones no son ideas; tampoco son intentos o prototipos. Las innovaciones consisten en nuevas capacidades que se “empacan”. En otras palabras, son capacidades que afectan a los clientes y generan nuevos ingresos, mejoran la calidad o disminuyen los costos.

Los líderes y las empresas frecuentemente confunden la innovación con ser creativo. Si bien ser creativo cumple un papel en la innovación, decidir qué ideas perseguir es el primer paso bajo la línea de flotación, hacia la creación de capacidades que afecten a los clientes y generen nuevos ingresos. Llamemos a este proceso racionalización del portafolio de innovación o establecimiento de la estrategia.

El segundo paso bajo la línea de flotación es ejecutar o entregar esa capacidad de la manera más rápida, asequible, ágil, pero, sobre todo, tan predecible como sea posible.

LA CARACTERÍSTICA RADICAL: CLARIDAD

Michael Porter, profesor de estrategia de Harvard, ha declarado que "la estrategia es cuestión de tomar decisiones, sacrificar una cosa por obtener otra; se trata de elegir deliberadamente ser diferente".[3] Al desarrollar claridad y simplicidad en lo que estás haciendo y en lo que no, estás mejorando las ideas, tomando decisiones deliberadas y obteniendo un entendimiento compartido en la organización. El error fundamental que cometen los líderes al desarrollar estrategias digitales es no buscar claridad, especialmente con respecto a la experiencia del cliente. ¿Qué hará las delicias del cliente? ¿Qué modelo operativo respalda esta experiencia? ¿Qué datos y tecnología respaldan el modelo operativo? ¿Qué calificación vamos a obtener?

Lograr claridad puede ser incómodo. Puede ser disruptivo. Las personas tienden a querer evitar conflictos, colaborar y básicamente aceptar todas las ideas y todas las palabras. Esta táctica no exige el mejor pensamiento y evita los temas sensibles en el espíritu de "llevarse bien". Una narración bien escrita, por otro lado, exige rigor en la redacción correcta, obliga a llegar al corazón de los riesgos y a los temas sensibles, que deben abordarse para lograr el objetivo, y requiere un lenguaje directo y simple que garantice que todos entienden los puntos clave. Una narración bien escrita y el proceso de redacción, obligará a los equipos a ir más allá de ser amables y deberán llegar a las ideas.

El principio 3 de liderazgo de Amazon es "Inventar y simplificar". Conducir hacia la claridad de pensamiento a través de una narración escrita es un enfoque operativo clave para lograr tanto la invención como la simplificación. "Casi todas las reuniones que implican tomar una decisión de negocios están impulsadas por un documento", dice Llew Mason, uno de los vicepresidentes de Amazon. "Una de las mejores cosas de un documento escrito es que genera mucha claridad en el proceso".[4] Ah, claridad en el pensamiento. Claridad sobre lo que decides hacer. Claridad sobre cómo afectará la idea a los usuarios y al negocio. Un antiguo socio comercial que trabajó conmigo tanto antes como después de Amazon, me ha dicho muchas veces que lo que me ve hacer con mis clientes, lo que ha visto que es tremendamente útil, es que siempre estoy tratando de simplificar y aclarar la comunicación. Aprendí esto en Amazon.

¿QUÉ ES UNA NARRACIÓN?

En Amazon, los líderes escriben narraciones para todos los planes, propuestas, servicios e inversiones. PowerPoint no se utiliza (inserta aplausos). Se ha escrito mucho sobre cómo PowerPoint debilita a una organización. En su carta de 2017 a los accionistas, Bezos escribió: "No hacemos presentaciones de PowerPoint (ni ninguna otra presentación con diapositivas) en Amazon. Escribimos memorandos narrativos estructurados de seis páginas", continúa Bezos. "Leemos un memo en silencio al comienzo de cada reunión en una especie de 'sala de estudio'. No es sorprendente que la calidad de estos memorandos varíe ampliamente. Algunos tienen la claridad de los ángeles cantando. Son brillantes y reflexivos y preparan la reunión para una discusión de alta calidad. A veces entran en el otro extremo del espectro".[5]

Las narraciones en Amazon son documentos de dos a seis páginas, escritos en oraciones completas. Una narración debe adaptarse expresamente a la situación en función del tema, el momento de la iniciativa y la audiencia. Debe fluir de una manera que tenga sentido en relación con el tema y la audiencia. Es *verboten** volcar excesivas viñetas o diapositivas en la narrativa. Se pueden incluir datos, cuadros y diagramas, pero deben explicarse en la narración. También está permitido adjuntar material en el apéndice. Creo que la disciplina de escribir ideas está en el corazón del proceso de innovación de Amazon y puede replicarse con el mismo efecto. Como lo explicó Greg Satell:

> En el corazón de cómo innova Amazon está su memo de seis páginas, que da la patada de salida que inicia todo lo que hace la compañía. Los ejecutivos deben escribir un comunicado de prensa, que incluya reacciones hipotéticas de los clientes al lanzamiento del producto. Esto es seguido por una serie de preguntas frecuentes, anticipando las preguntas que los clientes, así como las partes interesadas internas, puedan tener.
>
> Los ejecutivos de la compañía me han subrayado cómo el proceso obliga a pensar detenidamente. No puedes pasar por alto los problemas ni esconderte detrás de la complejidad. En realidad, tienes que resolver las cosas. Todo esto sucede antes de la primera reunión. Es un nivel de rigor que pocas organizaciones siquiera intentan, y mucho menos son capaces de lograr.[6]

EL PROCESO DE UNA NARRACIÓN

¿Por qué los programas y proyectos tardan tanto, superan el presupuesto, se hinchan y no se cumplen según las expectativas? La ejecución y la técnica de gestión de proyectos pueden ser razones, pero la causa principal más importante es no definir con precisión el estado final al principio. Los equipos quieren lanzarse rápidamente y comenzar a diseñar, construir y probar. Tomarse el tiempo para escribir una narración mejorará drásticamente

---

* *Prohibido*, en alemán. [*N. de la T.*].

la definición de lo que debe hacerse, además de hacerlo lo más breve y conciso posible, para que pueda hacerse más rápido, más barato y con más agilidad. Pero escribir narraciones lleva tiempo, por lo que terminan cuando terminan. Es difícil predecir cuánto tiempo llevará y cuánto esfuerzo se requerirá. Es completamente razonable crear una fecha límite. "Tienes una semana para escribir una narración", podría ser apropiado.

Una sola persona puede escribir las narraciones, pero a menudo son un esfuerzo grupal porque varias personas y equipos contribuyen a la idea. Obligar a las personas a ser propietarias de la narración en conjunto, tiene enormes beneficios tanto para obtener las mejores ideas en papel como para construir entendimientos y relaciones compartidas a través de la autoría. Parte de la práctica de Amazon en las narraciones es no incluir el nombre o los nombres del autor en las narraciones. Esto envía la señal de que la narración es una actividad comunitaria.

Cuando termines la narración, piensa en las reuniones de revisión y el proceso de toma de decisiones. ¿Quién necesita comprender profundamente y estar de acuerdo con la narrativa antes de tomar una decisión? ¿Quiénes son los tomadores de decisiones clave? En Amazon, las reuniones de revisión suelen durar 60 minutos. Comienzan con 10 a 15 minutos de silencio para leer profundamente o asimilar la propuesta y la visión. Esto es seguido por una discusión para debatir los méritos, las opciones, los próximos pasos apropiados y las decisiones.

El proceso de autoría, revisión y decisión debe considerarse cuidadosamente. Debe ser riguroso. Debe tomar tiempo y esfuerzo. Se hace cuando se hace. ¿Qué hacen mal los escritores de narraciones? No pasan suficiente tiempo escribiendo. Como escribió Bezos: "Creen erróneamente que un memorando de alto nivel, de seis páginas, puede escribirse en uno o dos días o incluso en unas pocas horas, ¡cuando realmente puede llevar una semana o más!... Los grandes memorandos se escriben y reescriben, se comparten con colegas a los que se les pide que mejoren el trabajo, se ponen a un lado durante un par de días y luego se editan nuevamente con una mente fresca... El punto clave aquí es que puedes mejorar los resultados a través del simple acto ofrecer perspectiva: que un buen memo probablemente debe tomar una semana o más".[7]

LA ESTRUCTURA DE UNA NARRACIÓN

Una narración debe estar construida de pensamientos completos, párrafos completos, oraciones completas. Puede incluir cuadros, números y diagramas, pero esos elementos deben explicarse en la narración. Aparte de eso, no hay reglas sobre la estructura, y la estructura que elijan los autores dependerá del tema, el momento del ciclo de discusión y la audiencia.

Las primeras secciones de la narración suelen estar centradas en el cliente. "¿Quiénes son los clientes? ¿Qué beneficios les estamos trayendo? ¿Qué problemas estamos resolviendo para ellos? ¿Por qué esta idea los deleitaría?". Las secciones posteriores pueden incluir cuál sería la experiencia del cliente, las dependencias o requisitos, métricas para el éxito, caso de negocio y riesgos clave.

MUESTRA DE UNA NARRACIÓN

Si estás buscando un ejemplo, no busques más allá de este capítulo. Has estado leyendo uno. Ahora, tú, el público meta, con suerte comprendes la importancia de escribir ideas completas y claras. Para tus proyectos, inversiones, estrategias y temas ejecutivos, abandona las presentaciones de PowerPoint y obliga a los equipos a poner sus ideas y planes por escrito. Las reuniones comienzan con 10 a 15 minutos de silencio para leer la narración.

Los teléfonos y las computadoras se quedan afuera. Luego debate los méritos de la narración. No tengas miedo de pedir que se mejore la narración o que escriban otra de seguimiento.

No te equivoques. Crear narraciones requiere habilidad, experiencia, compromiso y paciencia. No puedes apresurar grandes narraciones porque no puedes apresurar grandes pensamientos y comunicaciones.

Se necesita práctica. Escribir es menos un ejercicio artístico y más una habilidad practicada. Es menos una combustión espontánea y más una construcción metódica, como construir y reconstruir la casa para pájaros perfecta. ¿Tienes la disciplina y el compromiso de escribir en lenguaje sencillo tus ideas y propuestas más importantes? Otros ejecutivos y grandes compañías están reconociendo que escribir, siendo una función de forzamiento para crear claridad, es clave para la innovación. JPMorgan Chase, con quien tuve la oportunidad de hablar sobre muchas de estas ideas, está usando narraciones como una de las formas de tratar de ser literario, más como Amazon. "El Sr. Bezos prohibió notoriamente las presentaciones de diapositivas para mantener a Amazon en modo de *startup* a medida que crecía; en su lugar, pidió a los empleados que elaboraran documentos completos de seis páginas con un comunicado de prensa y preguntas frecuentes. Durante los últimos 18 meses aproximadamente, JPMorgan ha comenzado una práctica similar en sus negocios de consumo que están bajo la autoridad de Gordon Smith, copresidente y director de operaciones del banco".[8] ¿Puedes y estás dispuesto a comprometerte con hábitos difíciles como escribir narraciones para cambiar cultura, velocidad, ritmo e innovación?

Ahora que hemos cubierto las narraciones, las siguientes tres ideas desarrollan el corazón y el alma del proceso de innovación en Amazon: seguir escribiendo todo en papel con claridad y simplicidad, y tener debates rigurosos como los atributos centrales clave.

PREGUNTAS A CONSIDERAR

1. ¿Las ideas y los planes sufren de pensamiento incompleto?
2. ¿Se hinchan los proyectos hasta un tamaño y complejidad innecesarios?
3. ¿Los ejecutivos entienden e influyen en los detalles de una propuesta lo suficiente como para tomar una decisión bien informada?

NOTAS

1. John Furrier, "How Andy Jassy Plans to Keep Amazon Web Services on Top of the Cloud", *Forbes*, noviembre 27, 2017.
2. Gartner, "Magic Quadrant for Cloud Infrastructure as a Service, Worldwide", mayo 23, 2018.
3. "Michael Porter", *Wikiquote*, https://en.wikiquote.org/wiki/Michael_Porter.
4. Amazon, "What Is Amazon's Writing Culture?", artículo de LinkedIn sin fecha, https://www.linkedin.com/feed/update/urn:li:activity: 642324436 6495 776768.
5. Jeff Bezos, "Carta a los inversionistas 2017", Amazon.com.
6. Greg Satell, "How IBM, Google and Amazon Innovate Differently", *Inc.,* octubre 14, 2018, https://www.inc.com/greg-satell/how-ibm-google-amazon-innovate-differently.html.
7. Jeff Bezos, "Carta a los inversionistas 2017".
8. Emily Glazer, Laura Stevens y Anna Maria Andriotis, "Jeff Bezos and Jamie Dimon: Best of Frenemies", *Wall Street Journal*, enero 5, 2019, https://www.wsj.com/articles/jeff-bezos-and-jamie-dimon-best-of-frenemies-11546664451.

IDEA 45

EL COMUNICADO DE PRENSA FUTURO:

DEFINE EL FUTURO Y SUBE A LOS EQUIPOS A BORDO

El futuro no es lo que solía ser.

—YOGI BERRA

Cuando se trata de innovación, rara vez hay una línea recta de *A* a *B*. ¿Por qué? En general, típicamente creamos solo un vago bosquejo del objetivo que estamos tratando de lograr. Como resultado, tendemos a revisar la meta a medida que avanzamos, un proceso que cuesta tiempo, dinero y, a veces, el gran éxito del proyecto. O todos tenemos varias definiciones de la meta.

Pero ¿qué pasaría si pudieras ver el futuro y visualizar con precisión tu producto final antes de lanzar un proyecto? ¿Suena bien? Bueno, realmente no hay nada que te detenga. En Amazon, lo hacen todos los días. Es un ejercicio de claridad que llaman el *comunicado de prensa futuro*. No solo puede definir el futuro, sino que también puede evitar que tu estructura organizativa se transforme en un nido de ratas burocrático (ver Idea 13) y empoderar a un líder que impulse la iniciativa a través de varios equipos.

IDEA 45

Comienza tus proyectos o cambios importantes con un anuncio. Sé claro acerca de cuál es la *característica imprescindible* para la capacidad del estado futuro. Dáselo a un líder para que esta visión suceda en toda la organización. Todos trabajan para que esta persona transforme esa visión en realidad.

IMAGINA EL FUTURO

La mayoría de las iniciativas de innovación y cambio requieren el trabajo y la verdadera apropiación por parte de múltiples equipos y líderes. Si bien las narraciones de formato largo (ver Idea 44) son excelentes para desarrollar una comprensión profunda, a veces es necesario un enfoque breve y más impactante para entusiasmar e involucrar a una gama más amplia de participantes.

Jeff Bezos es famoso por pedirles a sus equipos que crearan el comunicado de prensa futuro antes de lanzar un nuevo producto, realizar cualquier tipo de transformación o ingresar a un nuevo mercado. El proceso de crear el anuncio de un producto, sencillo pero específico, aclara la visión original. Actúa como una función de forzamiento para examinar minuciosamente las características clave, la adopción y el probable camino hacia el éxito del proyecto. Comprometerse con un comunicado de prensa, por especulativo que sea, también ayuda al liderazgo a expresar claramente, a las partes interesadas importantes, la hoja de ruta hacia el éxito.

LAS REGLAS DEL COMUNICADO DE PRENSA FUTURO

El comunicado de prensa futuro es un gran enfoque para definir metas, requisitos y objetivos claros y elevados y para construir una comprensión amplia desde el comienzo de un cambio de programa o empresa. Sin embargo, existen reglas para hacer efectivo este enfoque:

> ***Regla 1.*** El objetivo debe establecerse en un momento futuro en el que se haya logrado y alcanzado el éxito. Los comunicados de prensa en el lanzamiento son buenos, pero uno mejor es en algún momento después del lanzamiento, donde se puede discutir el verdadero éxito.

Regla 2. Comienza con el cliente. Usa el comunicado de prensa para explicar por qué el producto es importante para los clientes (y otras partes interesadas clave). ¿Cómo mejoró la experiencia de los clientes? ¿Por qué les importa a los clientes? ¿Qué *deleita* a los clientes de este nuevo servicio? Luego discute otras razones por las que fue importante y los objetivos clave.

Regla 3. Establece una meta audaz y clara. Expresa los resultados que has logrado de forma clara, que sean medibles, incluidos resultados financieros, operativos y de participación de mercado.

Regla 4. Resume los principios utilizados que condujeron al éxito. Este es el aspecto más complicado e importante del comunicado de prensa futuro. Identifica las cosas difíciles logradas, las decisiones importantes y los principios de diseño que condujeron al éxito. Discute los problemas que debieron abordarse para lograrlo. Tener los problemas "difíciles" sobre la mesa desde el principio, ayuda a todos a comprender la naturaleza real del cambio necesario. No te preocupes por cómo resolver esos problemas todavía. Ya tendrás tiempo para averiguarlo.

LA FUNCIÓN DE FORZAMIENTO

Una vez que hayas creado un comunicado de prensa futuro, el líder del proyecto debe estar capacitado para hacer que esos cambios sucedan. Concéntrate en crear un plan de comunicación orientado a los comunicados de prensa futuros que ayude al líder del proyecto a encontrar el éxito a lo largo de toda la organización.

Recuerda, el comunicado de prensa futuro es un tipo de función de forzamiento. Una vez que se revisa y aprueba el comunicado de prensa, resultará difícil que los equipos se retracten de los compromisos que hayan contraído. Un líder puede referirse a ciertas partes del comunicado de prensa y usarlo para recordar y responsabilizar a los equipos. Pinta una visión clara para impulsar la comprensión y el compromiso. Es un contrato.

La Figura 45.1 es un ejemplo de un comunicado de prensa futuro, fechado el 1 de diciembre de 2022. Observa cómo el párrafo principal establece claramente el objetivo. En este caso: "*Consumer Reports* le otorgó a Acme S.A., su premio 'Marca de electrodomésticos más admirada'". Una vez que se establecen el objetivo y el límite de tiempo, el comunicado de prensa futuro aclara por qué se presentó el premio e ilustra cómo Acme S.A., comenzó haciendo preguntas diferentes y estando dispuesto a construir y colaborar dentro de un ecosistema de socios, incluidos los competidores tradicionales. Concluye con una serie de hitos específicos que la organización puede utilizar como hoja de ruta de aquí hacia allá.

Con la narración de forma larga (Idea 44), exploramos una comprensión más profunda de un proyecto interno. Con el comunicado de prensa futuro, creamos una definición de éxito para impulsar el compromiso, la claridad y el entusiasmo por el proyecto. En 2002, escribí el comunicado de prensa futuro para el negocio de Amazon Marketplace. Había una frase que era crítica: "Un vendedor, en medio de la noche, puede registrarse, incluir un artículo en la lista, recibir un pedido y deleitar a un cliente como si Amazon, el minorista, lo hubiera hecho". Una frase muy sencilla, pero impuso enormes requisitos tanto en Amazon como en nuestros vendedores. Por ejemplo, solo para hacer el registro de autoservicio, se tuvieron que integrar más de veinte sistemas diferentes. Utilicé este comunicado de prensa como una función de forzamiento para obligar a todos estos equipos, ninguno de los cuales me reportaba directamente, para que hicieran este duro trabajo. Evitamos la burocracia y lanzamos rápidamente porque pudimos actuar con agilidad y evitar la estructura de nuestra organización para centrarnos en una iniciativa. El comunicado de prensa futuro, entregado a un líder de la organización, es uno de los métodos que Amazon utiliza para obtener sus resultados.

Diciembre 1, 2022

Últimas noticias: *Consumer Reports* otorgó a Acme, S.A. su premio "Marca de electrodomésticos más admirada'"

Palo Alto, diciembre 1, 2022: *Consumer Reports* otorgó a Acme, S.A. su premio "Marca de electrodomésticos más admirada". *Consumer Reports* destacó la confiabilidad y seguridad, líderes en la industria, y conectó la experiencia del consumidor como los elementos considerados para otorgar el reconocimiento.

"Los aparatos Acme van más allá de la esperada y tradicional experiencia del cliente. La capacidad de personalizar cada aspecto del desempeño, tener el mantenimiento predictivo administrado para los clientes, y optimizar la energía y los costos operativos para el cliente, todo esto distingue a los electrodomésticos Acme", señaló Hal Greenberg, CEO de *Consumer Reports*.

Al hablar en el acto de la aceptación del premio por parte de Acme, su CEO reportó que "en 2018 nos embarcamos en un viaje para reinventar la compra, propiedad y experiencia operativa de los aparatos. Adoptamos un conjunto diferente de preguntas para impulsar nuestra estrategia y voluntad de innovar. Tres cuestiones abrieron oportunidades para Acme y también los demás".

Al proponer un conjunto diferente de preguntas y ser capaces de construir un ecosistema colaborativo de socios que incluyó a nuestros competidores tradicionales, todo mundo terminó ganando. Entre los ejemplos de las mejoras clave para Acme, están los siguientes:

- Programas de mantenimiento predictivo ofrecido como parte de la garantía de servicio que ahorra 10% de la energía usada.
- Monitoreo de ambientes y uso de riesgo que repercutieron en ahorros en los seguros de los hogares de los propietarios, y lo más importante, han evitado un estimado de 10 incendios en hogares tan solo en este año.
- Control completo por voz y actualizaciones directas al aparato mediante el altavoz preferido del cliente, como el Echo de Amazon o Google Home.
- Programas para compartir aparatos, lo que da a los negocios tipo Airbnb la oportunidad de que los propietarios del departamento compartan sus aparatos.
- Optimización de la inteligencia en el uso de la electricidad que permite a los propietarios del hogar ahorrar un estimado de 20% anual, mediante el manejo dinámico de la carga.
- La innovación más grande son los datos a profundidad que Acme combina con otros datos del ambiente y los aparatos en el hogar para optimizar la experiencia de sus clientes.
- "Tuvimos que romper muchas tradiciones tanto aquí en Acme como en la industria para crear este tipo de innovación".

Crear la plataforma de estándares de datos para aparatos en el hogar fue un gran avance. Acme es ahora el líder en el mercado de los Estados Unidos, tanto en satisfacción del cliente como en participación de mercado.

Los precios de la acción de Acme cerraron el día a US $198, cifra récord, 25% por encima de la de hace un año.

FIGURA 45.1 EJEMPLO DE UN COMUNICADO DE PRENSA FUTURO

¿Pero qué hay de nuestros usuarios? ¿Cómo desarrollamos empatía e ideas para nuestros clientes? Amazon, por supuesto, también ha pensado en eso. Te presento: las preguntas frecuentes (FAQ).

PREGUNTAS A CONSIDERAR

1. ¿Tus iniciativas comienzan con una definición o visión que se puede compartir en toda la organización?
2. ¿La estructura organizacional se interpone en el camino para lograr la entrega multifuncional y el éxito de las iniciativas de cambio?
3. ¿Los líderes responsables de entregar iniciativas de cambio tienen licencia para trabajar ágilmente en toda la organización?

FAQ: LAS PREGUNTAS FRECUENTES:

RESPONDE LAS PREGUNTAS DE OTROS PARA TU BENEFICIO

Juzga a un hombre por sus preguntas
y no por sus respuestas.

—VOLTAIRE

Al principio de mi carrera, estando en una empresa de consultoría, trabajé en un proyecto para Boeing en una fábrica de misiles en Tennessee. Estábamos implementando un programa de control de planta en el área de producción. Mi colega estaba capacitando a algunos miembros del personal en la nueva tecnología en la que habíamos trabajado muy duro durante meses. Estábamos seguros de que el sistema era perfecto. El equipo del cliente apodó cariñosamente a mi colega Avena por su actitud sana. Los dos éramos ingenieros industriales recién graduados, y este fue uno de nuestros primeros proyectos. Mientras un operador trabajaba para capturar la información de la orden de trabajo en el sistema, gritó al otro lado de la sala: "¡Avena! ¿Cuál es la tecla 'cualquiera'?". Las instrucciones del sistema le habían indicado al operador: "Presione cualquier tecla para continuar".

Yo había escrito esas instrucciones y la interfaz de usuario. Este no era un problema del operador. Este era mi problema. No había sido lo suficientemente curioso o empático sobre la perspectiva del usuario para reconocer lo confusa que era esta instrucción potencialmente. Había escrito el documento únicamente desde mi contexto y desde mi orientación, no desde el punto de vista de mi usuario objetivo. Si hubiera escrito un conjunto de preguntas frecuentes (FAQ), podría haber predicho esta confusión del usuario.

IDEA 46

Desarrolla tu percepción y empatía por tu usuario y por otros involucrados, escribiendo preguntas frecuentes. Ponlas a disposición de cualquier persona de la organización implicada en la iniciativa, tanto para leerlas como para contribuir a redactarlas. Haz esto antes de comenzar a desarrollar nada y mantenlas actualizadas. Hazlas minuciosas. La única pregunta tonta es la que no se hace.

ESCRIBIR PREGUNTAS FRECUENTES COMO UNA MANERA DE ANTICIPAR PREGUNTAS CLAVE SOBRE TU PRODUCTO

Una vez que hayas escrito la narración y el comunicado de prensa, puedes pronosticar algunas de las preguntas que es probable que recibas sobre tu producto o negocio en una lista de preguntas frecuentes (FAQ). Su propósito es agregar más detalles al comunicado de prensa y responder a otras preguntas comerciales y de ejecución necesarias para el lanzamiento. Esto puede ser un documento separado o adjunto al final de tu comunicado de prensa futuro.

Al escribir de manera proactiva un documento de FAQ, te obligas a pensar en las preguntas clave de tu producto y ayudas a responder las grandes preguntas que probablemente tengan las partes interesadas.

Un buen conjunto de preguntas frecuentes permite que el documento del comunicado de prensa sea breve y se centre en lo que obtiene el cliente. El documento debe incluir soluciones a los problemas, y respuestas a las preguntas que surgen cuando se escribe el comunicado. Debe también dar respuesta a las interrogantes que surgen a través del proceso de socialización del comunicado de prensa. Un buen documento de FAQ incluye preguntas que definen para qué es bueno el producto, cómo será aprovechado por el cliente y por qué lo deleitará.

La creación del documento de preguntas frecuentes te obliga a ponerte en el papel de los clientes que usan el producto y considerar todos los desafíos o confusiones que puedan tener. También proporciona inspiración para diseñar un producto de autoservicio total y libre de confusiones.

UNA MUESTRA DE PREGUNTAS FRECUENTES

Una de las empresas en las que tuve la suerte de participar como asesor es una *startup* llamada Modjoul (www.modjoul.com). Modjoul fabrica un resistente cinturón que utilizan los trabajadores y que se basa en sensores para ayudar a prevenir y controlar lesiones en el lugar de trabajo y el comportamiento inseguro. Tiene ocho sensores y recopila más de 56 métricas. Posteriormente, diversas entidades dentro de la empresa pueden utilizar la información para ayudar a prevenir y controlar las lesiones en el lugar de trabajo y el comportamiento inseguro por parte de algunos operadores.

Animé al equipo de Modjoul a escribir el siguiente conjunto de preguntas frecuentes, y descubrieron que les ayudó a escalar y capacitar a su equipo en crecimiento. Las han guardado en una intranet y continúan agregando más y actualizándolas. Comenzamos con una pregunta (P), una respuesta (R) y una discusión (D). Las siguientes FAQ son un subconjunto de las preguntas frecuentes de Modjoul divididas en secciones interesantes para las diversas entidades involucradas: el trabajador, el supervisor directo y el gerente de riesgos, y los departamentos de la TI, legal y financiero. Debes estar preparado.

Escribimos este documento de FAQ con el propósito de capacitar al nuevo personal de ventas en Modjoul. Este es un extenso conjunto de preguntas y respuestas, como debe ser. El ejercicio captura los diferentes tipos de preguntas que podrían surgir para que el equipo de vendedores de Modjoul pueda evitarlas o estar preparado para responderlas. Este conjunto muestra una longitud apropiada para las FAQ. Lo mejoramos agregando una discusión (denotada por D) a muchas de las preguntas y respuestas.

Para el trabajador

P1: *¿Cómo me pongo el cinturón? (Todo desde cuál es el lado de arriba, hasta ¿pasa el cinturón a través de las presillas o sobre ellas?).*

R1: El Modjoul SmartBelt es como un cinturón normal, se pasa través de las presillas de los pantalones. El lado con el interruptor de encendido/apagado, el puerto de carga y el botón SOS/alerta, es la parte interior, y no debe ser visible para el usuario cuando se usa correctamente.

D1: Las preguntas sobre el uso adecuado del cinturón nos llevaron a crear guías de usuario rápidas (Quick Reference Guides, QRG) sobre el tema. Modjoul tenía QGR sobre cómo configurar tableros de control y conectarse a Wi-Fi, pero, a veces, cuando diseñas un producto, te acostumbras tanto a las pequeñas cosas que olvidas que tienes que comenzar con lo básico: la simple tarea de ponerse el cinturón correctamente.

P2: *¿Cómo uso el cinturón?*

R2: El cinturón se usa como cualquier otro cinturón. Está diseñado para pasar por las trabillas, y para sostener los pantalones. La mayor diferencia es el interruptor de encendido/apagado. Cuando use el cinturón, asegúrese de que esté encendido para que pueda recopilar datos.

D2: Esa es la respuesta sencilla. Se han aprendido muchas lecciones sobre esta pregunta en un intento por hacer que la experiencia del usuario sea lo más simple posible.

P3: *¿Cómo cargo el cinturón?*

R3: Cargar el cinturón es sencillo. Conecte el cable micro USB a un adaptador de pared USB, luego enchufe el adaptador a la pared. El LED al lado del puerto de carga se pondrá azul cuando el cinturón se esté cargando.

D3: Un elemento importante para esto fue la decisión de utilizar las conexiones estándar de la industria. Todos saben lo que es un micro USB. Fue una obvia opción de diseño seguir el concepto de uso, trabajar con lo que la gente sabe y con lo que está familiarizada.

P4: *¿Qué indican los diferentes colores del LED?*

R4: LED superior:

Rojo: el cinturón está encendido, pero **no** está conectado a Wi-Fi.

Verde: el cinturón está encendido **y** conectado a Wi-Fi.

Azul: el cinturón está encendido **y** conectado a Wi-Fi **y** conectado al GPS.

LED inferior (aplica solo mientras el cinturón está en el cargador):

Azul: el cinturón se está cargando.

Ninguno: el cinturón se ha cargado.

D4: Los indicadores pueden ayudar a dar pistas a los usuarios sobre el estado del dispositivo, pueden ayudar con la solución de problemas de los dispositivos y pueden generar muchas preguntas. Creo que los indicadores deben mantenerse sencillos y servir como un verificador rápido del estado del dispositivo.

P5: *¿Qué pasa si me llevo el cinturón a casa?*

R5: No hay que preocuparse por eso. Apague el cinturón, conéctelo con cualquier cargador micro USB y recuerde llevarlo a su lugar de trabajo al día siguiente.

D5: Honestamente, nos alegró escuchar esta pregunta. Nos tranquilizó que el cinturón fuera algo que la gente podía olvidar mientras lo usaba. Uno de los objetivos para cualquier dispositivo de seguridad, realmente cualquier dispositivo portátil, es no ser intrusivo. Para ayudar con la adopción, la forma, el ajuste y la función, debe alinearse con lo que la gente está acostumbrada. Esta pregunta fue un indicador de que el cinturón se sentía como cualquier otro cinturón, y los empleados realmente podrían olvidar que llevaban uno puesto en el lugar de trabajo.

P6: *¿Qué tipo de actividades supervisa el cinturón?*

R6: Ubicación humana, movimiento y entorno ambiental. Hay ocho sensores y un GPS en el cinturón. Los valores de los sensores se procesan y se clasifican en una de las siete actividades, luego se desglosan en una de las cerca de 50 métricas asociadas.

D6: En mi opinión, la conclusión importante de esta pregunta es cuántas veces se pregunta directa o indirectamente. La gente quiere saber qué hace el cinturón y qué tipos de datos recopila. Esta información es un gran impulsor de nuestros modelos de datos y de las nuevas características que implementemos.

P7: *¿Cuál es el objetivo final?*

R7: El objetivo final de seguridad es hacer que el lugar de trabajo sea más seguro. La gente debe salir (físicamente) del trabajo de la misma manera que entró. Si se están utilizando los datos agregados de un grupo para aprender de un proceso que necesita mejorarse, para validar la compra de un equipo nuevo y más seguro, o utilizando los datos de grupos similares de individuos para identificar quién es más probable que se lesione, el cinturón es una herramienta para acceder a datos que nunca antes se habían podido obtener fácilmente.

D7: La transparencia y la confianza también desempeñan un papel en la respuesta a esta pregunta. Es una pregunta común que recibimos de los empleados. Puede estar redactado de manera ligeramente diferente, pero tienen curiosidad de saber la razón para usar el cinturón. A veces ven y entienden las respuestas a corto plazo (por ejemplo, mejorar la cuenta de flexiones semana tras semana), pero a veces preguntan con un objetivo final más amplio en mente. Por ejemplo, ¿compraría la empresa elevadores de vacío o algún otro dispositivo de elevación asistida para ayudar con los contenedores que deben empacarse o desempacarse?

P8: *¿Cuánto tiempo debo usar el cinturón?*

R8: La respuesta varía según el caso de uso, pero en general, cuanto más tiempo, mejor. Usar el cinturón el mayor tiempo posible proporcionará un conjunto de datos sólidos para usar como meta límite o número de mejora, y las líneas de tendencia de los empleados permite rastrear el progreso en todas las métricas.

D8: Tenemos dos tipos de clientes: *1)* la organización que quiere usar el cinturón durante unos meses como una herramienta de capacitación o para la mejora o validación de procesos y *2)* la organización que los usará a largo plazo y desea monitorear continuamente la seguridad de sus empleados.

P9: *¿Por qué suena (o vibra) el cinturón?*

R9: La vibración del cinturón es un parámetro configurable para proporcionar al usuario retroalimentación instantánea de algún movimiento que se podría considerar arriesgado en su organización.

D9: Hemos recibido muchos comentarios realmente buenos sobre esto. Comenzamos a hacer vibrar el cinturón solo una vez cada cinco minutos en caso de una flexión de más de 60 grados porque no queríamos ser "demasiado intrusivos". Sin embargo, se planteó varias veces el punto de que, si lo usáramos para dar retroalimentación en tiempo real al empleado sobre un evento al que debe prestar atención, el cinturón debería sonar cada vez. Al final, el empleado se dará cuenta de ello e intentará eliminar esos movimientos de su jornada laboral.

P10: *¿Podemos poner herramientas en el cinturón?*

R10: Sí. Todo el lado derecho del cinturón es solo una correa de nylon. Cualquier cosa se puede enganchar o pegar a ella.

P11: *¿Cómo sé cuál es mi cinturón?*

R11: Hay una ranura de etiqueta para el nombre en la parte posterior del cinturón. El empleado también puede ser creativo al respecto, si el código del uniforme lo permite. Hemos visto a algunos empleados colocar un trozo de cinta de color en la hebilla como un identificador rápido.

D11: Este es un punto que estamos explorando continuamente cómo mejorar. Hemos pensado en tiras de color de tamaño estándar de la industria, cosidas en el nylon para ayudar a identificar cuál es el de cada quien.

P12: *¿Necesito usar el mismo cinturón todos los días?*

R12: Sí. Un cinturón para cada persona.

D12: Los cinturones se pueden reasignar a nuevos usuarios, pero no se recomienda en el día a día. En todo caso, las preguntas en torno a esto han llevado a una mejor flexibilidad en la gestión de usuarios y horarios de turnos. En última instancia, Modjoul cree que si algo es tedioso o requiere mucho tiempo cambiarlo, el usuario se cansará de usarlo. La experiencia del usuario (el cinturón y su preparación o configuración) debe ser fácil e imperceptible.

Para el supervisor directo

P16: *¿Cómo puedo ver los datos?*

R16: Como supervisor, tiene acceso al tablero de control de nivel de supervisor donde puede ver a todos sus empleados y sus métricas asociadas en una vista de nivel agregado.

D16: Hay tres diferentes tipos de perfil a través de los cuales ver los datos en la organización. La primera es la vista del empleado (una vista individual de los datos). La segunda es la vista de nivel de supervisor (una vista de nivel agregado de los datos para un equipo determinado). La tercera es la vista de nivel del administrador de riesgos (una vista de nivel agregado de diferentes supervisores, ubicaciones y roles). Llevando esta pregunta un paso más allá, creo que hay un elemento de simplicidad que también se encuentra dentro de esta pregunta. Todos están haciendo un trabajo a tiempo completo. La capacidad de ver los datos fácilmente es importante.

P17: *¿Qué tipos de datos se recopilan?*

R17: Ver P6.

P18: *¿Puedo ver los datos de mi equipo de manera integral?*

R18: Sí. Ver R16.

D18: Modjoul cree que uno de los mayores beneficios de los cinturones se produce cuando se observan grupos de empleados al mismo tiempo. Cuando observamos grupos de empleados, podemos ver rápidamente los valores atípicos dentro de roles de trabajo específicos. Si el valor atípico es alto en comparación con el grupo (por ejemplo, la cuenta de flexiones de más de 60 grados), se considera un *indicador previo a la pérdida*. Este concepto (indicador previo a la pérdida) significa que este empleado aún no se ha lesionado, pero, si mantiene esos métodos, es más probable que se lesione que el resto del grupo.

P19: *¿Puedo exportar los datos fuera del tablero de control?*

R19: Sí. Los datos se pueden exportar a un archivo .CSV desde los tableros de control, o se puede acceder a ellos a través de una API.

D19: Para la gente técnica y de programación, una API tiene sentido, pero los supervisores promedio no van a saber qué es una API. Modjoul dedica mucho tiempo y trabajo de diseño a la interfaz de usuario (UI) del tablero de control para asegurarse de que satisfaga tantos usuarios como podamos. Desafortunadamente, sabemos que algunas personas presentarán nuevas solicitudes únicas, por lo que nuestro objetivo es hacer que los datos estén disponibles incluso para el supervisor con muy poca experiencia técnica. Hay un botón de exportación integrado en el tablero de control para que cualquiera de las métricas se pueda exportar a una hoja de cálculo.

P20: *¿Puedo imprimir los paneles que se crean en línea?*

R20: Sí, se pueden imprimir todos los gráficos e informes que hay en el tablero de control.

D20: Esta fue una gran idea que nos trajo el supervisor de uno de nuestros clientes. El cliente ya tenía un panel para anuncios de seguridad en la oficina, donde la compañía publicaba toda su información relevante de seguridad. La capacidad de imprimir los informes para el equipo no solo ayudó a familiarizar el SmartBelt con los usuarios, sino que también llevó a una exposición más amplia del dispositivo a la organización en su conjunto.

P21: *¿Alguna idea sobre cómo manejar la resistencia de los empleados?*

R21: En última instancia, la respuesta varía de una organización a otra.

D21: Mi opinión personal es que la inclusión de los cinturones dentro de un equipo realmente puede ayudar a construir una cultura en torno al producto. Si todos usan el cinturón, todos están en igualdad de condiciones. Aprendimos esto en uno de los proyectos piloto con una importante compañía aérea. El proyecto comenzó con 2 cinturones, pasó a 10 y ahora tiene cerca de 70 en dos equipos. Cuando todos en el equipo usan el cinturón, todos se vigilan entre sí y se responsabilizan mutuamente, pero si solo unos pocos usan el cinturón, siempre preguntan: "¿Por qué esas personas no usan el cinturón mientras yo tengo que usar uno?". Otra forma de manejar la resistencia de los empleados es incorporar el cinturón en un programa de seguridad de toda la empresa y permitir que los datos se usen para crear una especie de juego, de competencia. Modjoul ha aprendido mucho con esto, y hemos trabajado estos aprendizajes en nuestras charlas de "claves para un piloto exitoso".

P22: *¿El cinturón es el único producto disponible?*

R22: Sí, en este momento.

Para el Gerente de Riesgos (VP de Seguridad)

P28: *¿Cómo se pueden convertir estos datos en información que conduzca a la acción?*

R28: Varios elementos entran en esta respuesta. El primero son los tableros de control y las alertas personalizables dependiendo de las actividades que el negocio esté realmente interesado en observar. El segundo es el compromiso activo entre el supervisor y el empleado por comprender realmente los datos y lo que esa persona está haciendo. El tercero es que el cinturón le dará al usuario retroalimentación háptica* en tiempo real sobre una métrica configurable.

D28: Esta pregunta es relativamente poco frecuente en este momento, pero creemos que es muy importante. Creo que la encontraremos más, a medida que pasemos del piloto de 10-25 cinturones, o prueba de concepto, a pedidos más grandes. El cinturón necesita impulsar el cambio y utilizarse como una herramienta para fomentar las mejoras de seguridad. Con todas las diferentes métricas a observar, es mejor que una empresa comience poco a poco, y honestamente, solo necesita comenzar a mirar los datos en algún lugar. Demasiados datos pueden ser abrumadores. Contar con supervisores, profesionales de seguridad, ergonomistas activamente involucrados con el cinturón y la retroalimentación háptica permite a los usuarios ser alertados de un movimiento de riesgo y permite a los supervisores involucrarse en el asunto para comprender mejor su riesgo y realizar cambios. Esta pregunta siempre es algo que intentamos tener en mente mientras creamos tableros de control y construimos la interfaz de usuario. Es fácil detectar problemas, pero podemos llevar esos datos un paso más allá y tratar de identificar problemas, o podemos usarlos como un punto de partida para que eventualmente podamos tomar medidas correctivas.

---

* Háptico: relativo al tacto [*N. de la T.*].

P29: *¿Se puede usar la información para casos de uso previos y posteriores a la pérdida?*

R29: Sí, se puede usar para ambos. Un caso de uso *previo a la pérdida* sería similar al ejemplo utilizado en D18. Un caso de uso *posterior a la pérdida* sería una situación de regreso al trabajo cuando el empleado usa el cinturón para validar o probar que está siguiendo las órdenes del médico.

Para el grupo de la TI

P32: *¿Cómo funciona el dispositivo?*

R32: Viniendo de una persona de la TI, esta pregunta tiene que ver más con cómo envía datos el dispositivo. La respuesta breve y simple es que se comunica a través de Wi-Fi. La respuesta más larga explica que almacena datos en la tarjeta del dispositivo de almacenamiento (SD) cuando el dispositivo está fuera del alcance del Wi-Fi, y carga datos a gran escala después de que se terminan los turnos.

D32: En implementaciones de 10-20 cinturones, esto aún no ha sido un gran problema. Sin embargo, estas discusiones con los grupos de la TI ya han sido realmente valiosas al ayudar a diseñar la próxima generación, para garantizar que nuestro producto pueda funcionar con una gran variedad de redes y estándares de Wi-Fi. La lección para Modjoul sobre esto ha sido que "alcanzamos a pasar" con las capacidades de Wi-Fi que tenemos ahora, pero los comentarios de nuestros clientes sobre este tema nos han empujado a centrarnos realmente en la conectividad, para la próxima vez.

P33: *¿Cómo se envían los datos a la nube?*

R33: A través del puerto MQTT encriptado bajo el estándar de la industria (8883).

D33: La parte de la respuesta que los chicos de la TI realmente quieren escuchar es que los datos están encriptados mientras están en tránsito y en reposo. Ayuda a usar protocolos estándar de la industria porque genera confianza cuando es un protocolo de buena reputación.

P34: *¿Los datos están encriptados en tránsito y en reposo?*

R34: Sí.

D34: No hay mucho que discutir sobre el cifrado de datos. Nuestros clientes solo quieren asegurarse de que, cuando se envíen y se almacenen, estén encriptados.

P35: *¿Qué tipo de encriptación se usa?*

R35: Se utilizan diversos métodos de cifrado en las distintas etapas por las que pasan los datos.

P36: *¿Dónde se almacenan los datos?*

R36: En las instalaciones de AWS en Virginia.

D36: La interesante lección que Modjoul aprendió aquí fue que algunos de nuestros clientes tienen reglas contra el almacenamiento de datos a nivel internacional.

P37: *¿Cómo se incorporan los dispositivos para conectarse a la red?*

R37: Hay varias formas en que el dispositivo puede ser incorporado. Para la configuración inicial, los dos métodos son a través del proceso de configuración del tablero de control en la web, o mediante codificación en el *firmware*. Una vez realizada la configuración inicial, las credenciales de Wi-Fi se pueden enviar directamente al cinturón desde el tablero de control.

D37: Este es un proceso continuo de aprendizaje y mejora para nosotros. Con un cinturón, podemos permitirnos tomar unos minutos para configurarlo. Sin embargo, al trabajar con más de mil cinturones, no podemos darnos el lujo de tomarnos tanto tiempo. La velocidad de configuración y la facilidad de uso en la configuración son dos áreas que siempre intentamos mejorar.

P38: *¿Se pueden cambiar las contraseñas en un horario específico?*

R38: Las contraseñas se pueden cambiar cuando se desee.

P39: *¿Cuáles son las funciones de seguridad que rodean las credenciales de usuario?*

R39: Los usuarios quedan bloqueados después de cinco intentos de inicio de sesión.

D39: La seguridad es el nombre del juego hoy en día para el personal de la TI, y las preocupaciones van desde cómo ciframos los datos hasta cómo nos aseguramos de que los usuarios sean quienes dicen ser. Como empresa, solo tenemos que entender eso y hacer todo lo posible por proteger los datos de nuestros clientes.

Para Jurídico

P41: *¿A quién pertenecen los datos?*

R41: Los datos son de propiedad conjunta del cliente y Modjoul.

D41: La propiedad de datos es un tema candente en cualquier negocio. Todos quieren poseer los datos. Como empresa, utilizamos los datos para ayudar con nuestros modelos de datos. Más datos conducirán a mejores modelos.

Para Finanzas

P42: *¿Qué tipo de datos se recopilan?*

R42: Ver R6.

P43: *¿Cuánto cuesta el cinturón?*

R43: US $500 (sujeto a cambios).

P44: *¿Tiene un modelo de pago por uso?*

R44: Sí, US $20 mensual por cinturón.

D44: Hemos avanzado mucho con este modelo. La mayoría de nuestras empresas solo quieren mojarse un poco los dedos de los pies antes de asumir un compromiso total. El modelo de suscripción nos permite obtener algo de dinero en efectivo, sin solicitar demasiado compromiso financiero del cliente para con nosotros.

P45: *¿Qué incluye el precio?*

R45: El hardware del cinturón, la infraestructura de IdC, los modelos de datos y todos los tableros de control.

¡Uf! Como puedes ver en el ejemplo, predecir las preguntas planteadas por varios usuarios y partes interesadas puede ser un ejercicio largo, arduo y sorprendentemente expansivo. Cuando hicimos esto, encontramos muchas ideas para mejorar el producto o aclarar su funcionamiento. Sin embargo, al comprometerte a hacer un examen exhaustivo desde el punto de vista completo del usuario final, puedes evitar tu propia versión del "cualquier tecla". Y, como descubrirás en el próximo capítulo, hay otro ejercicio que te permite obtener detalles aún más profundos: escribir el manual del usuario.

PREGUNTAS A CONSIDERAR

1. ¿Tienes un proyecto o situación que el documento de preguntas frecuentes podría aclarar e informar?
2. ¿Has tenido proyectos donde no se consideraron diferentes perspectivas que crearon problemas?
3. ¿Dónde suelen ir mal los proyectos o iniciativas? ¿Cómo podría ayudar la redacción de preguntas frecuentes?

IDEA 47

ESCRIBE EL MANUAL DEL USUARIO:

EMPIEZA POR EL CLIENTE Y TRABAJA HACIA ATRÁS

La sencillez es la máxima sofisticación.

—LEONARDO DA VINCI

Si creas un producto, la verdadera demostración de poder es no tener que incluir instrucciones para el usuario. La capacidad o el producto es tan obvio y está bien diseñado para las necesidades del usuario que las instrucciones salen sobrando. Pienso en la experiencia de desempaquetado de un producto Apple. Lo último en sofisticación. Elon Musk ha dicho: "Cualquier producto que necesite un manual para funcionar no sirve". El producto debe ser tan intuitivo que no necesite un manual de usuario. Eso es poder.

Todos debemos esforzarnos por ofrecer productos y servicios tan obvios, ergonómicos e intuitivos que no se necesite ningún manual de usuario. Irónicamente, una excelente manera de lograr esto es escribir el manual del usuario al comienzo del diseño del producto y comprender el recorrido del usuario antes de comenzar el desarrollo.

IDEA 47

Si no puedes explicar cómo se utilizará tu producto o servicio o capacidad, no estás listo para construirlo. Al desarrollar perfiles, trayectos de usuario y manuales de usuario antes de construir, obtendrás información para mejorar tu producto para tus usuarios. Tomarás mejores alternativas y harás juicios más inteligentes a lo largo de su desarrollo.

PERFILES Y MAPAS DE VIAJES

El diseño centrado en el usuario es una mentalidad y un enfoque que coloca al usuario justo en el centro de los requisitos y el desarrollo de productos. “Bueno, ¿de qué otra manera lo harías?”, podrías preguntar. El enfoque común es convertir el concepto o la tecnología específica en la fuerza impulsora y, luego, más adelante, adjuntar una definición de mercado y de usuario. No soy un experto en ninguno de estos, y el objetivo no es abogar por uno sobre el otro, pero si *fácil* es un objetivo, comenzar con el usuario es probablemente el mejor camino para llegar allí.

Parte del kit de herramientas de diseño centrado en el usuario es el desarrollo de perfiles y mapas de viaje. Un *perfil* es una articulación profunda, tan rica y amplia como sea posible, del cliente objetivo de tu producto o servicio o negocio potencial. Deseas conocer a esta persona por dentro y por fuera cuando hayas terminado. El *mapa de viaje* utiliza el perfil para desarrollar ideas sobre los eventos, preguntas y actividades que ocurren en la vida de la persona antes, durante y después de la participación de tu servicio.

Desarrollar perfiles de clientes y mapear los viajes actuales de esos clientes son formas fabulosas de documentar necesidades no satisfechas específicas, e identificar puntos clave de fricción que tus futuros clientes están experimentando en este momento. Seguir el camino desde el comienzo hasta el resultado deseado puede ayudarte a identificar detalles y prioridades que de otro modo podrían tratarse a un nivel demasiado alto u omitirse por completo.

Es un trabajo duro crear perfiles y viajes sólidos para los clientes. Es probable que necesites unas cuantas iteraciones antes de que realmente lo consigas. (A menudo necesito comenzar de nuevo más de una vez antes de obtener una idea real). El mayor error que puedes cometer aquí es construirlos para demostrarlos en lugar de para funcionar. No te preocupes por la belleza de estos entregables en este momento. Preocúpate por obtener ideas, hablar con los clientes y validar tus hallazgos con otras personas que puedan aportar ideas y desafíos a tu trabajo.

MANUALES DE USUARIO

El desarrollo de un manual de usuario preliminar para tu servicio puede ser una herramienta poderosa al principio de un proyecto. Usamos esto en Amazon cuando desarrollamos productos o las API.

Tu manual de usuario debe abordar al menos dos segmentos clave de clientes: el *usuario final* del dispositivo o servicio, y si estás desarrollando un producto o servicio técnico, el *programador que lo desarrolla en tu plataforma:*

- **El usuario final del dispositivo o servicio:** ¿Quién es el cliente que instalará, usará, ajustará y enviará comentarios de tu producto? Delinea cuáles serán las instrucciones para desempacar, cuál será el proceso de instalación, cómo se realizarán las actualizaciones, cuáles serán los términos de privacidad de datos, cómo usar y leer el dispositivo, y cómo conectarlo. Piensa en todos los pasos principales que los usuarios del producto deberán dar e inclúyelos en un manual de usuario cercano a la vida real. Obligarte a ti o a tu equipo a mantener estos pasos sencillos conducirá a grandes ideas de productos, experiencias de usuario y diseños de tecnología.
- **El programador que desarrolla en tu plataforma:** Si estás desarrollando un producto o servicio técnico que los desarrolladores utilizarán, tal vez un producto IdC, inclu-

> ye una API que permita a los desarrolladores acceder, implementar, integrar y ampliar tu producto. También querrás crear un manual de usuario para el desarrollador. Escribe la interfaz para la API, qué eventos serán compatibles y los datos que se enviarán y recibirán. Proporciona fragmentos de código de muestra y describe temas operativos clave, por ejemplo, cómo se realizan las pruebas y cómo se proporcionan el estado operativo y las actualizaciones. También querrás usar este ejercicio para delinear términos clave de negocios y uso. ¿Hay cargos involucrados?

Obviamente, esto puede extenderse a otras funciones clave, por ejemplo, el vendedor o agente que representa a tu empresa o la persona de servicio que realice el mantenimiento y la reparación.

PURO SOMBRERO, NADA DE GANADO

Es fácil anunciar: "Estamos enfocados en el cliente" o incluso "¡Queremos ser la empresa más centrada en el cliente de todos los tiempos!". Eso está muy bien, pero a menos que estés dispuesto a trabajar duro, gastar cantidades dementes de lo que puede parecer "tiempo improductivo" escribiendo narraciones, comunicados de prensa futuros, preguntas frecuentes y manuales de usuario para productos que no existen, solo eres otro vaquero que se pasea por la pradera digital y que es puro sombrero, sin nada de ganado. Cada vez es más evidente que en estos días, las personas en Estados Unidos pueden decir lo que quieran, independientemente de la verdad. Sin embargo, eventualmente, tienes que dar resultado.

A John Wooden, el legendario entrenador de baloncesto de la UCLA, se le atribuye el dicho: "La verdadera prueba del carácter de un hombre es lo que hace cuando nadie lo está mirando".

Debes hacerte estas preguntas: "¿Estoy realmente dispuesto a comenzar con el cliente y trabajar hacia atrás? ¿Estoy dispuesto a estar apasionado por el cliente? ¿Estoy dispuesto a hacer el trabajo duro cuando nadie me esté mirando?". La única persona que puede responder a estas preguntas eres tú. Sin embargo, la respuesta será clara para todos, especialmente para tus clientes, en el futuro. No lo olvides.

PREGUNTAS A CONSIDERAR

1. ¿Las personas y los mapas de viaje cumplen un papel importante en la construcción de tu idea y pasión por el cliente?
2. ¿Tu producto o servicio es tan sencillo que no se necesita ningún manual de usuario?
3. ¿Hay algún aspecto de tus prácticas de liderazgo en el que seas "todo sombrero y nada de ganado"?

IDEA 48

ERES LO QUE COMES:

CREA EL CAMBIO A TRAVÉS DE LA LISTA DE LECTURAS PARA EL EQUIPO EJECUTIVO

No puedes des-entrenar una mala dieta.

—ANÓNIMO

Estoy en mis cincuenta años, pero todavía me alimento como un adolescente. Aunque me encanta hacer ejercicio, mi degenerada dieta es la de un traga dulces. Las galletas y los chocolates son mi perdición. La mente opera bajo principios similares. Aunque tal vez hayas esbozado un conjunto de ejercicios para tu cerebro, es posible que no seas consciente de lo que alimenta a tu cerebro. Una nutrición mental bien equilibrada es de suma importancia, y minimizar los "dulces", como el señuelo de dar clic en la omnipresente internet, es necesario para mantener tu cerebro en forma.

"Como si no estuviéramos lo suficientemente ocupados", murmuras. "¿Ahora este tipo va a recomendar un club de lectura para mi equipo ejecutivo?". Sí. Como mencioné a lo largo de este libro, una hoja de ruta estratégica hacia la verdadera transformación incluye la creación de nuevos hábitos para ti y tu organización. Crear nuevos hábitos en parte se refiere a cómo trabajas con tu equipo directo.

Todo ejecutivo puede decir de labios para afuera que aprender durante toda la vida es esencial, sin embargo ¿cuántos de nosotros ignoramos esta creencia? Mejorar el contenido que digieres para impulsar el cambio organizacional es un complemento excelente para todas las otras herramientas con las cuales competir en la era digital.

Me referiré a esto como una *lista de lectura*, pero incluye *podcasts*. Hay muchos modos de formular la actividad grupal: reunirse una vez por semana para discutir; que alguien escriba un memo de implicaciones de un libro; que el autor venga a hablar con el equipo; o simplemente compartir el contenido.

IDEA 48

Vive el objetivo de liderazgo del aprendizaje permanente, que ayuda a tu equipo a crear nuevos hábitos para competir de manera diferente. Ya sea un club de lectura, una lista de lectura o una serie de conferencias, genera cambios para mejorar la calidad del contenido que consumes. Comparte el contenido con las demás personas de tu equipo.

EL CLUB DE LIBROS DEL EQUIPO S DE AMAZON

Cuando estaba en Amazon, el equipo S (del cual no era miembro) estaba leyendo muchos libros diferentes. Con frecuencia, el resto de la organización captaba la indirecta y también leía los libros. En el excelente libro de Brad Stone, *The Everything Store*, el apéndice es una lista de libros que formaban parte de la lista de lectura de Jeff Bezos. He incluido solo dos de estos libros en mi lista: *The Goal: A Process of Ongoing Improvement* y *The Mythical Man-Month*.

Libros

- ***The Goal: A Process of Ongoing Improvement*** (*El objetivo: Un proceso de mejora continua*) **de Eliyahu Goldratt y Jeff Cox (1984)**

The Goal es el libro esencial sobre la teoría de las restricciones y llegar a la comprensión de la causa fundamental. Estilísticamente, me ha influido en contar historias personales para entregar recomendaciones comerciales. Si tan solo pudiera escribir algo tan impactante como *The Goal*...

- ***The Mythical Man-Month*** *(El mítico hombre-mes)* **de Frederick Brooks (1975)**
  Brooks describe la complejidad de los grandes proyectos de desarrollo de software, y los principios son aplicables a otros grandes proyectos. *The Mythical Man-Month* influirá en tu perspectiva sobre los equipos pequeños y la creación de servicios en tu negocio.

- ***The Master Algorithm: How the Quest for the Ultimate Learning Machine Will Remake Our World*** (*El algoritmo maestro: Cómo reconquistará nuestro mundo la búsqueda del aprendizaje de máquina definitivo*) **por Pedro Domingos (2015)**
  "Pedro Domingos desmitifica el aprendizaje de máquinas y muestra lo maravilloso y emocionante que será el futuro".

  —WALTER ISAACSON

- ***Hit Refresh: The Quest to Rediscover Microsoft's Soul and Imagine a Better Future for Everyone*** *(Da clic en renovar: la búsqueda para redescubrir el alma de Microsoft e imaginar un futuro mejor para todos)* **por Satya Nadella y Greg Shaw (2017)**
  Esta es una historia sobre el liderazgo y la transformación de la empresa.

- ***The Lean Startup*** *(La startup eficiente)* **de Eric Ries (2011)**
  Ries combina muchos elementos clave de mejora continua, prueba de hipótesis y métricas importantes.

- ***Zero to One*** *(De cero a uno)* **de Peter Thiel (2014)**
  "Una extensa polémica contra el estancamiento, la convención y el pensamiento no inspirado. Lo que Thiel persigue es la revitalización de la imaginación y la invención en grande".

  —LA NUEVA REPÚBLICA

Podcasts

- ***a16z Podcast***
  Ignorando parte del esnobismo intelectual que existe, el equipo de Andreessen y Horowitz crea excelentes conversaciones con fundadores y otros expertos.

- ***Podcast de la historia de internet***
  El anfitrión, Brian McCullough, hace una preparación fantástica y habla con los invitados que han dado forma a internet. Puedes aprender mucho sobre modelos de negocios, innovación e historia a través de este podcast. Muy buenas entrevistas y lecciones.

- ***Recode Decode***
  Kara Swisher recibe excelentes invitados y habla sobre muchos de los desafíos de la innovación y de Silicon Valley.

- ***IdC-Inc. Business Show***
  Bruce Sinclair, autor de *IdC Inc.*, tiene excelentes invitados que discuten muchos de los aspectos técnicos y prácticos del IdC. Sinclair hace un excelente trabajo al sumergirse en puntos clave de costos, valor y otros aspectos prácticos.

- ***ETL***
  El ETL (*Entrepreneurial Thought Leaders*) es un podcast en el formato de las presentaciones en vivo de Stanford, donde los fundadores de una compañía van y hablan con el público.

¿CUÁL ES TU DIETA?

El surfista de olas grandes y hombre extraordinario del agua, Laird Hamilton, una vez escribió: "Papas fritas adentro = papas fritas afuera. Esa es la regla". En otras palabras, mejora la entrada para alimentar la salida. Compartir con otros y crear un ejercicio grupal aumenta el impacto. Sí, lleva tiempo y compromiso. Todos estamos de acuerdo en que el aprendizaje permanente y el desarrollo de líderes en nuestra empresa son esenciales. Aquí hay una forma divertida, barata e impactante de hacerlo. Bueno, ¿me pasas las papas?

PREGUNTAS A CONSIDERAR

1. ¿Sería impactante mejorar el contenido que tú y tu equipo leen?
2. ¿Tendría más impacto si discutieran el contenido juntos?
3. ¿Cómo insertas un pensamiento nuevo y quizá contrario en tu equipo de gestión?

IDEA 49

FINANZAS PARA TONTOS:

FLUJO DE CAJA LIBRE, CONTABILIDAD Y CAMBIO

La vida es como la contabilidad,
todo tiene que estar en balance.

—ANÓNIMO

Las cartas anuales de Amazon a los accionistas son siempre instructivas. Jeff Bezos ha utilizado estas cartas como un excelente megáfono para sus puntos de vista sobre lo que se necesita para innovar. La carta de 2014 fue una de las más optimistas. Abordó la contabilidad y el hecho de que el flujo de caja libre sería la medida financiera que Amazon optimizaría.

"Nuestra última medida financiera, y la que más queremos impulsar a largo plazo, es el flujo de caja libre por acción", escribió Bezos. "¿Por qué no nos enfocamos, ante todo, como muchos lo hacen, en ganancias, ganancias por acción o crecimiento de las ganancias? La respuesta sencilla es que las ganancias no se traducen directamente en flujos de efectivo, y las acciones valen solo el valor presente de sus flujos de efectivo futuros, no el valor presente de sus ganancias futuras".[1]

Como propugna el principio de liderazgo 2 de Amazon, los líderes "tienen visión de futuro y no lo sacrifican para obtener resultados inmediatos. Actúan en nombre de toda la compañía, sin limitarse a su propio equipo". Sé inteligente y estratégico para lograr la alineación entre el negocio que deseas *versus* la forma en que se definan tu estado de resultados y tu contabilidad.

IDEA 49

La contabilidad, como las métricas, a menudo se puede manipular. Sé inteligente sobre el modo de aprovechar tu contabilidad a medida que impulsas el cambio en tu organización. A menudo, tu estado de resultados interno puede ser un inhibidor del cambio.

FLUJO DE CAJA LIBRE BÁSICO

El escritor y exanalista de Wall Street Henry Blodget respondió a la carta de Bezos en un artículo de *Business Insider* del 14 de abril de 2013 que contrastaba su visión a largo plazo con el enfoque miope en el resultado final que caracteriza a la mayoría de las empresas de hoy:

> Esta obsesión con las ganancias a corto plazo ha ayudado a producir la situación poco saludable y desestabilizadora que ahora afecta a la economía de los Estados Unidos: los márgenes de ganancia de las corporaciones estadounidenses son ahora más altos que nunca en la historia, mientras que los salarios de los empleados pagados por las corporaciones estadounidenses son los más bajos que jamás hayan existido. Mientras tanto, está trabajando un porcentaje menor de adultos en Estados Unidos que en cualquier otro momento desde fines de la década de 1970.[2]

Amazon nunca ha puesto las ganancias a corto plazo por encima de la inversión a largo plazo y la creación de valor, una estrategia que muchos creen que tiene el potencial de impulsar toda la economía estadounidense. A veces se pasa por alto el hecho de que mantener márgenes bajos y evitar deliberadamente las ganancias a corto plazo es una estrategia brillante en la tumultuosa era del internet. Los precios bajos no solo fomentan la lealtad del cliente, sino que también desalientan la competencia. Si quieres lanzarte a la refriega contra Amazon, no puedes igualarlos en valor: debes vencerlos significativamente. Es más fácil decirlo que hacerlo. Bezos ha dejado muy poco espacio para cobijarse bajo el paraguas de precios de Amazon, dejando a la mayoría de los competidores empapados bajo la lluvia.

"Hemos realizado estudios de elasticidad de precios", dijo Bezos una vez. "Y la respuesta siempre fue que debemos aumentar los precios. No hacemos eso porque creemos, y tenemos que tomar esto como un artículo de fe, que al mantener nuestros precios muy, muy bajos, ganamos confianza con los clientes en el tiempo, y eso realmente maximiza el flujo de caja libre sobre el de largo plazo".[3]

La frase clave en este comentario es "flujo de caja libre" (FCL, *Free Cash Flow*). Bezos volvió al tema en una entrevista de *Harvard Business Review* del 3 de enero de 2013: "Los márgenes porcentuales no son una de las cosas que buscamos optimizar. Es el flujo de caja libre en dólares absolutos por acción lo que deseamos maximizar. Si pudiéramos hacerlo reduciendo los márgenes, lo haríamos. Flujo de caja libre: eso es algo que los inversionistas pueden gastar".

El movimiento hacia el flujo de caja libre como la principal medida financiera en Amazon comenzó en serio cuando Warren Jenson se convirtió en CFO en octubre de 1999. La organización financiera se alejó de un enfoque de margen porcentual a un enfoque de margen de efectivo. A Bezos le encanta reírse a carcajadas y arrojar el axioma: "Los porcentajes no pagan la factura de la luz, ¡el efectivo, sí!". Luego pregunta: "¿Quieres ser una empresa de US $200 millones con un margen del 20% o una compañía de US $10 mil millones con un margen de 5%? ¡Yo sé cuál quiero ser!".[4] De nuevo, la risa.

Como lo explica en su carta de 2004 a los accionistas, a Bezos le gusta el modelo FCL porque proporciona una visión más precisa del efectivo real generado a través de las operaciones de Amazon (principalmente ventas minoristas) que es en verdad gratuito, para hacer una serie de cosas.[5] En el modelo de Amazon, los gastos de capital se restan del flujo de caja bruto. Esto significa que el efectivo está disponible para hacer crecer el negocio al agregar nuevas categorías, crear nuevos negocios, escalar a través de la tecnología o pagar deudas. Por supuesto, ese efectivo adicional también podría devolverse a los accionistas en forma de dividendos (nunca considerado, realmente) o devolverse a los accionistas a través de la recompra de acciones (quizás algún día... no, no realmente).

Bezos creía entonces, como lo hace ahora, que sin una innovación constante, una empresa se estancará. Y el ingrediente principal para la inversión en innovación es el FCL. Esta filosofía y la necesidad de practicarla impulsaron con éxito la creación de otras capacidades, como el robusto y extremadamente preciso *modelo de economía de unidad* de Amazon. Esta herramienta permite a los socios comerciales, analistas financieros y modeladores de optimización (conocidos en Amazon como *quant-heads*) comprender de qué manera afectan las diferentes decisiones de compra, flujos de procesos, rutas logísticas y situaciones de demanda en la ganancia de contribución de un producto. Esto, a su vez, le da a Amazon la capacidad de comprender cómo afectan al FCL los cambios en estas variables. Muy pocos minoristas tienen esta visión financiera de sus productos a profundidad, lo que dificulta la toma de decisiones y los procesos de construcción que optimizan la economía. Amazon utiliza este conocimiento para hacer cosas como determinar la cantidad de almacenes que necesita y dónde deben ubicarse, evaluar y responder rápidamente a las ofertas de los proveedores, medir con precisión el estado del margen del inventario, calcular el costo de mantener una unidad de inventario en un período de tiempo especificando hasta el último centavo, y mucho más.

Si bien los inversionistas a corto plazo de Amazon pueden quejarse de que Amazon debería "ganar más dinero", Bezos continúa construyendo una de las empresas más dominantes, duraderas y valiosas del mundo. Mientras tanto, otras compañías con auge en internet han mordido el polvo, principalmente porque ponen demasiado énfasis en la rentabilidad a corto plazo y no han invertido lo suficiente en la creación de valor a largo plazo.

Bezos lo ha explicado de esta manera: "Adopta una visión a largo plazo, y los intereses de los clientes y accionistas se alinean".[6] Esa es la filosofía que ha hecho que Amazon tenga tanto éxito.

NO MORIR

A medida que los minoristas se esfuerzan por contrarrestar el *efecto Amazon*, están construyendo formas de aprovechar su presencia en la tienda para crear nuevas situaciones de compras y servicios utilizando internet, dispositivos móviles y activos en las tiendas. A menudo conocido como *omnicanal*, las situaciones clave son "ordenar en línea, recoger en la tienda", "comprar en línea, volver a la tienda" y "comprar en la tienda, entrega en casa".

Un exlíder de Amazon que ahora es director digital de una gran tienda minorista me dijo recientemente que quería lanzar un pequeño piloto regional que permitiera a los clientes ordenar comestibles en línea y luego pasar por un carril para recoger en la tienda. ¡Perfecto para un padre ocupado! ¿Adivina qué detuvo al piloto? Contabilidad, métricas y pensamiento en silos. Los gerentes de las tiendas y los líderes regionales se negaron a arriesgar el impacto negativo en sus pérdidas y ganancias, ya que sus bonos y calificaciones estaban vinculados con esto. La dificultad de convencer a las grandes empresas es un desafío recurrente. Si no deseas sufrir una *muerte darwiniana* como la llama Bezos, no puedes permitir que tu estado de resultados interno sea el enemigo. Tienes muchas otras limitaciones reales con las que lidiar. Trabajé para Tom Elsenbrook en Alvarez y Marsal durante muchos años, y él siempre bromeaba: "Muéstrame tu estado de resultados organizacional, y te mostraré dónde comienza la disfunción". Amén.

¿Cómo evita Amazon esto? Imagina que eres el propietario del estado de resultados de Amazon Prime. Si tuvieras que cargar todos los costos de transporte, costos de contenido y costos de publicidad en el estado de resultados de Prime, probablemente tendrías un horrible estado de resultados. Sin embargo, Amazon reconoce la importancia estratégica de Prime. En consecuencia, no les preocupa optimizar el estado de resultados principal. En cambio, se centran en optimizar el flujo de caja libre a largo plazo de Amazon, la empresa. ¿Cómo saben que esta es la táctica correcta?

Eso nos lleva a la palabra final.

PREGUNTAS A CONSIDERAR

1. ¿Tu contabilidad o estructura del estado de resultados conduce alguna vez a una mentalidad pobre o subóptima?
2. ¿Los incentivos o las políticas internas vinculadas a la contabilidad han creado obstáculos adicionales para innovar?
3. ¿Cómo podrían los diferentes enfoques financieros ayudarte a innovar mejor?

NOTAS

1. Jeff Bezos, "Carta a los inversionistas 2004", Amazon.com, abril 13, 2004, https://www.sec.gov/Archives/edgar/data/1018724/00011931250507 0440/dex991.htm.
2. Henry Blodget, "Amazon's Letter to Shareholders Should Inspire Every Company in America", *Business Insider*, abril 14, 2013.
3. Morgan Housel, "The 20 Smartest Things Jeff Bezos Has Ever Said", *Motley Fool*, septiembre 9, 2013.
4. HBR IdeaCast, "Jeff Bezos on Leading for the Long-Term at Amazon", *HBR Blog Network*, enero 3, 2013.
5. Jeff Bezos, "Carta a los inversionistas 2004", Amazon.com, abril 13, 2004.
6. Jeff Bezos, "Carta a los inversionistas 2012", Amazon.com, abril 12, 2012.

IDEA 50

LA ÚLTIMA PALABRA SOBRE VOLVERSE DIGITAL:
CONFIANZA

> Continúa aprendiendo con humildad,
> no con arrogancia. La arrogancia es aburrida.
>
> —JIMMY IOVINE

Durante tres años consecutivos, la encuesta anual de reputación corporativa de Harris Poll clasificó a Amazon como la número uno. Amazon ha sido nombrada para el grupo de "maestros" en la encuesta de Gartner para cadenas de suministro, uniéndose a Apple y Procter & Gamble. El Instituto Drucker nombró a Amazon la corporación número uno en su Top 250 de gestión que mide 37 métricas. Y Amazon encabeza la categoría ACSI Internet Retail por satisfacción del cliente por octavo año consecutivo. Esto es lo que se llama estar en una buena racha. Y ni siquiera he mencionado el precio de las acciones de Amazon.

Por el contrario, Mark Zuckerberg de Facebook testificó ante el Congreso después del escándalo de Cambridge Analytica. Respondió preguntas de los políticos sobre la falta de gobernabilidad de su organización y su aparente incapacidad para evitar que los malos actores secuestraran la plataforma. Fue incómodo de ver. El pobre chico se retorcía. Pero es difícil sentir pena por él. No estoy seguro de si fue la arrogancia o la ingenuidad lo que llevó a Zuckerberg al banquillo de los acusados. Tal vez una combinación de ambos. Sé que cometió un error imperdonable: infravaloró la confianza de sus clientes. Y eso empañó su marca. Mucho.

Cuando yo estaba en Amazon, no había nada más sagrado que construir y mantener la confianza del cliente. El primer principio de liderazgo señala: "Los líderes... ganan y mantienen la confianza del cliente". Entendimos intrínsecamente que la confianza del cliente eran la marca y la empresa. Aquí está el problema, la palabra final, la línea de fondo. Nunca terminas de inventar la experiencia del cliente, lo que incluye mantener la promesa de tu marca para tus clientes.

IDEA 50

Cuidado con la arrogancia y los supuestos optimistas con respecto a los negocios. Tu marca es tu promesa a tus clientes. Asegúrate de saberlo, hazla (tu promesa a tus clientes) fundamental para todo lo que hagas. Con productos inteligentes y digitales integrados, puedes crear, mantener y medir la confianza de tus clientes.

¿QUÉ ES LA CONFIANZA?

Cuando estaba en Amazon, hablábamos de la "promesa al cliente" como la esencia de la confianza del cliente. *Promesa* significaba que el artículo correcto llegaría en las condiciones correctas a la dirección correcta en el momento correcto. Cuando comenzamos a lanzar y escalar el negocio de Marketplace, en el que los vendedores independientes fuera de la red logística de Amazon eran responsables de enviar artículos a los clientes, sentimos que la promesa se aplicaba allí, tanto como a los pedidos minoristas de Amazon. A los clientes no les importaba (ni se les debería exigir que les importara) si estaban comprando a Amazon, al minorista, o a un vendedor externo a través de Amazon.

Sí, podríamos haber confiado en nuestros vendedores para hacer lo correcto, pero aplicamos la mentalidad de "confía, pero verifica". Obligamos a los vendedores a administrar toda la comunicación con el cliente a través de nosotros, para que pudiéramos entender los problemas. Obligamos a los vendedores a compartirnos notificaciones de envío, y rastreamos cuándo se mandaban los paquetes y cuándo se entregaban a través de los proveedores de transporte. Rastreamos el número de quejas, reembolsos debido a problemas con artículos y situaciones de falta de existencias.

En otras palabras, todos los componentes de la promesa hicieron que vender en Amazon fuera una intrincada coreografía de transacciones, un proceso mucho más complejo que vender en eBay. Como resultado, se desaceleró la adopción de Amazon Marketplace entre los vendedores porque les exigimos más. Finalmente, ampliamos la garantía Amazon A-a-Z a todos los pedidos. Inicialmente, esta extensión de política generó una resistencia interna feroz debido a las implicaciones financieras y de procedimiento en la gestión de decenas de miles de vendedores. Pero fue clave.

LA CAÍDA DE EMPRESAS EXITOSAS: LOS ABC

Después de dejar Amazon a fines de 2005, me convertí en director ejecutivo de Alvarez y Marsal, una firma de consultoría y asesoría con sede en Nueva York. Alvarez y Marsal es la principal empresa de reestructuración. Se destaca por ayudar a los clientes a través de períodos difíciles en un ciclo comercial. Por supuesto, también conservamos clientes muy saludables que no estaban en crisis. Disfruté en especial trabajar con clientes de reestructuración y de capital privado porque en general eran humildes, luchaban por el cambio y no se aferraban al pasado. Estas compañías y equipos de liderazgo generalmente estaban en realidad comprometidos con el cambio, dispuestos a aceptar el dolor y el trabajo para hacer un futuro y ansiosos por abandonar las tradiciones pasadas.

Por el contrario, los clientes más difíciles eran las grandes empresas exitosas. Típicamente, se resistían a los esfuerzos para crear un cambio duradero y aumentar el valor empresarial. Esto se debe a que a menudo sufrieron lo que Warren Buffett llama "el ABC de la decadencia comercial: Arrogancia, Burocracia y Complacencia".[1] Una señal de advertencia del ABC es cuando los resultados de la empresa se vuelven más importantes que mantener la confianza del cliente. La marca se erosiona cuando los resultados financieros a corto plazo tienen prioridad sobre hacer lo correcto, es decir, implementar controles en el negocio para proteger al cliente.

Tomemos la violación de datos masiva de Equifax de 2017. La mala respuesta de los líderes de la compañía y la falta de responsabilidad son uno de varios ejemplos recientes de grandes compañías sin gobierno. "Coronando una semana de incompetencia, fallas y comportamiento sombrío en general al responder a su violación masiva de datos, Equifax ha confirmado que los atacantes ingresaron a su sistema a mediados de mayo, a través de una vulnerabilidad en su aplicación web a la que se hizo un parche, disponible en marzo. En otras palabras, el gigante de los informes crediticios tuvo más de dos meses para tomar precauciones que habrían defendido la exposición de los datos personales de 143 millones de personas. No lo hizo", declaró la revista *WIRED*.[2] Además, la compañía tardó seis semanas en notificar al público sobre la situación. Fue una clase magistral sobre cómo perder la confianza del cliente.

¿CUÁL ES TU PROMESA?

¿Qué les prometes a los clientes? ¿Qué es lo que tu marca representa? ¿Alta confiabilidad? ¿Bajo costo? ¿Estilo actual? ¿Durabilidad? ¿Servicio personalizado? ¿Diseño? Hay muchos elementos potenciales de marca, pero deberías poder delinear y priorizar los tuyos. Esta es la promesa a tu cliente. Pero no te detengas. Encuentra formas de crear sistemas y enfoques para medir y administrar. Interroga activamente los riesgos que podrían afectar más a los clientes, prepararte para estos y encuentra formas de monitorearlos activamente. ¡Esto a menudo requiere una verdadera innovación y podría terminar produciendo otros beneficios!

Grandes marcas, grandes compañías y grandes civilizaciones se pierden cuando la avaricia y la complacencia infectan al liderazgo. Lo sé. En 1999, yo era un joven socio en Arthur Andersen. Afortunadamente, me fui un año antes de que se materializara la situación de Enron. Nuestra promesa a los clientes era "piensa bien, habla bien", lo que implicaba que nuestros consejos y servicios no serían para nuestros propios intereses. Arthur Andersen perdió el control de esa promesa. La era digital ofrece más desafíos, pero también más enfoques y herramientas para gestionarlos.

Y ahora, lo que estabas esperando: la ½ idea.

PREGUNTAS A CONSIDERAR

1. ¿Hay signos de ABC en tu empresa?
2. ¿Qué es lo que tu marca representa?
3. ¿Cuál es la promesa que le haces al cliente? ¿La mides activamente?

NOTAS

1. Ian McGugan, "How Buffett Believes Berkshire Can Avoid the ABCs of Business Decay", *Globe and Mail*, marzo 6, 2015, actualizado en mayo 12, 2018, https://www.theglobeandmail.com/globe-investor/investment-ideas/how-buffett-believes-berkshire-can-avoid-business-decay/article23342395/.
2. Lily Hay Newman, "Equifax Officially Has No Excuse", *WIRED*, septiembre 14, 2017.

IDEA 50½

LOS PRINCIPIOS NO SON UN PÓSTER:

LA BÚSQUEDA DE LA VELOCIDAD, LA AGILIDAD Y EL LIDERAZGO DIGITAL

> Creo que es importante razonar desde los principios básicos y no por analogía. La forma normal en que conducimos nuestra vida es que razonamos por analogía. Lo hacemos así [con analogía] porque es como ya se hizo otra cosa, o es como otras personas lo están haciendo. [Con los principios básicos] reduces las cosas a las verdades más fundamentales... y luego razonas desde allí.
>
> —ELON MUSK

Como cualquier industria, la industria de consultoría de gestión tiene una máquina de marketing dedicada a generar interés y demanda constantemente. El término *transformación digital* es uno de esos conceptos concebidos y perpetuados por esta máquina. Conceptualmente, está destinado a insinuar que cualquier empresa debería ser capaz de convertirse en la versión digital de sí misma con la evaluación e implementación adecuadas.

Sin embargo, a medida que trabajé durante los últimos diez años con ejecutivos para crear estrategias y culturas digitales, me convencí de que competir y ganar en la era digital se trata tanto de crear un cambio personal en los ejecutivos, sus creencias, hábitos y prioridades, como en la estrategia general. ¿Pero adivina qué? La mayoría no quiere realmente cuestionar sus supuestos del negocio, cambiar su modelo operativo o hacer cambios personales. Son “todo sombrero y nada de ganado”.

IDEA 50½

El único camino correcto hacia la transformación digital es aquel con el que tú y tu equipo se conectan y con el que se comprometen, y el que produce resultados. El cambio duradero requiere, a partes iguales, el compromiso personal y el cambio organizacional. ¿Qué estás dispuesto a cambiar y hacer de manera diferente para convertirte en un líder en la era digital? Crear un conjunto de principios básicos sobre cómo diferenciar a tu empresa, cómo trabajarán juntos y lo que priorizarás puede ser vital para conocer y comprometer a tu equipo.

EL PRONÓSTICO DE AMAZON A 10 AÑOS

Puedes estar seguro de que Amazon está corriendo proyecciones financieras, logísticas, de personal y de infraestructura para 2029. Por supuesto, no tenemos acceso a ellas. Con el riesgo probable de ser muy inexacto o incluso completamente incorrecto, veamos lo que podría ser Amazon en diez años.

El resultado financiero de Amazon en 2018 fue de aproximadamente US $240 mil millones en ingresos, y ha estado creciendo entre 20% y 40% durante años. Si durante los próximos 10 años, Amazon crece a una tasa del 20%, sus ingresos serán de aproximadamente US $1.5 trillones en 2029. Dada la amplitud de los negocios de Amazon, su inclinación por expandirse a otros nuevos y su capacidad para manejar las tendencias del mercado global, como el comercio electrónico, diría que esta estimación podría incluso ser baja. ¡Upa!

¿Qué proyecciones tengo más allá del crecimiento financiero astronómico? Aquí hay algunas miradas más hacia el futuro.

De alguna manera, Amazon se está convirtiendo en una empresa de infraestructura. Gran parte de lo que verás en los próximos diez años se refiere a la construcción y optimización de infraestructura para facilitar la entrega minorista o hacer que la potencia informática sea más local a través de AWS. Para 2029, Amazon operará una gran flota de transportistas de la recta final, que entregará una parte considerable (aunque no la mayoría) de sus paquetes a los clientes. Muchos de estos camiones serán autónomos manejados por un solo operador. La generación y uso de energía sostenible serán un área de innovación cada vez mayor para Amazon. Para 2029, Amazon generará toda la energía necesaria para AWS y su flota de camiones de energía completamente eléctrica, que también será principalmente autónoma. Además, Amazon habrá ampliado enormemente sus operaciones de dirigibles y drones. Como resultado, espero que el 50% de todas las entregas de la flota de Amazon sean realizadas por un camión autónomo o por un dron.

La fabricación adaptable y bajo demanda será una capacidad y un negocio (fabricación-como-negocio) en Amazon. ¿Cuál es la mejor manera de dar a los clientes exactamente lo que quieren? Permíteles configurar y elegir exactamente lo que quieren. ¿Cuál es la mejor manera de minimizar el inventario, el inventario devuelto y los costos de transporte? Fabricar un artículo personalizado cerca de los clientes. Al igual que muchas de las empresas más rentables de Amazon, esta es una plataforma dedicada a la fabricación bajo demanda tanto para Amazon como para otros, tomando el impulso del *movimiento de creadores* y liberando la creatividad de cientos de miles de diseñadores y creadores para productos únicos como anteojos, indumentaria y dispositivos. Quizás se llamará “Manufacturing By Amazon” (MBA). Predigo que Amazon será el mayor fabricante y minorista de ropa del mundo.

Alexa será un importante sistema operativo en 2029, que se ejecutará en el 75% de todas las interfaces de voz tipo Windows en todas industrias. Alexa no solo será una fuerza en el hogar, sino también en la configuración empresarial, ya que la voz se está convirtiendo en una interfaz poderosa. La comida y el supermercado también serán un gran negocio para Amazon. Para 2029, la compañía habrá revolucionado la agricultura mediante el desarrollo de granjas de cultivo de alta tecnología en las principales áreas urbanas, y esas granjas lograrán una producción de alimentos 100 veces más efectiva que el modelo actual.

Amazon poseerá o dará su marca a una red celular 5G, y parte de la propuesta de Prime será un plan de datos 5G incomparable y siempre activo para sus miembros. Esto rediseñará en gran medida la imagen actual del proveedor de servicios inalámbricos, dado que el 70% de todos los hogares estadounidenses serán miembros Prime, y la mayoría utilizará el servicio celular Amazon 5G. ¿Y el negocio de Amazon más rentable en 2029? La publicidad. Amazon Advertising es un poderoso competidor de Google, y ejecuta publicidad digital y de próxima generación en-tienda en todas las propiedades de Amazon y más allá de ellas.

Amazon será un participante importante en la reforma de la atención de la salud, pero aún es temprano en la transformación de la industria. Amazon tendrá "clínicas de acceso sin previa cita" que aprovecharán las capacidades de próxima generación y permitirán que sus empleados obtengan citas médicas bajo pedido y principalmente remotas. Amazon venderá productos farmacéuticos genéricos, y habrá lanzado un plan de seguro de salud de Prime Health para los miembros de Prime.

En 2029, Bezos será solo el presidente de Amazon. Se habrá alejado del puesto de CEO para centrar su tiempo y fortuna en Blue Origin, que establecerá sus primeras colonias espaciales permanentes. Amazon luchará contra un esfuerzo liderado por Europa para forzar la ruptura de Amazon en tres compañías separadas: Consumidor (minorista), AWS y Logística. Amazon habrá presentado un enfoque novedoso: dividir a la compañía en más de 15 compañías, independientes pero administradas bajo un acuerdo de operación transparente y de acciones. Esta fragmentación ayudará a evitar el temido ABC.

En el cuatro trimestre de 2029, estará en proceso de establecerse en Brasil, y Amazon tendrá 700 000 empleados en todo el mundo, lo que no es tan diferente a los 500 000 de hoy. ¿Por qué? Dado que la automatización del centro de distribución se habrá generalizado tanto, la tasa de crecimiento de los empleados de Amazon se habrá ralentizado. Además, Amazon habrá reinventado muchas técnicas de gestión, incluido un asistente de gestión basado en Echo que participa en todas las reuniones administrativas para registrar y validar de inmediato los hechos y tendencias, así como para capturar las decisiones y los compromisos asumidos por los miembros del equipo.

Amazon cambiará mucho en los próximos diez años. Crecimiento, nuevos negocios en los que no están hoy. La empresa más grande del mundo. Entonces, ¿qué no cambiará en Amazon? Los principios de liderazgo continuarán definiendo sus expectativas para todos los empleados de Amazon. Las 50 ideas en este libro serán constantes y permanecerán en el centro de la cultura de Amazon: métricas, excelencia operativa, pensar en grande, pero apostar en pequeño y, por supuesto, la pasión por el cliente. En 2029, seguirán creyendo que es el Día 1, y priorizarán la optimización a largo plazo sobre los resultados a corto plazo, inventarán y simplificarán, crearán responsabilidades y evitarán la burocracia. También tendrán estándares ridículamente altos para los empleados y serán vistos como un lugar exigente pero excelente para trabajar.

HÁBITOS PERSONALES

No es solo que los nuevos hábitos sean difíciles de crear. Es que los viejos hábitos son difíciles de romper. He intentado renunciar a los postres este año. Hasta ahora, he tenido un éxito razonable, pero al final del año, ¿se arraigará este nuevo hábito o degeneraré en el mismo adulto adicto a los postres que come como un adolescente?

Muchas de las ideas de Amazon en este libro requieren un compromiso personal. Necesitas convertirte en el director de producto. Necesitas pasar tiempo diseñando las métricas correctas. Necesitas pasar tiempo escribiendo y editando narraciones. ¿Te comprometerás a hacer estas cosas? La mejor manera de catalizar este tipo de cambio es enfocarse en los hábitos grupales tuyos y de tu equipo de liderazgo directo. Comprométete con ellos por al menos un año. Mira lo que funcione para ti.

Crear un cambio en las organizaciones requiere un esfuerzo tremendo y a menudo es de alto riesgo. Incluso llamar al proceso una "iniciativa" envía el mensaje de que es un estado temporal. Las personas con actitudes arraigadas saben que pueden sobrevivir al compromiso del cambio, y simplemente esperarán hasta que todos pierdan el enfoque y se sometan a la entropía organizacional. Parte del desafío del liderazgo es ser sincero, realmente creer y practicar los comportamientos que estás adoptando. Nada es tan tóxico como alguien que pretende ser lo que no es. Si lo dices, también lo debes vivir.

Los principios de liderazgo de Amazon funcionan porque son auténticamente Amazon. Aunque tomaron prestadas muchas ideas de otros, pasaron años trabajando y practicando los principios de liderazgo antes de codificarlos. Cuando estaba en Amazon, los principios ni siquiera estaban escritos. Sin embargo, los practicábamos todos los días, en todos los niveles de la organización. En algún momento del camino, el equipo de liderazgo los puso en negro sobre blanco. Puedo imaginar la intensidad de los debates que generaron esas frases. Hoy, Amazon continúa cuestionando y refinando internamente esos principios. Es un hecho que necesitarán evolucionar. Después de todo, todavía es el Día 1.

Incluso los líderes inteligentes naturalmente quieren chasquear los dedos y anunciar: "De ahora en adelante, así es como vamos a operar". Es una trampa completamente comprensible. Aunque dramático, el clásico enfoque de "cambio por orden superior" no funciona. La transformación organizacional no es mágica. No es espontánea. No es fácil.

Las 50 ideas en este libro son creencias, estrategias y técnicas auténticas utilizadas en Amazon para construir y administrar el negocio dinámico que todos admiramos, si es que hoy no le tenemos miedo. Pero eso no significa que todas las ideas sean correctas para ti. Sé considerado, deliberado, auténtico y sé paciente al crear los cambios en tu negocio y en ti mismo para competir en la era digital.

¡DAME LA ½ IDEA!

Leíste pacientemente el libro (¡tal vez te saltaste hasta acá!), preguntándote: "¿Qué es la *media idea*?". Los principios de liderazgo de Amazon y el modo en que los líderes de la compañía los hacen operativos, el modo en que impulsan la rendición de cuentas, construyen operaciones de clase mundial y resuelven problemas sistemáticamente para impulsar la innovación y proponen grandes ideas para nuevos negocios: estas son las 50 ideas con las que ahora estás equipado.

La *media idea* es la siguiente pregunta, que solo tú puedes responder:

¿Cómo vas a construir los rasgos del negocio y la cultura verdaderamente digitales para garantizar resultados similares a los de Amazon, y convertirte en el mejor negocio habilitado digitalmente que puedas ser y no convertirte en un ente atropellado al lado de lacarretera de la disrupción digital?

¿Cuál es la segunda mitad de esta idea? Tu respuesta a esta pregunta. ¡Arranca desde aquí!